Deutsche Texte
Herausgegeben von Gotthart Wunberg

Heine in Deutschland

Dokumente seiner Rezeption
1834–1956

Mit einer Einleitung

herausgegeben von

Karl Theodor Kleinknecht

Deutscher Taschenbuch
Verlag

Max Niemeyer Verlag
Tübingen

CIP-Kurztitelaufnahme der Deutschen Bibliothek

Heine in Deutschland : Dokumente seiner Rezeption ; 1834–1956 / mit e. Einl. hrsg. von Karl Theodor Kleinknecht. – 1. Aufl. – München : Deutscher Taschenbuch-Verlag; Tübingen : Niemeyer, 1976.
(Deutsche Texte ; Bd. 36)
ISBN 3-423-04190-0 (dtv)
ISBN 3-484-19035-3 (Niemeyer)

NE : Kleinknecht, Karl Theodor [Hrsg.]

Satz: Bücherdruck Wenzlaff, Kempten

ISBN Niemeyer 3-484-19035-3
ISBN dtv 3-423-04190-0

Inhaltsverzeichnis

Einleitung

Vorbemerkung

Heine: einer der ganz wenigen für Europa mitzählenden Geister unter den Deutschen,[1] einer, dessen Name neben dem Goethes zu stehen habe, wenn es um deutsche Lyrik geht;[2] Heine: ein Schmutzfink im deutschen Dichterwald,[3] ein bloßer Macher seines Ruhms[4] – die Reihe ließe sich fortsetzen: wohl kaum ein deutscher Dichter war seinen Zeitgenossen und Nachfahren Anlaß zu so vielen und so kontroversen Stellungnahmen. Dem nachzugehen möchte dieses Buch das Material an die Hand geben.

Mit Hilfe ausgewählter Texte über Heine aus den Jahren 1834 bis 1956 dokumentiert es – primär für den akademischen und vorakademischen Unterricht entworfen, gleichwohl aber auch ein Lesebuch – den Gang von Heines Rezeption in Deutschland.

Chronologisch setzt die Auswahl zwei – der Intensität des Streits um Heine selbst entsprechende – Schwerpunkte: einerseits die Zeit der Pariser Jahre des Dichters, andererseits die des Wilhelminischen Deutschland. Darüber hinaus aber sollen einige kurze spätere Texte es ermöglichen, Argumentationslinien weiterzuverfolgen, zum einen ins nationalsozialistische Deutschland, zum anderen aber auch ins Nachkriegsdeutschland von BRD und DDR, um so die Verbindung mit der uns unmittelbar greifbaren heutigen Rezeption Heines herzustellen.

Inhaltlich wird versucht, die Komplexität und die Verflochtenheit der gesamten Heine-Rezeption zu erhalten und gleichzeitig Rezeption als Traditionsprozeß darzustellen;[5] von daher enthält dieser

---

1 Cf. Friedrich Nietzsche, Götzen-Dämmerung. Werke (ed. Schlechta) Bd. 2. München 1955. S. 986.

2 Cf. Wilhelm Scherer, Geschichte der deutschen Literatur. 13. Aufl. Berlin 1913. S. 664f.

3 So der Titel der Schrift eines Dr. König-Witten (Düsseldorf 1893); cf. Völkischer Beobachter. Jg. 1929. Nr. 9–16 (11.–19. Jan.).

4 Cf. Adolf Bartels, Heinrich Heine. Auch ein Denkmal. Dresden und Leipzig 1906. S. 84ff.

5 Von daher wird bei der Anordnung der Texte die chronologische Ab-

Band nicht nur Texte zu einem einzigen Werk Heines (etwa zu ›Deutschland. Ein Wintermärchen‹, dessen Rezeption den Band ohne weiteres hätte füllen können) und auch nicht nur Belege aus einem einzigen überschaubaren Zeitabschnitt, auch wenn beides der Präzision einer Analyse zugute kommen würde.

Schließlich ist, wenn zwischen zwei gleich geeigneten Texten die Wahl bestand, der schwerer zugängliche aufgenommen worden. So kommen mehrere zu Unrecht vergessene Texte wieder ans Licht, einige sind hier zum erstenmal wiedergedruckt.

I

Daß es notwendig sei, den Aspekt der Rezeption von Literatur innerhalb des Arbeitsfeldes der Literaturwissenschaft stärker zur Geltung zu bringen, diese Einsicht hat sich in der westdeutschen Germanistik in den vergangenen Jahren mehr und mehr durchgesetzt; seit Hans Robert Jauß' bahnbrechender Konstanzer Antrittsvorlesung von 1967[6] ist die Diskussion um die grundsätzliche Relevanz eines rezeptionsästhetischen Ansatzes und um die Bestimmung seines Verhältnisses zur überkommenen Produktionsästhetik wort- und materialreich geführt worden, und auch zur Methode einer die Rezeption in den Vordergrund stellenden Literaturwissenschaft liegen mittlerweile erste Vorschläge[7] vor.

Es ist dies nicht der Ort, die Entwicklung und den Stand der Rezeptionsforschung zu repetieren oder gar weiterzutreiben, wohl aber ist es notwendig und nützlich, einige theoretische Klärungen, vor allem abgrenzende Orts- und Verhältnisbestimmungen, hier vorzunehmen.

---

folge einer thematischen Gliederung vorgezogen und werden möglichst geschlossene, in ihrer Komplexität unversehrte Texteinheiten wiedergegeben. In beidem akzentuiert diese Sammlung anders als die von Karl Hotz (Heinrich Heine: Wirkungsgeschichte als Wirkungskritik. Stuttgart 1975.), so daß beide Bücher einander ergänzen.

6 Hans Robert Jauß, Literaturgeschichte als Provokation der Literaturwissenschaft. In: H. R. J., Literaturgeschichte als Provokation. Frankfurt 1970. S. 144–207.

7 Cf. die Beiträge in Teil I von Gunter Grimm (ed.), Literatur und Leser. Stuttgart 1975; darin besonders: S. 119–133 (Gotthart Wunberg, Modell einer Rezeptionsanalyse kritischer Texte).

Denn Rezeptionsforschung umfaßt heute ein überaus weites Feld, dem die traditionelle Einflußforschung ebenso zuzurechnen ist wie die Erforschung der Mechanismen des Buchmarktes und die kommunikationswissenschaftliche Analyse des Leserverhaltens. Und so sehr es zu begrüßen ist, daß hier eine sachlich in der Tat zu rechtfertigende Zusammenfassung verschiedener Problemsichten und wissenschaftlicher Disziplinen erfolgt, so sehr erfordert doch wieder die Praktikabilität eines einzelnen rezeptionswissenschaftlichen Vorhabens eine zumindest vorläufige Beschränkung und exakte Ortsangabe.

Dieses Buch gehört in den Teilbereich der Rezeptionsforschung, der sich um die Aufarbeitung der *Urteilsgeschichte* bemüht. Hier (wie bei aller Erforschung der Rezeption von Literatur) geht es um Leser, aber zunächst eben nur um eine kleine Gruppe von ihnen: um Leser, die wiederum geschrieben und den Reflex ihres Lesens explizit mitgeteilt haben. Solche Leser aber sind nicht repräsentativ; was sie schreiben, läßt sich nicht einfach übertragen und als Meinung des deutschen Heine-Publikums reklamieren: von ›Heine in Deutschland‹ kommt also nur ein kleiner Ausschnitt in den Blick (und auch dieser nochmals eingeschränkt durch die Auswahl von nur wenigen aus einer wohl zwanzigmal größeren Menge möglicher Texte).

Man mag dies als eine unzulässige Einschränkung ansehen und – zu Recht – einwenden, daß es zu einer wirklich aussagekräftigen Analyse von Heines deutscher Rezeption neben dieser Beschäftigung mit der veröffentlichten Kritik zumindest noch der Auswertung von Material über die ›Normalleser‹ Heines und ihr Verhältnis zu seinem Werk bedürfe. Doch solches Material ist rar und in einer Repräsentativität verbürgenden Breite überhaupt nicht zu erheben. Zudem ist hier der Vorbehalt anzumelden, daß selbst wenn wir sämtliche Tagebucheinträge und Briefe über Heine aus dieser Zeit analysieren könnten (und aus dem Kreis derer, denen schon damals das Schreiben von Tagebüchern und Briefen fernlag, Tonbandprotokolle hätten) all dem auch nur geronnene und vielfältig gefilterte Informationen zu entnehmen wären. Rückschlüsse auf die ›wirkliche‹ Rezeption Heines wären auch hier methodisch zu problematisieren: immer ist es nur der Reflex, der sich erheben läßt.

Ebenso steht es im Falle Heines mit der Auswertung der raren Daten über Buchproduktion und -verbreitung: wir wissen hier nur weniges aus mehr zufälligen Mitteilungen,[8] und es würde uns ein gutes Stück weiter bringen, wenn wir mehr wüßten; doch selbst, wenn wir hier über umfassende Daten verfügen würden, so ließe sich auch daraus nur sehr behutsam und unter vielen Vorbehalten auf die Rezeption Heines in Deutschland schließen.

Zur Analyse der Rezeption Heines bei der Urteilsgeschichte anzusetzen – und nur dieser Ausschnitt: die Analyse von Kritikertexten ist gemeint, wenn im folgenden von ›Rezeptionsanalyse‹ die Rede ist –, hat demgegenüber vor allen anderen Ansatzmöglichkeiten zunächst den Vorteil, daß wir hier über sehr viel Material verfügen, welches es einerseits aufgrund der Möglichkeit des Vergleichs mit anderen Urteilen aus derselben Zeit verhindert, den Stellenwert eines einzelnen Urteils gänzlich falsch einzuschätzen und andererseits erlaubt, eine kontinuierliche Analyse der Urteilsgeschichte vorzunehmen und die Entwicklung, Tradierung und Modifikation des Urteils über Heine im einzelnen zu untersuchen. Vor allem aber ist von entscheidendem Wert, daß es sich bei dem Material um *Texte* handelt, dies nicht nur, weil deren Analyse für Literaturwissenschaftler weniger methodische Schwierigkeiten mit sich bringt als die Auswertung soziologischer oder ökonomischer Befunde, sondern vor allem aus dem sachlichen Grunde, daß sie als Texte über Texte ihrem Gegenstand adäquatere Ausdrucksmittel sind als vom Text abstrahierte und ihm äußerliche Daten. Hinzu kommt, daß das Verhältnis des Heine-Kritikers zu seinem Gegenstand (dem Text Heines) vergleichbar ist dem des Rezeptionsanalytikers zu dem seinen (dem kritischen Text über Heine) – was beide gemeinsam haben, ist das Geschäft der Kritik. Rezeptionsanalyse als Rezeptionskritik: damit kommt allerdings schon eine besondere inhaltliche und methodische Bestimmung in den Blick, die sich auch heute nicht von selbst versteht und auf die zurückzukommen sein wird.

Doch ist es zunächst nötig, der vorausgegangenen, mehr am Material orientierten Ortsbestimmung eine zweite, die Richtung der Be-

---

[8] Cf. z.B. F. Sintenis, Heinrich Heine. Ein Vortrag. Dorpat 1877. S. 10:

Heine, Bucher der Lieder:	1827–1877:	45 Ausgaben
Uhland, Gedichte:	1815–1876:	60 Ausgaben
Chamisso, Gedichte:	1831–1861:	17 Ausgaben
Rückert, Gedichte (Auswahl):	1846–1868:	15 Ausgaben
Wilhelm Müller, Gedichte:	1837–1858:	4 Ausgaben

Heines ›Buch der Lieder‹ und Uhlands ›Gedichte‹ waren nach Sintenis' Recherchen 1877 in je ca. 200 000 Exemplaren verbreitet.

trachtung betreffende an die Seite zu stellen: primär *Rezeptionsgeschichte* soll hier aufgearbeitet werden, nicht – oder doch zumindest nur sekundär – *Wirkungsgeschichte*. Der Rekurs auf die Differenzierung von ›Wirkung‹ und ›Repeztion‹ ist angesichts des uneinheitlichen terminologischen Gebrauchs in der Literaturwissenschaft[9] problematisch; andererseits aber ist es ein zwar fast trivialer, doch durchaus folgenreicher Sachverhalt, den zu illustrieren gerade diese Termini sich anbieten: ›Rezeption‹ und ›Wirkung‹ beschreiben denselben Prozeß, jedoch in verschiedener Perspektive: Subjekt der Wirkung ist unmittelbar das Werk und mittelbar sein Autor, Subjekt der Rezeption ist der Leser; beide Betrachtungsweisen setzen so ihren besonderen Akzent. Urteilsgeschichte als *Rezeptions*geschichte zu analysieren heißt also: den Leser, in diesem Falle: den Kritiker, als Subjekt des zu analysierenden Prozesses zu sehen; Rezeptions*geschichte* aber setzt hinzu: den Rezeptionsprozeß und mit ihm sein Subjekt in seiner historischen Veränderung zu analysieren.

Doch: wozu die Beschäftigung mit Kritikertexten? Welche Aufschlüsse sind ihnen zu entnehmen, die nicht ebensogut anderswo sich gewinnen ließen? Vier Antworten scheinen mir hier vor allem erwägenswert:

Die Analyse der Rezeptionsgeschichte mit Hilfe von Kritikertexten hat zunächst eine *hermeneutische* Funktion: wir, d.h. die Leser Heines im letzten Viertel des zwanzigsten Jahrhunderts, sind die vorläufig letzten Glieder einer Kette von Rezipienten; unser Lesen und Verstehen ist geprägt von vor uns stattgehabtem Lesen oder Nichtlesen, Verstehen oder Mißverstehen, das teils in bewußter Aufnahme oder Ablehnung uns bekannter Rezeptionsmuster, zumeist aber unbewußt uns beeinflußt. Dieser Einfluß ist schon wirksam in den Umständen, durch die wir überhaupt erst zu Heine-Lesern werden: daß Heine heute im Schulunterricht, in Anthologien unterschiedlichster Prägung, in den ›Klassiker‹-Bibliotheken der Verlage und Buchgemeinschaften und nicht zuletzt in den Vertonungen seiner Gedichte begegnet, und auch: in welcher Auswahl er hier zugänglich wird, ist die direkte Folge des Streits um Heine, den seine

9 Cf. Gunter Grimm, Einführung in die Rezeptionsforschung. In: Literatur und Leser (cf. Anm. 7), S. 72; Wilfried Barner, Wirkungsgeschichte und Tradition. Ebd. S. 90; Hans Robert Jauß, Die Partialität der rezeptionsästhetischen Methode. In: Neue Hefte für Philosophie. Jg. 1973. S. 32ff.

Leser vor uns von seinen ersten Publikationen an geführt haben. Dieser Einfluß aber setzt sich auch fort bis in die Einzelheiten unseres Verstehens der Heineschen Texte hinein: wir lesen und verstehen Heine immer auf einer mehr oder weniger ausgeprägten und stabilen Folie ästhetischer Erwartung allgemein und auf einer mehr oder weniger ausgeprägten Folie von Heine-Erwartung im besonderen; beide sind Ergebnisse des vor uns liegenden Rezeptionsprozesses, den zu analysieren, in seinem Verlauf und in seinen Ergebnissen sich bewußt zu machen, unmittelbare Folgen für die eigene Heine-Rezeption haben kann und sollte.

Doch kommt hiermit schon ein zweiter Bereich in den Blick, für den die Analyse der Urteilsgeschichte fruchtbar zu machen ist, denn direkter noch als unsere Heine-Rezeption bestimmte die veröffentlichte Kritik die jeweils zeitgenössische. Literaturkritik als *Instrument der Steuerung* von Literaturrezeption: damit wird ein Sachverhalt angesprochen, der gerade im Falle Heines, in dem uns zuverlässiges Material über seine ›Normalleser‹ weitgehend fehlt, sehr aufschlußreich sein kann. Erfolgsmeldungen wie die von Adolf Bartels, wonach Treitschkes »grandiose Angriffe in seiner ›Deutschen Geschichte‹ [...] wenigstens in den entschieden nationalen Kreisen die Heine-Verehrung ausgerottet haben«[10] und wonach Bartels' eigene Darstellung in seiner Literaturgeschichte »namentlich die deutsche Jugend schon vielfach von Heine weggeführt«[11] habe, sind direkte Hinweise auf den instrumentellen Charakter von Literaturkritik; aber auch alle Rezensionen und viele weniger exponierte Äußerungen zu Heine wollen Leser werben oder fernhalten. Welchen Erfolg solche Steuerungsversuche jeweils haben, läßt sich zwar ihnen selbst gar nicht und den Texten, die auf sie folgen, meist nur indirekt entnehmen; dennoch sind aber die Zählebigkeit von Argumenten, die über Jahrzehnte in der Kritik weitertradiert werden und vor allem die Tatsache, daß sich in späteren Texten Argumente der früheren als anerkannt vorausgesetzt wiederfinden, durchaus Anhaltspunkte für die nachhaltige Wirkung von Literaturkritik, auch was ihren Einfluß auf ›Normalleser‹ betrifft. Weiterhin zeigt eine Untersuchung der Rezeptionstexte daraufhin, welche Zielgruppe wann mit welchen Argumenten angesprochen wird, deutlich, wie sich im historischen Verlauf der Heine-Rezeption die Front der Heinegegner und -anhänger hin-

---

[10] Cf. Bartels aaO. (Anm. 4) S. XIV.
[11] Ebd.

sichtlich ihrer Klassen- und Schichtenzugehörigkeit verschiebt, wobei sich gleichzeitig auch im Hinblick auf die Teile des Heineschen Werks, auf die sich die Rezeptionstexte beziehen, je nach Zeit und Zielgruppe des Kritikertextes verschiedene Verteilungen beobachten lassen. Auch daraus lassen sich Anhaltspunkte gewinnen, was von wem wann gelesen wurde und was nicht.

Drittens läßt sich die Analyse von Rezeptionstexten mit dem Hinweis auf ihre Rolle bei der konkreten Arbeit an einer *Rezeptionsästhetik* rechtfertigen. Denn gerade kritischen Texten über Literatur sind Daten über den Erwartungshorizont [12] eines bestimmten Publikums zu einer bestimmten Zeit und über die ästhetische Distanz zwischen dem Kunstwerk und dem Erwartungshorizont seines Rezipienten am deutlichsten zu entnehmen. Es ist von daher durchaus sinnvoll, wenn eine Literaturgeschichte, die sich als Rezeptionsgeschichte begreift und einer Rezeptionsästhetik vorzuarbeiten sucht, hier ansetzt, indem sie aus der Zusammenarbeitung der Analysen von Rezeptionsdokumenten die in einer Zeit feststellbaren Erwartungshorizonte und ihre Verschiebungen erhebt, sie in ihrer historischen Entwicklung darstellt und die hierdurch gewonnenen Ergebnisse mit den soziologisch und buchmarktökonomisch erhebbaren Daten konfrontiert. Eine solche Literaturgeschichte könnte einer Rezeptionsästhetik zugrunde liegen und sie aufgrund ihres sehr nuancierten und detailsensiblen Charakters vor den Pauschalisierungen bewahren, die vielen an literatursoziologischen Überlegungen orientierten ästhetischen Versuchen anhaften. Eine solche Rezeptionsästhetik wiederum könnte in der Zusammenarbeitung mit ihrem Komplement, einer Produktionsästhetik, eine Ästhetik ermöglichen, die beide Faktoren des Prozesses Literatur umgreift und beiden, Produzent und Rezipient, in ihrer Stellung als Subjekt gerecht wird.

Das vierte Argument, mit dem sich die Analyse von Rezeptionstexten rechtfertigen läßt, ist ihre *geistesgeschichtlich-ideologiekritische* Funktion. Die streitbare Rezeption Heines ist hier besonders aufschlußreich. Denn man kann die Rezeptionstexte so lesen, daß Heine als eine Art Katalysator erscheint, an dem sich die Parteien scheiden und dessen bloßes Vorhandensein geistesgeschichtliche Abläufe und Reaktionen in Gang setzt, die sonst nicht in dieser Deutlichkeit ablaufen würden. Unter diesem Aspekt hätte Rezeptionsanalyse vom Falle Heines zu abstrahieren, ihn nur als Beispiel zu

---

12 Zur Terminologie cf. Jauß aaO. (Anm. 6), besonders S. 171ff.

betrachten und ihr Augenmerk auf die Mechanismen zu richten, die im Argumentationsgang für und wider Heine zutage treten: und hier wäre dann zu zeigen, wie ästhetische, religiöse und (partei-) politische Argumente verknüpft und ausgetauscht werden, hier wäre wertfrei sich gebende Argumentation als Vehikel handfesten Interesses zu entlarven, hier wären, um einen Einzelaspekt anzusprechen, die antisemitischen Argumente, wie sie religiös und ökonomisch, rassisch und ästhetisch ins Feld geführt werden, in den Kontext der Geschichte des deutschen Antisemitismus zu rücken, wobei zu zeigen wäre, wie sie sich gegenseitig stützen und ergänzen, wie die religiöse der ökonomischen und wie die ästhetische der rassischen Argumentation den Boden bereitet. Schließlich wäre auch hier herauszuarbeiten, *wie* die Argumente über lange Zeiträume tradiert werden, *wie* sich ihre Valenz dabei verändert, *wie* auf Autoritäten zurückgegriffen wird, *wie* vereinfacht, verharmlost und übertrieben wird, um Literaturkritik in bestimmter Absicht effektiv zu machen. Eine solche Untersuchung vermöchte anschaulich zu machen, wie Geistesgeschichte funktionieren kann und in Deutschland funktioniert hat; und sie vermöchte die Relevanz von Literatur und Literaturkritik für den Ablauf gesellschaftlicher Prozesse erschreckend deutlich zu machen, indem sie aufzeigt, wie eine zunächst harmlos erscheinende binnenästhetische Argumentation im Zuge ihrer Weitertradierung mehr und mehr vereinseitigt und vergröbert wird, um schließlich Erscheinungen wie z. B. den emotional-politischen Schlachtruf Bartels' »Zu Boden mit Heine!«[13] zu stützen, von dem aus eine direkte Linie zu den Bücherverbrennungen von 1933 führt,[14] in deren Gefolge wiederum sich das Heinesche Diktum: »Dort, wo man Bücher verbrennt, verbrennt man auch am Ende Menschen«[15] wörtlich bewahrheitet hat.

Diese vier – gewiß nicht erschöpfenden – Antworten haben gemeinsam, daß sie die Rezeptionsanalyse funktionalisieren, sie beziehen auf ein ihr zunächst äußerlich scheinendes Erkenntnisinter-

---

13 Bartels aaO. (Anm. 4) S. XV.

14 Cf. Joseph Wulf, Literatur und Dichtung im Dritten Reich, Gütersloh 1963. S. 41ff.; Bürgerinitiative Heinrich-Heine-Universität Düsseldorf, Und alle lieben Heinrich Heine ... (ed. Otto Schönfeldt) Köln 1972. S. 15.

15 Heinrich Heine, Almansor. Werke (ed. Perfahl/Vordtriede) Bd. 2. München 1969. S. 859.

esse. Mit der bloßen Bestandsaufnahme, einer Aneinanderreihung von sich ergänzenden oder sich widersprechenden Voten, kann es nicht getan sein. Dies ist angesichts einer auf den ersten Blick pluralistisch-neutral anmutenden Textsammlung besonders zu betonen, die zu einer positivistischen Arbeitsweise geradezu einlädt. Eine solche aber ist nicht intendiert. Statt dessen gilt es, sich bewußt zu machen, daß gerade das Absehen von den historisch-gesellschaftlichen Kontexten, innerhalb derer die Texte entstanden, sowie vom eigenen gesellschaftlichen Kontext und seiner intentionsleitenden Funktion eine künstliche, den Texten durchaus äußerliche Abstraktion bedeutet, die zu vermeiden eine Methode der Rezeptionsanalyse vor allem sich bemühen muß.

Rezeptionsanalyse hat Rezeptionskritik zu sein, Wissenschaft vom Typus der Kritik, und das bedeutet methodisch: konfrontierende Wissenschaft, die ihre Gegenstände zueinander und zu ihren Kontexten in Beziehung setzt und der Komplexität, die solches Inbeziehungsetzen mit sich bringt, nicht ausweicht, sondern gerade aus ihr komplexe, dafür aber brauchbare Ergebnisse zu gewinnen sucht.

Wie hätte eine solche Methode konkret auszusehen? Gewiß läßt sie sich losgelöst von ihrem besonderen Gegenstand und von den Interessen des jeweiligen Rezeptionsanalytikers nicht formulieren. Dennoch sei ein Vorschlag[16] hier kurz skizziert. Im wesentlichen sind drei Aufgaben anzugehen:

1. Die Rezeptionsanalyse hat die kritische Intention des einzelnen Kritikertextes zu erfassen und den Argumentationsgang, dessen er sich dazu bedient, zu analysieren.

Hierzu ist es nötig, das Ziel der Gesamtargumentation eines Textes aufgrund häufiger oder besonders exponierter Einzelargumente zu erheben. Von diesen gilt es dann herauszuarbeiten, welche Annahmen sie explizit oder implizit voraussetzen, wogegen sie sich explizit oder implizit richten und welche Hilfsargumentationen erfolgen, um sie vorzubereiten oder zu untermauern. Weiterhin ist mit Hilfe anderer Texte desselben Verfassers oder aus derselben Zeit die Valenz eines Arguments zu ermitteln, die ihm innerhalb des Kontextes seiner Zeit sowie seines Publikums zukommt. Hier-

[16] Er ist im wesentlichen eine (terminologisch vereinfachte) Applikation des von Wunberg aaO. (Anm. 7) vorgelegten Modells.

aus sind Aufschlüsse über den Erwartungshorizont und die ästhetische Distanz des kritisierten Werkes zu gewinnen.

2. Die Rezeptionsanalyse hat die je eigene Valenz des kritischen Textes im Gang der Heine-Rezeption zu ermitteln.

Die Zusammenschau mehrerer so analysierter Texte ermöglicht es, ihnen innerhalb des ganzen Rezeptionsgangs einen Ort zuzuweisen. Argumentationsmuster werden deutlich, deren Nuancierungen im einzelnen festzuhalten sind. Es ergeben sich Argumentationssequenzen: Argumente, zuweilen ganze Argumentationsbündel, werden weitertradiert, wobei sich ihre Valenz jedoch verändert, und zwar im Hinblick sowohl auf ihren Stellenwert innerhalb des Argumentationsgefüges eines Textes als auch auf ihre inhaltliche Füllung und ihr konnotatives Potential. Diese Veränderungen gilt es zu erfassen, vor allem hierzu soll das Argumentationsregister eine Hilfe sein.

3. Die Rezeptionsanalyse hat die Argumentation um Heine im Hinblick auf ihre historisch-gesellschaftliche Funktion zu hinterfragen und die bei ihrer Arbeit gewonnenen historischen Aufschlüsse auf ihren gegenwärtigen Standort zu beziehen.

Hierbei geht es darum, die Texte in der Konfrontation mit den Kenntnissen über die gesellschaftlichen Verhältnisse ihrer Zeit daraufhin zu befragen, ob sie – eventuell unabhängig von ihrer eigenen Intention – dazu geeignet sind, diese Verhältnisse zu stabilisieren oder – gegebenenfalls: in welche Richtung – zu überschreiten. *Cui bono* sich auszuwirken kommt einer Argumentation letzten Endes zu? Wem arbeitet sie – willentlich oder nicht – in die Hände? Diese Fragen zu beantworten, ohne in Pauschalisierungen zu geraten, ist methodisch besonders schwierig. Aufs Ganze der Heine-Rezeption gesehen ist das Weiterwirken eines Arguments im Fortgang der Rezeption wahrscheinlich die geeignetste Möglichkeit, über seine faktische Stoßrichtung Auskunft zu erhalten. Auch werden sich in den explizit politisch argumentierenden Texten relativ leicht Hinweise finden. Doch läßt sich auch eine rein ästhetische Argumentation mit Hilfe einer Analyse ihrer impliziten Prämissen daraufhin untersuchen, ob sie die gesellschaftlichen Verhältnisse unthematisiert läßt, um sie auf sich beruhen zu lassen oder aber, weil sie sie schon transzendiert hat.

Die Rezeptionsanalyse wird spätestens hier ohne explizite Wertungen – implizit haben sie bei der ganzen Arbeit schon eine Rolle gespielt – nicht mehr auskommen. Sie wird dabei – dies ist eine wissenschaftliche Selbstverständlichkeit – die Kriterien, von denen sie ihre Wertungen ableitet, auszuweisen haben. Erkenntniszuwachs für den Rezeptionsanalytiker selbst wird die Konfrontation der Heine-Rezeption mit seinen Wertungskriterien jedoch nur dann erbringen, wenn sie als wechselseitiger Prozeß erfolgt: es geht nicht darum, Kriterien auf Texte *anzuwenden*, sondern beide miteinander kommunizieren zu lassen, auch die eigenen Wertungen und die eigene Heine-Rezeption den Texten auszusetzen und gegebenenfalls zu modifizieren.

Rezeptionsanalyse ist so ein nicht nur kenntnisvermittelndes, sondern auch erkenntnisförderndes Geschäft.

II

Gilt es nun, in den *Gegenstand* dieses Buches kurz einzuführen, so kann und soll das hier weder durch einen historischen Abriß geschehen noch durch eine systematische Darstellung der Argumente und ihrer Verknüpfung, wie dies sich aufgrund der Überlegungen zur Methode nahelegen würde. Vielmehr soll versucht werden, einerseits durch die exemplarische Darstellung einiger Argumente und Argumentationsentwicklungen der Heine-Rezeption das bisher ausgeführte wenigstens punktuell zu konkretisieren und Anregungen für die eigene Beschäftigung mit den Texten zu geben, andererseits durch die – möglichst zitatweise – Heranziehung nicht in den Band aufgenommener Texte zusätzliche Informationen anzubieten und Zusammenhänge zu verdeutlichen.

Zunächst ist es notwendig, den Einsatzpunkt der Dokumentation zu markieren: Der früheste uns bekannte Beleg der Rezeption Heines in Deutschland erscheint 1822, schon wenige Tage nach Heines erster Gedichtsammlung: eine überaus wohlmeinende kurze Besprechung von Karl August Varnhagen von Ense, die Heine »ausgezeichnete Anlagen« bescheinigt: »seine Lieder kommen aus einer ächten Quelle, es ist Anschauung und Gefühl darin.«[17] Doch schon eine zwei Jahre jüngere Rezension desselben Buches ist vorsichtiger mit dem Lob:

> »Das genannte Traumbild ist eins der originellsten Gedichte, das unsere neueste lyrische Dichtkunst aufzählen kann; nur hat es den einen Fehler, welchen wir schon als Grundcharakter sämtlicher Heine'schen Ge-

---

[17] In: Der Gesellschafter. Jg. 1822. Blatt 11 (19. Jan.). S. 52.

dichte rügten; es ist blos hässlich schön. Und ob das hässlich Schöne auch überhaupt schön sein kann, darüber ist das allgemeine Urtheil noch wenig einig«,[18]

und noch im selben Jahr beurteilt man die Eigenheit des Heineschen Dichtens als »thörichte Manier«.[19] Aufs Ganze gesehen überwiegt jedoch in den zwanziger Jahren die positive Beurteilung:

»Alle seine Schriften haben in Berlin außerordentliches Aufsehen gemacht, seine Gedichte, seine Tragödien wurden verschlungen, zwei Jahre schwieg er, die Erwartungen waren hoch gespannt, und die ›Reisebilder‹ haben auch die kühnsten Hoffnungen erfüllt. Die bedeutende Persönlichkeit, die in allen seinen Werken hervortritt, hat ihm besonders die enthusiastische Liebe der Damen gewonnen. Ich kenne manchen schönen Mund, der sich sehnt, den bittern Spott von seiner Lippe zu küssen und sein blutendes Herz zu heilen.«[20]

Gerade das Erscheinen der ›Reisebilder‹ indes leitet über zu einer mehr und mehr geteilten Rezeption, deren Fronten sich nach der Übersiedlung nach Paris 1831 verfestigen. Unsere Dokumentation setzt an dieser Stelle ein, da der Grund für die Rezeption gelegt ist: die Kritik glaubt zu wissen, woran sie mit Heine ist, sie hat ihr Fundament gefunden, von dem aus die Rezeption der ›Französischen Zustände‹, der großen Schriften des ›Salon‹, der ›Romantischen Schule‹ erfolgen kann.

Und auch das Repertoire der Argumente ist hier bereits fast vollständig ausgebildet: Heine der Jude, der Franzosenfreund, der Vaterlandsverächter, der Lügner, der Charakterlose, der Verführer

---

18 J. B. Rousseau, in: Agrippina. Zeitschrift für Poesie, Literatur, Kritik und Kunst. Jg. 1. 1824. Nr. 22 (18. Feb.). S. 88.

19 Literarisches Conversationsblatt. Jg. 1824. Nr. 280 (6. Dez.). – Cf. Helmut Koopmann, der den Vorwurf des Manierismus in der frühen Heine-Rezeption genauer analysiert und beurteilt: *»Nichts könnte die Inadäquanz der Wertung besser illustrieren als dieser Umschlag in der Kritik, die ein Phänomen zunächst um seiner Originalität willen preist, wenig später aber, als es erneut in Erscheinung tritt, der Manier wegen verdammt. Eine literarische Kritik, die so urteilt, verwirft eine sich gleichbleibende dichterische Sageweise als Manierismus, weil sie gewohnt ist, das einmalig erlebte, das im strengen Sinne nur subjektiv erfahrene hochzuschätzen.«* (Koopmann, Heine in Deutschland. In: Nationalismus in Germanistik und Dichtung. Berlin 1967. S. 315).

20 In: Mitternachtsblatt für gebildete Stände. Jg. 1826. Nr. 108 (4. Sept.). S. 430.

der Jugend, der irreligiöse Materialist, aber auch: der Nur-Dichter, Nur-Ästhet, der mit der Revolution nur Spielende, alles dies ist schon formuliert, ebenso wie die Einsicht, daß Heine generell jedem Versuch, ihn auf eine Position festzulegen, sich entziehe.[21] (Indes: dieses Unvermögen, ihn festzulegen, hat viele dazu geführt, sich *gegen* ihn festzulegen, ebenso wie es ermöglichte, ihn dort einzuordnen, wo man ihn gern sehen wollte: daß er sich unter den fünf Betroffenen der Bundestagsbeschlüsse vom 10. Dezember 1835 gegen das Junge Deutschland befand, war wohl die folgenreichste derartiger zwangsweiser Klassifizierungen.)

So steht Heine seit dem Anfang seiner Pariser Zeit zwischen den beiden das Deutschland dieser Jahre bestimmenden Lagern, mit deren extremen Exponenten: Börne und Menzel er die Auseinandersetzung selbst scharf geführt hat.[22]

Auf die Seite Menzels gehört auch Gustav Pfizer, Lyriker der Schwäbischen Schule. Er veröffentlicht 1838 die erste größere Arbeit über Heine,[23] in der er zu Beginn den Punkt markiert, von dem her seine definitive Ablehnung Heines datiert:

> »Längere Zeit, wir können dies zugeben, mochte man im Zweifel seyn, was man bei Heine für den eigenthümlichen Kern und die Substanz seines Wesens, was dagegen für zufällige Zuthat und Auswuchs halten sollte [...]; durch die anscheinende Harmlosigkeit, durch den oft affektirten Leichtsinn, durch das scherzhafte Preisgeben seiner eignen Person konnte sich die Kritik eine Zeit lang entwaffnen lassen, und es gab eine Zeit, wo man etwa geneigt seyn mochte, ihm das Prädikat eines ›ungezogenen Lieblings der Grazien‹ zu gönnen [...]. Aber diese verblendete Langmuth mußte ihr Ende erreichen, als Heine, mehr und mehr die Dichterlarve abwerfend und die Farben seiner Poesie nur zur gelegenheitlichen Dekorationsmalerei in seinen anderweitigen Schriften verwen-

---

21 Cf. Ludwig Börnes Rezension von Heines ›De l'Allemagne‹ im ›Réformateur‹ v. 30. u. 31. Mai 1835; deutsch in: Blätter für literarische Unterhaltung. Jg. 1835. Nr. 217–220 (5.–8. Aug.), ungekürzt jetzt in: Heinrich Heine, Beiträge zur deutschen Ideologie. Frankfurt 1971. S. 396–410. Dort S. 400: *»Auch der gewandtesten, gerissensten, der katzenhaftesten Kritik wird es niemals gelingen, Herrn Heine zu überlisten, der noch mehr von einer Maus hat als die Kritik von einer Katze.«*

22 ›Ueber den Denuncianten‹, 1837; ›Ludwig Börne‹, 1840.

23 Gustav Pfizer, Heine's Schriften und Tendenz. In: Deutsche Viertel-Jahrsschrift. Jg. 1838. S. 167–247.

dend, sich selbst jener Entschuldigungen begab, womit die ihm Wohlwollenden seine Unarten zudeckten, als er statt des poetischen Strebens: die Welt zu ergötzen und zu erfreuen, sich die ›Mission‹ beilegte: die Menschheit als ›Apostel‹ neuer Lehren zu unterrichten [...]. Heine kann *jetzt* nicht mehr vorschützen, daß er nur ein harmloser, etwas leichtsinniger Dichter, eine honigsammelnde Biene sey, die sich nur in der Nothwehr des Stachels bediene; er hat mehr von der Natur der Wespe angenommen, oder gar der Hornisse.«[24]

Dieser Vorwurf, daß der Dichter Heine seine Kompetenzen überschreite, wenn er den Bereich der Politik, oder auch nur der Philosophie betritt, ist eines der langlebigsten Argumente im Verlauf der Heine-Rezeption.[25] Es ist überaus aufschlußreich für die ihm zugrundeliegende Ästhetik. Indem diese eine Trennung von »Kunst, Wissenschaft, Religion und Staat«[26] in jeweils eigene, nur ihren immanenten Regeln unterworfene autonome Bereiche akzeptiert, anstatt sie als Aspekte einer Totalität zu begreifen, die auch jedem Einzelaspekt als ganze im Blick bleiben muß, spiegelt sie ihre Gesellschaft als eine zerrissene, die die Provokation des Heineschen Werks nicht ertragen kann.

Die Kritik richtet sich aber nicht nur auf den Gegenstand, dessen der Dichter in Perversion seines ihm von der traditionellen Ästhetik zugewiesenen Berufes sich bemächtigt, sondern auch und vor allem auf das Mittel, dessen er sich dabei bedient: die Heineschen Sprache in ihrer Leichtigkeit und Flexibilität. Das Wort sei »die Waffe dieses literarischen Demagogen«, aber diese »Waffe ist nicht ein ehrliches Ritterschwert, sondern oft ein glänzender Galanteriedegen oder ein Stilet«,[27] bemängelt schon Pfizer, und schon er verbindet die Darstellung von Heines Spracheigentümlichkeiten mit dem Hinweis auf den Unterschied von ›deutsch‹ und ›französisch‹: »nach französischer

---

24 Ebd. S. 171f.

25 Es führt in der Regel zu einer getrennten Beurteilung des dichterischen (vor allem: lyrischen) Werks und der sonstigen Schriften, wobei selbst von den exponiertesten Gegnern zugestanden wird, daß zumindest Teilen des lyrischen Werks ihr Rang nicht abzusprechen sei. Erst die Literaturkritik des Nationalsozialismus hat es unternommen, den *»letzten Schritt zu tun, und Heine auch als ›Lyriker‹ als erledigt zu erweisen«* (Wolfgang Lutz, Schluß mit Heinrich Heine! In: Nationalsozialistische Monatshefte. Jg. 1936. S. 798).

26 Pfizer aaO. (Anm. 23) S. 200.

27 Ebd. S. 201.

Art« habe Heine seine Prosa »zu einer Schlange mit Schmetterlingsflügeln«[28] gemacht; »Sprachfälscherei«[29] ist Pfizers Stichwort. Karl Kraus spricht über siebzig Jahre später von dem »großen sprachschwindlerischen Trick«[30], den Heine aus Frankreich importiert und mit dem er »der deutschen Sprache so sehr das Mieder gelockert« habe, »daß heute alle Kommis an ihren Brüsten fingern können«.[31]

Statt des (deutschen) Ritterschwertes ein (französisches) Stilet, und: statt der (deutschen) »Gefährtin«[32] ein leichtes (Pariser) Mädchen, ›Sprachfälscherei‹ und ›Sprachschwindel‹: die Parallelität des Arguments ist deutlich. Und auch der Aspekt der ›Folgen‹ Heines ist in beiden Aufsätzen gleichermaßen erkannt: hier wird Heine als Ahnherr des Jungen Deutschland, dort des Journalismus der Moderne gesehen. Wenn schließlich Pfizer es gegen die Heinesche Tendenz für »wünschenswerth« erachtet,

> »daß seine einschmeichelnd glänzende, dabei aber verführerische und den Geschmack verderbende Prosa verdrängt und vergessen gemacht werde durch *Wiederbelebung* eines kräftigen, männlichen, lebendigen Styls – nicht zusammengeflickt wie gemachte Blumen, sondern gesund hervorgetrieben aus gesunder Wurzel reiner Gesinnung und gediegenen Geistes«,[33]

so heißt es bei Kraus:

> »Der deutsche Geist [...] wird erst wieder hochkommen, wenn sich in Deutschland die intellektuelle Schmutzflut verlaufen haben wird. Wenn man wieder das Kopfwerk sprachschöpferischer Männlichkeit erfassen und von dem erlernbaren Handwerk der Sprachzärtlichkeiten unterscheiden wird.«[34]

Eine genauere Analyse dieser Parallelen hätte nun aber zu zeigen, daß die Valenzen der Argumente in beiden Texten nicht identisch sind: die Differenz ›deutsch‹–›französisch‹ zum Beispiel bedeutet für den entschieden nationale Argumentation eines Gustav

---

[28] Ebd. S. 189.
[29] Ebd.
[30] Karl Kraus, Heine und die Folgen. München 1910. S. 10 (in diesem Band S. 127).
[31] Ebd. S. 13 (in diesem Band S. 129).
[32] Ebd. S. 8 (in diesem Band S. 126).
[33] Pfizer aaO. (Anm. 23) S. 244.
[34] Kraus aaO. (Anm. 30) S. 37.

Pfizer[35] von 1838, als die französischen Revolutionen, die napoleonischen Jahre und die Befreiungskriege noch jedem vor Augen stehen, durchaus etwas anderes als für die rein sprachkritische eines Karl Kraus, der mit ihr vor allem auf die Feststellung abzielt, Heine sei kein Künstler.

Die Kraussche Verengung des Betrachtungsbereiches ausschließlich auf den Sprachaspekt wiederum ist symptomatisch für seine Esoterik und für den Geist des Wien dieser Jahre, das sie hervorgebracht und immerhin zugelassen hat. Daß Kraus – wohl ohne sein Wissen – die alten patriotischen Einwände gegen Heine wieder aufleben läßt und sie, die patriotisch nicht mehr brauchbar sind, in einen anderen Argumentationszusammenhang rückt, scheint mir für die inhaltliche Bestimmung dieser Esoterik aufschlußreich und bleibt ein bedenkliches Faktum, selbst wenn man – ein Benjaminsches Diktum auf dieses Phänomen übertragend – der Meinung ist, hier trete »das seltsame Wechselspiel zwischen reaktionärer Theorie und revolutionärer Praxis zutage, dem man bei Kraus allerorten begegnet.«[36]

Dieser die Sprache Heines so scharf ablehnenden Argumentation steht eine andere gegenüber, die – ähnlich wie Kraus – Heine in erster Linie unter dem Aspekt seiner Sprache betrachtet, aber gerade von hier aus seine Größe begründen will. Thomas Manns kurze ›Notiz über Heine‹ von 1908 urteilt über Heines Börne-Buch:

> »Nebenbei enthält dieses Buch die genialste deutsche Prosa bis Nietzsche. Nebenbei? Ach, nur wer das selig zerstreute Lächeln versteht, mit dem er den Freunden, die ihm warnend die menschliche, persönliche, politische Anstößigkeit des Buches vorhielten, zur Antwort gab: ›Aber ist's nicht schön ausgedrückt?‹ – nur der begreift, welch eine denkmalswürdige Erscheinung dieser Künstlerjude unter den Deutschen gewesen!«,[37]

und Nietzsche selbst hatte 1889 in der Abteilung ›Warum ich so klug bin‹ von ›Ecce homo‹ geschrieben:

---

[35] Eines seiner Hauptargumente gegen Heine ist denn auch, er sei *»kein Patriot«* (S. 232), was er sprachlich untermauert.

[36] Walter Benjamin, Karl Kraus (1931). In: W. B., Illuminationen. Ausgewählte Schriften. Frankfurt 1969. S. 381.

[37] Thomas Mann, Notiz über Heine. In: T. M., Miszellen. Frankfurt 1968 (MK 120). S. 19f.

»Den höchsten Begriff vom Lyriker hat mir *Heinrich Heine* gegeben. Ich suche umsonst in allen Reichen der Jahrtausende nach einer gleich süßen und leidenschaftlichen Musik. Er besaß jene göttliche Bosheit, ohne die ich mir das Vollkommene nicht zu denken vermag – ich schätze den Wert von Menschen, von Rassen danach ab, wie notwendig sie den Gott nicht abgetrennt vom Satyr zu verstehen wissen. – Und wie er das Deutsche handhabt! Man wird einmal sagen, daß Heine und ich bei weitem die ersten Artisten der deutschen Sprache gewesen sind – in einer unausrechenbaren Entfernung von allem, was bloße Deutsche mit ihr gemacht haben.«[38]

Lassen die Texte Thomas Manns und Nietzsches aufgrund der Rede vom ›Künstlerjuden‹ und davon, Heine sei kein ›bloßer Deutscher‹ auf eine Beziehung zwischen Heines Sprache und seinem Judentum schließen, so ist die Betonung dieses Bezugs für eine andere – breite und folgenreiche – Argumentationslinie konstitutiv, die sich schon in den dreißiger Jahren – auch Pfizer redet vom »Judaisiren«[39] – nachweisen läßt, ihren Höhepunkt jedoch in Franz Sandvoß' Streitschrift von 1888 erreicht.[40] ›Etwas von Judäas Dialekte‹ ist das größte Kapitel dieser Schrift überschrieben, das Heines Sprachsünden: falschen Gebrauch von Genus, Kasus und Präpositionen, Verstöße gegen Ablaut- und Flexionsgesetze und gegen Reinheitsgebote der Reimkunst im einzelnen aufzählt. Ziel dieser »Streife« ist es, die Anwendung des »Mauscheltons«,[41] der »unsre edle Sprache täglich mehr verjudet, an einigen Beispielen aufzuweisen« und dadurch mitzuhelfen, »das Judendeutsch auszumerzen«.[42]

Man muß diese Argumentation im Kontext des größeren Argumentationskomplexes ›Heine der Jude‹ betrachten, um seine Stoßrichtung zu bestimmen. Denn die »Gesinnung gegen das heilige Gut unserer Sprache«[43] ist ja nur eines der Kennzeichen für den entarteten jüdischen Geist, der dem deutschen – und das heißt für Sandvoß: goethischen[44] – Geist widerstreitet.

---

38 Friedrich Nietzsche, Werke (ed. Schlechta) Bd. 2. S. 1088f.; cf. auch Bd. 3. S. 1304 u. 1328 über die Heine-Debatte im ›Kunstwart‹.

39 Pfizer aaO. (Anm. 23) S. 217.

40 Xanthippus (d. i.: Franz Sandvoß), Was dünket euch um Heine? Ein Bekenntnis. Leipzig 1888. (Vgl. in diesem Band Text 9).

41 Ebd. S. 52.

42 Ebd. S. 53.

43 Ebd. S. 69.

44 Der Vergleich Heines mit Goethe ist wohl die häufigste Figur in der

Deutscher contra jüdischer Geist: die Tradition dieser deutschen ›Denk‹figur sich zu vergegenwärtigen – und dies ist ein unverzichtbarer Bestandteil einer jeden Analyse von Heines Rezeption in Deutschland – erlaubt der Raum hier nicht.[45] Doch schon der Blick auf einige beispielhafte Voten aus direkt auf Heine bezogenen Texten gibt Aufschlüsse über die Entwicklung und Vielgestaltigkeit dieses Arguments.

Steht bei Menzel ›jüdisch‹ noch in erster Linie in Opposition zu ›christlich‹, so ist hier dennoch schon der Boden einer rein religiösen Argumentation verlassen, denn ›christlich‹ zielt für Menzel schon deutlich auf den deutschen ›christlichen Staat‹ und die ihn stützende ›christliche Moral‹, die der Jude Heine auszuhöhlen unternimmt, um dem Gegner Frankreich in die Hände zu arbeiten. So hat der Hinweis auf Heines Judentum in der Menzelschen Argumentation vor allem eine national-politische, speziell antifranzösische Stoßrichtung. Indem Menzel aber auf Heines Judentum zur Erklärung und Kennzeichnung der Heineschen Eigenarten rekurriert, führt er gleichzeitig die ›Sünden‹ seiner Anhänger, des – weitgehend aus Nichtjuden bestehenden – Jungen Deutschland auf eine jüdische Wurzel zurück und fällt so dem um seine Emanzipation ringenden deutschen Judentum in den Rücken. Gabriel Riesser, einer der profiliertesten Vorkämpfer der Judenemanzipation beklagt von daher in einer gegen Pfizers Heine-Aufsatz gerichteten Schrift von 1840,

> »daß von *Menzel* an bis auf den armseligsten Stümper der Kritik kaum irgendwo einer gegen *Börne*, gegen *Heine* (die Recension von *Ruge* in den ›Hallischen Jahrbüchern‹ macht hier wohl die einzige Ausnahme), ja gegen eine Anzahl von Schriftstellern, die sämmtlich von christlicher

---

deutschen Heine-Rezeption überhaupt: die verschiedenen Valenzen des Arguments sind für Heines wie für Goethes Rezeption gleichermaßen aufschlußreich. Als Muster für die Sandvoßsche Goethe-Heine-Entgegensetzung cf. Victor Hehn, Gedanken über Goethe. Berlin 1887. S. 156–162; dazu aber wiederum: Leo Berg, Heinrich Heine und unsere Zeit. In: Deutschland. Wochenschrift für Kunst, Litteratur, Wissenschaft und soziales Leben. Jg. 1890. Nr. 30 (26. April). S. 505–508.

45 Verwiesen sei über die gängigen geschichtswissenschaftlichen Werke hinaus vor allem auf Ismar Elbogen / Eleonore Sterling, Die Geschichte der Juden in Deutschland. Frankfurt 1966; Ismar Elbogen, Ein Jahrhundert jüdischen Lebens. Frankfurt 1967; Eleonore Sterling, Judenhaß. Die Anfänge des politischen Antisemitismus in Deutschland (1815–1850). Frankfurt 1969.

Abkunft, geschrieben hat, ohne das Judenthum in die Sache zu mischen, ja selten ohne es zum Hauptgegenstand der Schimpfreden zu machen«;[46]

und die Perfidie dieses Vorgehens unterstreicht er nochmals, wenn er gegen Pfizers Vorwurf, es hätten diejenigen Juden, »die am lautesten die Emancipation fordern, nicht aufgehört, Heine insgeheim als den Ihrigen zu betrachten«[47] und seinen Rat, den »lästernden Spötter zweier Religionen«[48] völlig zu verleugnen, entgegnet:

»Herr *Pfizer* verfährt hier wie Einer, der einen Unschuldigen in den Verdacht des Diebstahls bringen wollte und ihm deshalb den freundschaftlichen Rath gäbe, er möge doch das Gestohlene zurückgeben, um der Gefahr der Strafe zu entgehen. Die Juden haben aber *Heine* nie anerkannt, sie haben sich nie anders als gleichgültig zu ihm verhalten; sie haben seine poetischen und stilistischen Talente nicht mehr als Andere bewundert; sie haben für seine Gesinnungen, für seine Spöttereien über jüdische und christliche Religionsvorstellungen nie Sympathie gehegt; sie haben ihn stets, wie er sie, verleugnet, wenn er ihnen aufgebürdet werden sollte; nie hat sich ein Jude, der als Solcher, der im Namen und Sinne seiner Glaubensgenossen über *Heine* redete, anders als zurückweisend, als jede Gemeinschaft ernst und offen ablehnend, über ihn geäußert. Herrn *Pfizer's* Rath würde deshalb der überflüssigste von der Welt sein, wenn er nicht den Zwecken tückischer Bosheit auf's Trefflichste diente.«[49]

Und auch nachdem 1848 die Emanzipationsforderungen wenigstens zu einem guten Teil – und wie sich dann herausstellen sollte, auch nur für kurze Zeit – erfüllt worden sind, bleibt der Kampf gegen Heine als Kampf gegen den Juden Heine mit dem Kampf gegen das deutsche Judentum verknüpft. Julian Schmidt etwa schreibt 1850 in den ›Grenzboten‹:

»Wir Liberalen haben, wie es unsere Schuldigkeit war, nach Kräften dahin gearbeitet, daß der Staat sein Unrecht gegen die Juden wieder gut mache, und wenigstens die Hauptsache ist bereits geschehen. Jetzt aber

---

46 Gabriel Riesser, Jüdische Briefe. Zur Abwehr und Verständigung. 1. Heft. 1840. In: G. R., Ges. Schriften. Bd. I. 1868. S. 69.

47 Pfizer aaO. (Anm. 23) S. 216

48 Ebd.

49 Riesser aaO. (Anm. 46) S. 77. – Die weitere Rezeption Heines durch das deutsche Judentum wäre eigens zu untersuchen. Cf. in der Bibliographie: Hannah Arendt; Max Brod; Hermann Cohen; weiterhin die Heine-Artikel im Jüdischen Lexikon und in der Encyclopaedia Judaica.

muß man es uns nicht mehr verargen, wenn wir eine so merkwürdige Erscheinung, wie das Judenthum, eine Erscheinung, an der vier Jahrtausende der Unterdrückung vorübergegangen sind, ohne sie im Wesen zu verändern, einer freien historischen Kritik unterwerfen, sollte sie auch nicht günstig ausfallen, sollte sich auch als endliches Resultat die ernste Aufforderung herausstellen, nachdem wir sie von den Fesseln des christlichen Staats emancipirt, nunmehr sich selber und uns vom Judenthum zu befreien.«[50]

Die Emanzipation der Juden letzten Endes nur um den Preis der Aufgabe ihrer jüdischen Identität zuzulassen: dies scheint Schmidt angesichts der Wirkung des »scharfen, ätzenden jüdischen Elements«,[51] wie er sie bezeichnenderweise an Heines Frivolität[52] und Lüge[53] demonstriert, vonnöten.

Zwei Jahre später bringt Richard Wagner in seinem Aufsatz ›Das Judenthum in der Musik‹ diesen Gedanken auf eine prägnante Formel: »Gemeinschaftlich mit uns Mensch werden, heißt für den Juden aber zu allernächst so viel als: aufhören, Jude zu sein.«[54] Wagner stellt sich die Aufgabe, »den Grund der volksthümlichen Abneigung auch unserer Zeit gegen jüdisches Wesen [...] in Bezug auf die Kunst, und namentlich die Musik«[55] zu erklären. Auch er sieht sich

---

50 Julian Schmidt, Börne, Heine und das Judenthum unserer neuen Literatur. In: Die Grenzboten. Jg. 9. 1850. S. 842.

51 Ebd. S. 843.

52 Ebd.

53 Ebd. S. 844. – Der Topos ›Lüge‹ fehlt in kaum einer Stellungnahme gegen Heine; er ist besonders geschätzt, um die Charakterlosigkeit der Person Heine mit seinem Werk in Beziehung zu bringen. Doch auch Verehrer der Heineschen Dichtung halten ihn – unter deutlicher Differenzierung von Persönlichkeit und Werk – für auf Heine zutreffend, so etwa Mörike im Gespräch mit Storm: *»Er ist ein Dichter ganz und gar, aber nit eine Viertelstund könnt ich mit ihm leben wegen der Lüge seines ganzen Wesens.«* (Theodor Storm, Meine Erinnerungen an Eduard Mörike. In: Sämtliche Werke. Bd. 3. Braunschweig und Hamburg 1918, S. 510). Kafka zitiert und kommentiert diese Äußerung im Brief an Max Brod v. 20. Juli 1922 als eine *»blendende und noch immer geheimnisvolle Zusammenfassung dessen, was ich vom Schriftsteller denke [...]. Den Talmudkommentar dazu her!«* (Briefe 1902–1924. 2. Aufl. Frankfurt 1966. S. 397).

54 Richard Wagner, Das Judentum in der Musik. In: R. W., Ges. Schriften und Dichtungen. Bd. 5. Leipzig 1872. S. 107.

55 Ebd. S. 85.

»in die Nothwendigkeit versetzt [...], um Emanzipirung von den Juden zu kämpfen«.[56] Denn der Jude ist »bereits mehr als emanzipirt: er herrscht und wird so lange herrschen, als das Geld die Macht bleibt, vor welcher all' unser Thun und Treiben seine Kraft verliert«.[57] So haben sich die »Juden auch den öffentlichen Kunstgeschmack unserer Zeit zwischen die geschäftigen Finger gebracht«[58] und setzen die in zweitausendjährigem Kampf durch die »Heroen der Künste«[59] erreichten Errungenschaften heute »in Kunstwaarenwechsel um«.[60] Um der »Verjüdung der modernen Kunst«[61] zu begegnen, will Wagner den Ursachen des »instinktmäßigen« Widerwillens gegen das jüdische Wesen nachgehen, dem, »was wir an jenem Wesen hassen«.[62] Er setzt bei der äußeren Erscheinung des Juden an (»wir wünschen unwillkürlich mit einem so aussehenden Menschen Nichts gemein zu haben«),[63] aufgrund welcher Juden sowohl als Gegenstand der darstellenden Kunst wie als Schauspieler ungeeignet sind. Dies Argument nun überträgt er ohne weitere Begründung auf den gesamten Kunstbereich:

> »Dieß ist sehr wichtig: einen Menschen, dessen Erscheinung wir zu künstlerischer Kundgebung, nicht in dieser oder jener Persönlichkeit, sondern allgemeinhin seiner Gattung nach, für unfähig halten müssen, dürfen wir zur künstlerischen Äußerung seines Wesens überhaupt ebenfalls nicht für befähigt halten.«[64]

Damit ist schon das Hauptargument formuliert, das er im folgenden für die verschiedenen Künste variiert und präzisiert: dem Juden ist es unmöglich zu dichten, denn welche Sprache er auch spricht, »er spricht sie immer als Ausländer«.[65] »Unsere ganze europäische Civilisation und Kunst« ist für ihn »eine fremde Sprache geblieben«,[66] in der er »nur nachsprechen, nachkünsteln, nicht wirklich redend dichten oder Kunstwerke schaffen«[67] kann. Der Jude ist unfähig zur Gesangskunst, zur bildenden Kunst und vor allem: zur Musik. Daß er sich gleichwohl ihrer »bemächtigen«[68] konnte, ist das deutlichste Anzeichen für ihren Verfall: an den zersetzenden »Würmern« wird der »innere Tod eines Körpers«[69] offenbar. Hier kommt Wagner nun auf Heine zu sprechen:

---

56 Ebd. S. 87.
57 Ebd.
58 Ebd.
59 Ebd.
60 Ebd. S. 88.
61 Ebd.
62 Ebd.
63 Ebd.
64 Ebd. S. 89.
65 Ebd. S. 90.
66 Ebd.
67 Ebd. S. 90f.
68 Ebd. S. 106.
69 Ebd.

»Ich sagte oben, die Juden hätten keinen wahren Dichter hervorgebracht. Wir müssen nun hier *Heinrich Heine's* erwähnen. Zur Zeit, da Goethe und Schiller bei uns dichteten, wissen wir allerdings von keinem dichtenden Juden: zu der Zeit aber, wo das Dichten bei uns zur Lüge wurde, unserem gänzlich unpoetischen Lebenselemente alles Mögliche, nur kein wahrer Dichter mehr entsprießen wollte, da war es das Amt eines sehr begabten dichterischen Juden, diese Lüge, diese bodenlose Nüchternheit und jesuitische Heuchelei unserer immer noch poetisch sich gebaren wollenden Dichterei mit hinreißendem Spotte aufzudecken. Auch seine berühmten musikalischen Stammesgenossen geißelte er unbarmherzig für ihr Vorgeben, Künstler sein zu wollen; keine Täuschung hielt bei ihm vor: von dem unerbittlichen Dämon des Verneinens Dessen, was verneinenswerth schien, ward er rastlos vorwärtsgejagt durch alle Illusionen moderner Selbstbelügung hindurch, bis auf den Punkt, wo er nun selbst wieder sich zum Dichter log, und dafür auch seine gedichteten Lügen von unseren Komponisten in Musik gesetzt erhielt. – Er war das Gewissen des Judenthums, wie das Judenthum das üble Gewissen unserer modernen Civilisation ist.«[70]

Es ist Heinrich von Treitschke, der alle diese Argumente gegen Heine zusammenfaßt und im Kontext des Antisemitismus der achtziger und neunziger Jahre[71] den Grund legt für die antisemitische Argumentation seiner Nachfahren. War ihre ›Race‹ – bald stärker biologisch, bald stärker kulturell-volkstumsmäßig akzentuiert – schon das ganze 19. Jahrhundert hindurch neben der Religion und der wirtschaftlichen Rolle der Juden gegen sie ins Feld geführt worden,[72] so hatte doch immerhin sogar Wagner noch historische Ursachen für die typischen Judeneigenschaften angeführt – von denen er dann freilich wie von Naturnotwendigkeiten gesprochen hatte. Bei Treitschke aber nun werden Deutscher und Jude als Germane[73] – oder Arier[74] – und Orientale gegenübergestellt. So heißt es über Heine zum Beispiel:

»An umfassende Werke durfte er sich ohnehin nicht wagen; denn die künstlerische Composition großen Stiles gelingt meist nur der massiven Kraft der Arier«.[75]

[70] Ebd. S. 107.

[71] Cf. zu Treitschke: Walter Boehlich (ed.), Der Berliner Antisemitismusstreit. Frankfurt 1965 (Sammlung Insel 6).

[72] Cf. Sterling aaO. (Anm. 45) S. 86f. und 115–129.

[73] In diesem Band S. 67.

[74] In diesem Band S. 70.

[75] In diesem Band S. 61. – Cf. Paul Nerrlichs Einwendung: *»Vier- und*

Von hier aus ist es dann nur noch ein einziger konsequenter Schritt zu Adolf Bartels, der Heine, eben weil er Jude ist, aus der Reihe der deutschen Dichter tilgt: Heine ist »ein bedeutender jüdischer Lyriker, der sich der deutschen Sprache und der deutschen Bildung bedient und so auch bis zu einem bestimmten Grade in den deutschen Geist hineinkommt«[76] formuliert er – noch geradezu gemäßigt – 1902; vier Jahre später folgt dann, ausgelöst vom wiederauflebenden Denkmalsstreit,[77] sein berühmtes vierhundertseitiges »Pamphlet«[78] ›Heinrich Heine. Auch ein Denkmal‹, dessen Einleitung mitteilt, es solle »vor allem das Kampfmaterial gegen Heine an die Hand geben und im besonderen das ästhetische gegen den Dichter«:[79]

»*Los von Heine!* lautet die Parole – wir sind es im Grunde längst, unsere literarische und geistige Entwicklung ist schon seit einem Menschenalter über ihn hinaus, aber man will uns diesen Dichter, dessen Einfluß auf die breiteren Kreise ein durchaus verderblicher ist und immer sein wird, auch für die Zukunft aufzwingen, wir sollen sogar die Kniee vor ihm beugen, und diese Zumutung dürfen wir uns keinesfalls gefallen lassen, falls noch ein Rest des Gefühls für die Würde unseres Volkes und unsere eigene Würde in uns ist. Nein, *zu Boden mit Heine,*

---

mehrbändige Werke hat Heine freilich nicht geschaffen, doch der Schmetterling kann nun einmal mit dem Nilpferde nicht wetteifern; gerade die kleinsten Gedichte Heines werden leben, so lange eine deutsche Sprache lebt.« (Nerrlich, Herr von Treitschke und das junge Deutschland. 2. Aufl. Berlin 1890. S. 50f.).

76 Adolf Bartels, Geschichte der deutschen Litteratur. Bd. 2. Leipzig 1902. S. 53.

77 Der Streit um Heine-Denkmäler in verschiedenen deutschen Städten wurde erstmals durch einen Aufruf Paul Heyses im ›Düsseldorfer Anzeiger‹ (2. Nov. 1887) in Bewegung gebracht und lebte bis 1932 immer wieder auf. Die Textbelege ermöglichen vor allem auf der Seite der Heine-Befürworter Differenzierungen aufgrund der sehr verschiedenen, zuweilen konträren Argumentation zugunsten derselben Sache. Cf. Ludwig Marcuse, Die Geschichte des Heine-Denkmals in Deutschland. In: Das goldene Tor. Jg. 1. 1946. S. 129–135; Bürgerinitiative aaO. (Anm. 14) S. 12–23; Hotz aaO. (Anm. 5) S. 124ff.

78 So Franz Mehring, Eine Seeschlange (1906). In: F. M., Ges. Schriften. Bd. 10. S. 500.

79 Bartels aaO. (Anm. 4) S. XIV. – Zu Bartels' Programm cf. sein schon mit dem Hakenkreuzemblem verziertes Buch ›Jüdische Herkunft und Literaturwissenschaft‹, Leipzig 1929.

mögen ihn die verehren, zu denen er gehört, ganz, restlos, mit jedem Zuge seines Wesens, denen er noch heute aus der Seele spricht und singt! Für uns Deutsche wäre das Heine-Denkmal, im Namen des deutschen Volkes errichtet, die ärgste Beschimpfung, die man uns antun kann, Schmach und weiter nichts als Schmach! Das leugne ein ehrlicher Mensch, wenn er dies mein Buch gelesen hat!«[80]

Und wieder ist es nur ein Schritt von Bartels zu den Aktionen von 1933: was er »natürlich nur bildlich«[81] postuliert hatte, wird praktisches Ereignis: Bücherverbrennungen,[82] Denkmalszerstörungen,[83] Behinderung,[84] später Verbot[85] der Verbreitung Heines durch Buchhandel und Leihbüchereien lösen die Auseinandersetzung durch Texte mehr und mehr ab. Was jetzt noch gegen Heine geschrieben wird, erbringt außer eines ganzen Kataloges von Schimpfwörtern im Grunde nichts Neues mehr.[86] Börries Freiherr von Münchhausen etwa, 1933 zum Senator der deutschen Akademie der Dichtung berufen[87] und 1936 in dieser Eigenschaft mit dem Problem befaßt, ob und wie die volkstümlichen Heine-Lieder durch Unterlegen neuer ›deutscher‹ Texte singbar erhalten werden könnten, äußert sich über Heine als sittliche Persönlichkeit:

»Gottlob, daß unsere Sprache das Wort *Schweinehund* hat, es ist zwar nicht sehr salonfähig, aber ich halte es da mit Nicolas *Boileau-Despréaux*, der in seiner ersten Satire schreibt:

J'appelle un chat un chat et Rollet un fripon.

Also: Ich nenne Heinrich Heine einen Schweinehund.«[88]

1936 erscheint auch der Aufsatz ›Schluß mit Heinrich Heine!‹ von Wolfgang Lutz in den ›Nationalsozialistischen Monatsheften‹.[89]

---

80 Bartels aaO. (Anm. 4) S. XV.

81 Ebd. S. 375; in diesem Band S. 124.

82 Cf. Wulf aaO. (Anm. 14) S. 41f.

83 Ebd. S. 40.

84 Ebd. S. 175.

85 Ebd. S. 181.

86 Hingewiesen sei auf Artikel von Georg Spandau (Deutsches Podium, 13. März 1936); Emil Schneemann (Deutsche Turnzeitung, Jg. 79, 1934, Nr. 47 u. 48); sowie auf die bei Wulf aaO. (Anm. 14) S. 408–413 zitierten Dokumente.

87 Wulf aaO. (Anm. 14) S. 35.

88 Börries Freiherr von Münchhausen, Heinrich Heine in deutschen Tönen. In: Deutsche Zukunft. Jg. 4. 1936. Nr. 18 (3. Mai). S. 15.

89 Lutz aaO. (Anm. 25) S. 792–818.

Er will – das Werk Bartels' fortsetzend[90] – Heine

> »in seiner nackten jüdischen Unfähigkeit zeigen, schöpferisch zu wirken; er ist ein armseliger Stümper, der bar jeden echten deutschen künstlerischen Empfindens, selbst in dichterischen Kleinwerken nicht zu gehaltlicher und gestaltlicher Geschlossenheit, zu reiner (weil organischer, blutsmäßig deutschbedingter!) Harmonie von Gefühl und Reflexion – nach Hebbel die Grundelemente deutscher Lyrik – kommt.«[91]

Heine erscheine so »als *die,* allerdings hervorragend entwickelte, *fremdrassische Fratze*«.[92] Selbst in seinen »lyrischen Spitzenleistungen« – ›Lorelei‹, ›Belsazar‹ und ›Die Grenadiere‹ –, so das Resultat der ausführlichen ›Untersuchung‹ dieser Gedichte, habe er es »nur zu elenden deutschsprachigen, aber rein jüdischen Gedichten«[93] gebracht.

Und deshalb, so fordert Lutz »in erziehlicher Verantwortung vor der Zukunft der Nation«,[94] habe Heine erstens »in der deutschen Literaturkunde, die Ehrenhalle nur deutscher Dichter ist, in keinem Lese- und Lernbuch als deutscher Dichter Eingang zu finden«,[95] sei zweitens die Heine-Forschung einzustellen, dürfe sich drittens kein deutscher Verlag mehr für ihn finden, »während gute deutsche Dichter in innerer Bangigkeit vergehen, weil ihnen kein Verleger beispringt«.[96]

In der Rezeption Heines durch die Nationalsozialisten hat sich – so zeigt schon diese Übersicht – *ein* Traditionsstrang der Heine-Rezeption zur letzten Kenntlichkeit entwickelt. Ihm wäre nun die Entwicklung anderer Argumentationslinien gegen, vor allem aber die zugunsten Heines gegenüberzustellen. Die Textauswahl versucht das, hier ist es aus Raumgründen nicht möglich. Was sogleich auffällt: im Gegensatz zu der Geschlossenheit der gegnerischen Argumentation erweist sich die seiner Anhänger nicht annähernd so kohärent. Sie sind höchst unterschiedlich motiviert und gehen nur hin und wieder ein Zweckbündnis ein; oft aber wird der Streit um Heine auch im Lager seiner Befürworter ausgetragen. Wenn sich die dabei feststellbaren verschiedenen Typen der Heine-Rezeption auch nicht ohne Gewalt unter die Rubriken ›bürgerlich-liberal‹ contra ›mar-

---

90 Cf. ebd. S. 598; Lutz beruft sich weiter u. a. auf Menzel, Sandvoß und Treitschke.
91 Ebd. S. 799.
92 Ebd.
93 Ebd. S. 817.
94 Ebd.
95 Ebd.
96 Ebd.

xistisch-sozialistisch‹ subsumieren und schon gar nicht durch solche Etikettierungen erledigen lassen, so sticht dennoch ins Auge, daß die Differenzen etwa zwischen Bölsche und Mehring,[97] Kerr und Heinrich Mann, Ludwig Marcuse und Walther Victor[98] in den Differenzen ihrer jeweils verschiedenen Literaturbegriffe, vor allem in der jeweils verschiedenen Beantwortung der Frage nach Autonomie oder Funktionalität von Kunst gründen, die in der Tat nicht nur eine ästhetische, sondern auch eine gesellschaftliche Entscheidung impliziert. Diese Frage ist auch heute sowohl in der gegenwärtigen Heine-Rezeption wie in der methodischen Diskussion der Literaturwissenschaft en vogue. Ihr sich nicht nur mit dem Argument einer politischen Vorentscheidung zu stellen, sondern auch mit Gründen literarischer Erfahrung – nämlich den bewußtgemachten Konsequenzen von Literaturrezeption, wie sie in der Analyse von ›Heine in Deutschland‹ sichtbar werden – könnte ein gutes Ergebnis der Beschäftigung mit diesem Buch sein.

Editorische Notiz

Druckvorlage ist in allen Fällen der Erstdruck. Die Texte sind orthographisch unverändert, lediglich sind offensichtliche Druckfehler berichtigt, alle Hervorhebungen im Satz einheitlich *kursiviert* und Werktitel einheitlich durch › ‹ gekennzeichnet. Auslassungen sind durch [...] angezeigt, ihr Umfang ist aus den Nachweisen im Quellenverzeichnis erschließbar. Ergänzungen in eckigen Klammern stammen ausschließlich vom Herausgeber.

---

[97] Cf. die zahlreichen Äußerungen Franz Mehrings über Heine in: F. M., Ges. Schriften. Bd. 10.

[98] Cf. etwa Ludwig Marcuses populäre Monographie ›Heinrich Heine in Selbstzeugnissen und Bilddokumenten‹ (Reinbek 1960) mit der etwa gleichzeitigen großen biographischen Einleitung von Walther Victors ›Heine. Ein Lesebuch für unsere Zeit‹ (24. Aufl. Berlin 1972), die beide höchst einseitig akzentuieren: hier der völlig private Heine, dort der *»Revolutionär von Anfang an«* (Victor S. XXX), von dem sich in platter Sicherheit sagen läßt: *»Seine Harfe wird klingen, wenn seine Flamme, sein Schwert in uns, mit uns gesiegt haben. Er war dessen sicher. Enttäuschen wir ihn nicht.«* (S. LXXIII).

1 Ludwig Börne

Briefe aus Paris. Dreißigster Brief [Erster Teil] [1834]

Paris, Montag den 25. Februar 1833.

Soll ich über Heines ›*Französische Zustände*‹ ein vernünftig Wort versuchen? Ich wage es nicht. Das Fliegenartige Misbehagen, das mir beim Lesen des Buches um den Kopf summte, und sich bald auf diese bald auf jene Empfindung setzte, hat mich so ärgerlich gestimmt, daß ich mich nicht verbürgen kann – ich sage nicht für die Richtigkeit meines Urtheils, denn solche anmaßliche Bürgschaft übernehme ich nie – sondern nicht einmal für die Aufrichtigkeit meines Urtheils. Dabei bin ich aber besonnen genug geblieben, um zu vermuthen, daß diese Verstimmung meine, nicht Heines Schuld ist. Wer so große Geheimnisse wie er besitzt, als wie: in der dreihundertjährigen Unmenschlichkeit der Oesterreichischen Politik eine erhabene Ausdauer zu finden, und in dem Könige von Baiern einen der *edelsten und geistreichsten Fürsten die je einen Thron geziert;* den König der Franzosen, als hätte er das kalte Fieber, an dem einen Tage für gut, an dem andern für schlecht, am dritten Tage wieder für gut, am vierten wieder für schlecht zu erklären; wer es *kühn und großartig* findet, daß die Herren von Rothschild, während der Cholera ruhig in Paris geblieben, aber die unbezahlten Mühen der deutschen Patrioten lächerlich findet; und wer bei aller dieser Weichmüthigkeit sich selbst noch für einen *gefesteten* Mann hält – Wer so große Geheimnisse besitzt, der mag noch größere haben, die das Räthselhafte seines Buches erklären; ich aber kenne sie nicht. Ich kann mich, nicht blos in das Denken und Fühlen jedes Andern, sondern auch in sein Blut und seine Nerven versetzen, mich an die Quellen aller seiner Gesinnungen und Gefühle stellen, und ihrem Laufe nachgehen mit unermüdlicher Geduld. Doch muß ich dabei mein eigenes Wesen nicht aufzuopfern haben, sondern nur zu beseitigen auf eine Weile. Ich kann Nachsicht haben mit Kinderspielen, Nachsicht mit den Leidenschaften eines Jünglings. Wenn aber an einem Tage des blutigsten Kampfes ein Knabe der auf dem Schlachtfelde nach Schmetterlingen jagt, mir zwischen die Beine kömmt; wenn an einem Tage der höchsten Noth, wo wir heiß zu Gott beten, ein junger Geck uns zur Seite, in der Kirche nichts sieht als die schönen Mädchen, und mit ihnen liebäugelt und flüstert – so darf uns das, unbeschadet unserer Philosophie und Menschlichkeit, wohl ärgerlich machen.

Heine ist ein Künstler, ein Dichter, und zur allgemeinsten Anerkennung fehlt ihm nur noch seine eigne. Weil er oft noch etwas Anders seyn will als ein Dichter, verliert er sich oft. Wem wie ihm, die Form das höchste ist, dem muß sie auch das einzige bleiben; denn sobald er den Rand übersteigt fließt er in's Schrankenlose hinab, und es trinkt ihn der Sand. Wer die Kunst als seine Gottheit verehrt und je nach Laune auch manches Gebet an die Natur richtet, der frevelt gegen Kunst und Natur zugleich. Heine bettelt der Natur ihren Nektar und Blüthenstaub ab, und bauet mit bildendem Wachse der Kunst ihre Zellen. Aber er bildet die Zelle nicht, daß sie den Honig bewahre, sondern sammelt den Honig, damit die Zelle auszufüllen. Darum rührt er auch nicht wenn er weint; denn man weiß, daß er mit den Thränen nur seine Nelkenbeete begießt. Darum überzeugt er nicht, wenn er auch die Wahrheit spricht, denn man weiß daß er an der Wahrheit nur das Schöne liebt. Aber die Wahrheit ist nicht immer schön, sie bleibt es nicht immer. Es dauert lange bis sie in Blüthe kömmt, und sie muß verblühen ehe sie Früchte trägt. Heine würde die deutsche Freiheit anbeten, wenn sie in voller Blüthe stände; da sie aber wegen des rauhen Winters, mit Mist bedeckt ist, erkennt er sie nicht und verachtet sie. Mit welcher schönen Begeisterung hat er nicht von dem Kampfe der Republikaner in der St. Mery Kirche und von ihrem Heldentode gesprochen! Es war ein glücklicher Kampf, es war ihnen vergönnt den schönen Trotz gegen die Tyrannei zu zeigen und den schönen Tod für die Freiheit zu sterben. Wäre der Kampf nicht schön gewesen, und dazu hätte es nur einer andern Oertlichkeit bedurft, wo man die Republikaner hätte zerstreuen und fangen können – hätte sich Heine über sie lustig gemacht. Was Brutus gethan würde Heine verherrlichen so schön er nur vermag; würde aber ein Schneider den blutigen Dolch aus dem Herzen einer entehrten jungen Nähterin ziehen, die gar Bärbelchen hieße und damit die dummträgen Bürger zu ihrer Selbstbefreiung stacheln – er lachte darüber. Man versetze Heine in das *Ballhaus*, zu jener denkwürdigen Stunde, wo Frankreich aus seinem tausendjährigen Schlafe erwachte und schwur, es wolle nicht mehr träumen – er wäre der tollheißeste Jakobiner, der wüthendste Feind der Aristokraten und ließe alle Edelleute und Fürsten mit Wonne an einem Tage niedermetzeln. Aber sähe er aus der Rocktasche des feuerspeienden Mirabeau, auf deutsche Studenten-Art eine Tabackspfeife mit roth-schwarz-goldener Quaste hervorragen – dann Pfui Freiheit! und er ginge hin und machte schöne Verse auf Marie-Antoinettens schöne Augen. Wenn er in seinem Buche die heilige Würde des Absolutismus preißt, so geschah es, außer daß es eine Rede-Uebung war, die sich an dem Tollsten versuchte, nicht darum, weil er *politisch reinen Herzens* ist, wie er sagt; sondern er that es, weil er *Athemreines Mundes* bleiben möchte, und er wohl an jenem Tage als er das schrieb einem deutschen Liberalen Sauerkraut mit Bratwurst essen gesehen.

Wie kann man je dem glauben, der selbst nichts glaubt? Heine schämt sich so sehr etwas zu glauben, daß er Gott den *»Herrn,«* mit lauter Initialbuchstaben drucken läßt, um anzuzeigen, daß es ein Kunstausdruck sei, den er nicht zu verantworten habe. Den verzärtelten Heine, bei seiner Sybaritischen Natur, kann das Fallen eines Rosenblattes im Schlafe stören; wie sollte er behaglich auf der Freiheit ruhen, die so knorrig ist? Er bleibe fern von ihr. Wen jede Unebenheit ermüdet, wen jeder Widerspruch verwirrt macht, der gehe nicht, denke nicht, lege sich in sein Bett und schließe die Augen. Wo giebt es denn eine Wahrheit, in der nicht etwas Lüge wäre? Wo eine Schönheit die nicht ihre Flecken hätte? Wo ein Erhabenes, dem nicht eine Lächerlichkeit zur Seite stünde? Die Natur dichtet selten, und reimet niemals; wem ihre Prosa und ihre Ungereimtheiten nicht behagen, der wende sich zur Poesie. Die Natur regiert republikanisch, sie läßt jedem Dinge seinen Willen, bis zur Reife der Missethat, und straft dann erst. Wer schwache Nerven hat und Gefahren scheut, der diene der Kunst, der absoluten, die jeden rauhen Gedanken ausstreicht, ehe er zur That wird, und an jeder That feilt, bis sie zu schmächtig wird zur Missethat.

Heine hat in meinen Augen so großen Werth, daß es ihm nicht immer gelingen wird sich zu überschätzen. Also nicht diese Selbstüberschätzung mache ich ihm zum Vorwurfe, sondern daß er überhaupt die Wirksamkeit einzelner Menschen überschätzt, ob er es zwar in seinem eigenen Buche so klar und schön dargethan, daß heute die Individuen nichts mehr gelten, daß selbst Voltaire und Rousseau von keiner Bedeutung wären, weil jetzt die Chöre handelten und die Personen sprächen. Was sind wir denn, wenn wir viel sind? Nichts als die Herolde des Volks. Wenn wir verkündigen und mit lauter vernehmlicher Stimme, was uns, jedem von seiner Parthei aufgetragen, werden wir gelobt und belohnt; wenn wir unvernehmlich sprechen, oder gar verrätherisch eine falsche Botschaft bringen, werden wir getadelt und gezüchtigt. Das vergißt eben Heine, und weil er glaubt, er wie mancher Andere auch, könnte eine Parthei zu Grunde richten, oder ihr aufhelfen, hält er sich für wichtig; sieht umher wem er gefalle, wem nicht; träumt von Freunden und Feinden, und weil er nicht weiß wo er geht und wohin er will, weiß er weder wo seine Freunde noch wo seine Feinde stehen, sucht sie bald hier, bald dort, und weiß sie weder hier noch dort zu finden. Uns andern miserablen Menschen, hat die Natur zum Glücke nur einen Rücken gegeben, so daß wir die Schläge des Schicksals nur von einer Seite fürchten; der arme Heine aber hat zwei Rücken, er fürchtet die Schläge der Aristokraten und die Schläge der Demokraten, und um beiden auszuweichen, muß er zugleich vorwärts und rückwärts gehen.

Um den Demokraten zu gefallen, sagt Heine: Die Jesuitisch-Aristokratische-Parthei in Deutschland verläumde und verfolge ihn, weil er dem Absolutismus kühn die Stirne biete. Dann um den Aristokraten zu gefallen sagt er: er habe dem Jakobinismus kühn die Stirne geboten; er sei ein guter Royalist und werde ewig monarchisch gesinnt bleiben; in einem Pariser Putzladen wo er vorigen Sommer bekannt war, sei er unter den acht Putzmachermädchen mit ihren acht Liebhabern, – alle sechszehen von höchst gefährlicher republikanischer Gesinnung, – der einzige Royalist gewesen, und darum stünden ihm die Demokraten nach dem Leben. Ganz wörtlich sagt er: »Ich bin bei Gott! kein Republikaner, ich weiß *wenn die Republikaner siegen, so schneiden sie mir die Kehle ab.*« Ferner. »Wenn die Insurrektion vom 5. Juni nicht scheiterte, wäre es ihnen leicht gelungen, *mir den Tod zu bereiten, den sie mir zugedacht:* Ich verzeihe ihnen gerne diese Narrheit.« Ich nicht. Republikaner die solche Narren wären, daß sie Heine glaubten aus dem Wege räumen zu müssen um ihr Ziel zu erreichen, die gehörten in das Tollhaus.

Auf diese Weise glaubt Heine bald dem Absolutismus bald dem Jakobinismus *kühn die Stirne zu bieten.* Wie man aber einem Feinde die Stirn bieten kann, indem man sich von ihm abwendet, das begreife ich nicht. Jetzt wird zur Wiedervergeltung, der Jakobinismus durch eine gleiche Wendung auch Heine kühn die Stirne bieten. Dann sind sie quitt und so hart sie auch auf einander stoßen mögen, können sie sich nie sehr wehe thun. Diese weiche Art Krieg zu führen ist sehr löblich und an einem blasenden Herolde, die Heldenthaten zu verkündigen, kann es keiner der Kämpfenden Stirne in diesem Falle fehlen.

Gab es je einen Menschen, den die Natur bestimmt hat, ein ehrlicher Mann zu seyn, so ist es Heine und auf diesem Wege könnte er sein Glück machen. Er kann keine fünf Minuten, keine zwanzig Zeilen heucheln, keinen Tag, keinen halben Bogen lügen. Wenn es eine Krone gälte, er kann kein Lächeln, keinen Spott, keinen Witz unterdrücken, und wenn er sein eignes Wesen verkennend, doch lügt, doch heuchelt, ernsthaft scheint wo er lachen, demüthig wo er spotten möchte; so merkt es jeder gleich, und er hat von solcher Verstellung nur den Vorwurf, nicht den Gewinn. Er gefällt sich den *Jesuiten des Liberalismus* zu spielen. Ich habe es schon einmal gesagt, daß dieses Spiel der guten Sache nützen kann; aber weil es eine einträgliche Rolle ist, darf sie kein ehrlicher Mann selbst übernehmen, sondern muß sie Andern überlassen. So, seiner bessern Natur zum Spotte, findet Heine seine Freude daran zu diplomatisiren, und seine Zähne zum Gefängnißgitter seiner Gedanken zu machen, hinter welchem sie jeder ganz deutlich sieht und dabei lacht. Denn zu verbergen, daß er etwas zu verbergen habe, so weit bringt er es in der Verstellung nie. Wenn ihn der Graf Moltke in einen Federkrieg über den Adel zu verwickeln sucht, bittet er ihn es zu unterlassen; »denn es schien mir gerade damals bedenklich, in meiner gewöhnlichen Weise, ein Thema öffentlich zu erörtern das die Tagesleidenschaften so furchtbar ansprechen müßte.« Diese Tagesleidenschaft gegen den Adel, die schon funfzigmal dreihundert fünf und sechszig Tage dauert, könnte weder Herr von Moltke noch Heine, noch sonst Einer noch furchtbarer machen, als sie schon ist. Um von etwas warm zu sprechen, soll man also warten bis die Leidenschaft, der er Nahrung geben kann, gedämpft ist, um sie dann von neuen zu entzünden? Das ist freilich die Weisheit der Diplomaten. Heine glaubt etwas zu wissen, das Lafayette gegen die Beschuldigung der Theilnahme an der Juni-Insurrektion vertheidigen kann; aber *»eine leicht begreifliche Diskretion«* hält ihn ab sich deutlich auszusprechen. Wenn Heine auf diesem Wege Minister wird, dann will ich verdammt sein, sein geheimer Secretair zu werden, und ihn von Morgen bis Abend anzusehen, ohne zu lachen.

2 Karl Gutzkow

Börne gegen Heine
[1835]

Börne hat Heine im Feuilleton des ›Reformateur‹ bei mehr, als der bloßen Parthei angeklagt. Er appellirte an alle diejenigen, welche sich ein Urtheil zutrauen, und hat deshalb in der Verdammung Heine's einen auffallenden Anklang gefunden, selbst bei denen, welche Börne sonst gar keines Grußes würdigt. Das Resultat ist jedenfalls ein solches, was Börnen nur zufällig zu Gunsten kommt; wir müssen das Gleichgewicht wieder herstellen und den Ankläger innerhalb seiner Parthei zurückdrängen. Ich kann nicht dafür, wenn dies Verfahren wie eine Rechtfertigung Heine's aussehen wird. Mich dauert des armen Kindes, wie man ihm seine Blumenkränze zerreißt und an seine liebenswürdige Thorheit mit so massiven Zurechnungen geht.

O glaubt mir, Beide leidet ihr an derselben Krankheit! Beide macht euch die Geliebte eures Herzens wahnwitzig! Beide schmachten nach der Freiheit; aber Börne wird aus Sehnsucht ein Verzweifelter, Heine aus Sehnsucht ein Übermüthiger. Börne rettet das Übrige, während er Eines aufgeben muß: Heine wirft Alles hin, er krankt an demselben Schmerze. Börne hält sich an Gott und gibt die Menschen auf. Heine klammert sich an die Menschen und scheidet sich von Gott. Börne will die moralische und religiöse Weltordnung kultiviren, bis wir in bessern sozialen Verhältnissen sind. Heine will alles preisgeben, ehe wir nicht zum politischen Ziele sind. Wer hat Recht? Thörichte Frage! Fragen soll man nur: wer ist mäßiger? Auch das nicht: Wer ist muthiger? Noch weniger dies: wer ist unglücklicher? Sie sind es beide in gleichem Grade; nur darin unterscheiden sie sich, daß der Eine seiner Sache nützlicher ist, als der Andre.

Börne, dem der deutsche Adler an der Leber frißt, ist kein Prometheus: Heine ist es; denn Heine flucht den Göttern, wie Prometheus. Börne glaubt früher zu seinem Ziele kommen zu können, wie Heine; denn Börne läßt der Welt, was sie hat, nur will er ihren politischen Zustand verändern. Heine will ihr noch den Glauben nehmen. Das ist der Unterschied: Börne hat nur Einen, Heine hat sie Alle gegen sich.

Börne leidet an einer Einseitigkeit; Heine an einer Ungerechtigkeit. Börne glaubt, die einzige Frage der Zeit wäre die der Könige. Heine rächt sich an den Gärten, Besitzungen, an dem ehrlichen Namen des Mannes, der ihm seine Tochter nicht geben will. Wenn Börne an seinem Ziele wäre, so würde er die Sitten und sozialen Meinungen angreifen. Wenn Heine es wäre, so würde er gegen Börne's Frivolität schreiben und eingestehen, daß er früher die Erde und den Himmel nur verwüstet habe, um gleichsam zu sagen: Wenn ihr uns das Eine vorenthaltet, nun, so werde euch das Andre benommen!

Börne klagt Heine der Frivolität an; aber ist es nicht der größte Leichtsinn, das Jahrhundert auf Nichts zu reduziren, als die constitutionelle Frage? Indem Börne die theologischen Debatten in die Vergangenheit verweis't und von den Angriffen auf das Christenthum wie von einer antiquirten und verbrauchten Maxime spricht, schneidet er für unsre Zeit die Spekulation ab. Indem er geringschätzig redet von den Bestrebungen, über die Schönheit, neue Bestimmungen festzusetzen, tödtet er die Keime künstlerischer Ausbildung, mit deren Blüthe die nächste Zukunft unsres Vaterlandes bedacht zu sein scheint. Wir können nicht glauben, daß Börne eines solchen Despotismus fähig wäre, und die Zeit so wenig übersähe. Eine solche Vollendung, wie die seinige, eine Vergangenheit, die so abgerundet vor uns steht, wie die Autorschaft Börne's, braucht freilich die Gegenwart nicht. Aber die deutsche Jugend, welche die Feder führt, wird sich hüten, eine Einseitigkeit der Grundsätze zu verfolgen, welche die Tendenz des Jahrhunderts eben so sehr wie die Literatur zu vernichten droht. Sie auf nichts anweisen, als jene isolirte politische Thätigkeit, d.h. auf die Bretter, welche zu einem Sarg hinreichend sind, ist eine Grausamkeit, die die Jugend hochherzig genug wäre, wahr zu machen, die aber Niemanden nützen würde, am wenigsten dem Vaterlande. Je nothwendiger es scheint, sich mit den bestehenden Verhältnissen abzufinden, desto eher solltet ihr darauf bedacht sein, uns in den Studien zu unterstützen, welche der Zukunft gewidmet sind!

Wir haben es immer ausgesprochen, daß Heine's ganz unentwikkelte Charakterbildung, vor allen Dingen aber die große Leere, welche selbst in genialen Köpfen entsteht, wenn sie in einer so vollen, konkreten und überhäuften Zeit nichts thun, als von ihrem ursprünglichen subjektiven Kapitale leben, diesen Autor zum Kampfe der Zeit im großen, tragischen Style ganz ungeschickt macht. Möge jedes Wort, was Börne in dieser Rücksicht gesagt hat, auf ein gutes

Feld fallen und in Heinen nicht Groll, sondern Entschlüsse hervorrufen! Im Übrigen aber müssen wir uns entschieden gegen Börne's Prinzipien, so weit sie in jenen Aufsätzen zum Vorschein kommen, erklären, wie gegen alle Insinuationen, die von der rein bürgerlichen Auffassung der Ereignisse herkommen oder mit einer Meinungsschattirung des Tiersparti, es sei, welche es wolle, irgend im Zusammenhange stehen.

3 Wolfgang Menzel

Die junge Literatur
[1836]

Il faut faire aux méchans guerre continuelle.
La paix est fort belle de soi,
J'en conviens; mais de quoi sert-elle
Avec des énnemis sans foi?

Wir haben im vorigen Jahr eine Erscheinung an uns vorübergehen sehen, von der wir noch nicht wissen, welche Nachwirkungen sie in Literatur und Leben zurück lassen wird. Sie ist eben so bedeutungsvoll durch sich selbst, als durch die außerordentlichen Maßregeln, welche sie hervorgerufen hat.

Die unter dem Namen der *jeune Allemagne* oder der jungen Literatur bekannte Coterie hat verdammliche Lehren ausgebreitet und ist von der Kritik deßhalb zurecht gewiesen worden. Man erkannte, daß diese Lehren zugleich staatsgefährlich seyen, sofern sie eine entschieden antinationale, französische Tendenz hatten und die Grundlage aller Staaten, Religion und Sitte, zu untergraben trachteten, und nun zog der Staat die Sache vor sein Forum. Wenn wir ein strenges Preßgesetz hätten, durch dessen Strafbestimmungen solche Frevel gegen Religion und Sitte und gegen das vaterländische Interesse in Schranken gehalten würden, so wäre das Publikum, so wären die Literatoren in dieser Sache beruhigt, so würde es Niemand einfallen, die Straffälligen zu bemitleiden. Da wir aber eine Censur, Interdikte künftiger Schriften, vorbeugende Maßregeln ohne bestimmte Normen haben, die leicht den Unschuldigen mit dem Schuldigen gefährden können, die nur einen politischen, nicht einen juridischen Maßstab anlegen, so ist auch umgekehrt die Eifersucht, welche die Freiheit der Presse bewacht, irritirt und wieder ihrerseits geneigt, um des Princips willen den Schuldigen mit dem Unschuldigen zu schonen. Wenigstens suchen die zahlreichen Anhänger der *jeune Allemagne* ihre schlechte Sache jezt mit der Sache der Preßfreiheit zu identificiren und indem sie alle Aufmerksamkeit auf das Formelle des Prozesses hinlenken, das Materielle darüber vergessen zu machen.

Unter diesen Umständen ist es doppelte Pflicht, klar zu unterscheiden, das Wahre in dieser Sache festzustellen und Jeden, der sich etwa von seinem einseitigen Interesse verleiten ließe, zu weit zu gehen, davon zu überzeugen, daß er alsdann gerade gegen sein Interesse handeln würde.

Der Staat würde gegen sein eigenes Interesse handeln, wenn er um einiger nichtswürdiger Autoren willen die Besorgnisse der bessern Autoren erregte, und der von Rechtswegen unterdrückten schlechten Partei dadurch erst Theilnahme und heimliche Bundesgenossen erweckte.

Die Freunde der Preßfreiheit würden aber nicht weniger gegen ihr eigenes Interesse handeln, wenn sie sich durch irgend eine Sympathie für die Schlechten gemein machen wollten, da sie nur über sie zürnen sollten, denn was hindert mehr die Befreiung der Presse, als ein solcher Mißbrauch derselben?

Vor allem muß das Formelle des Streits vom Materiellen getrennt, es muß bewiesen werden, daß die *jeune Allemagne* als eine vaterlandsverrätherische, gottlose, unsittliche, in jeder Beziehung nichtswürdige Partei keinerlei Sympathie werth, und daß es eine unverzeihliche Taktlosigkeit seyn würde, um ihretwillen höhere, allgemeinere Interessen des Vaterlands und der Literatur zu gefährden.

Zugleich muß bewiesen werden, daß das Uebel, von dem es sich handelt, ein moralisches und intellektuelles ist, das durch keine physische Gewalt, sondern wieder nur durch den Geist, durch die öffentliche Meinung, durch das Nationalgefühl und durch die Presse, in welcher sich dieser bessere Geist ausspricht, vernichtet werden kann. Die schlechte Presse kann nur durch die gute besiegt werden.

Gutzkow nennt in seiner lezten Schrift die deutsche Literatur »miserabel und einen Skandal für Europa.« Das würde sie in der That seyn, wenn sie sich nicht aus eigener geistiger Kraft der Pest, die Herr Gutzkow und seine Gefährten in sie hineingebracht haben, erwehren könnte. Sie bewähre diese Kraft, die vernichte die Nichtswürdigen durch die Gewalt der Wahrheit allein, durch das Licht der Oeffentlichkeit, das nie heller leuchten sollte, als wenn es sich um die heiligen Interessen des Vaterlandes handelt.

Auch französische Blätter haben sich schon um die »jungen Deutschen« bekümmert und sie als Märtyrer begrüßt. Die Franzosen muß man fragen: was würdet ihr thun, wenn es in euerm Volk noch alte böse Sympathien für ein mächtiges und gefährliches Nachbarvolk gäbe und eure Jugend machte Partei mit diesem Volk und verachtete euer Vaterland, eure Sitte, eure heiligsten Interessen? Ich traue euch zu, daß ihr in einen edeln Zorn gerathen würdet, und wehe einer so verworfenen französischen Jugend, ihr würdet sie zu züchtigen wissen, denn ihr seyd eine Nation und habt das Ehrgefühl und den Stolz einer Nation!

Nun denn, erlaubt uns zu thun, was ihr im gleichen Falle thun würdet!

[...]

Das junge Deutschland schwört nicht höher als bei dem Namen *Heine*, und allerdings ist es dieser geniale, aber leider auch eben so frivole als geniale Heine, von dem der ganze Unfug ausgegangen ist. Von Geburt Jude, durch die Sympathien seines Talentes und durch die Zufälle seines Lebens in Paris heimisch geworden, hat er dort zuerst den Ton angestimmt, der ein so vielstimmiges Echo in dem jungen Deutschland fand. Er konnte freilich nicht wissen, daß man ihn in diesem Grade bewundern und nachahmen und sogar übertreiben würde, und insofern bin ich weit entfernt, ihm *alle* Sünden seines Anhangs aufzubürden; doch hat er den Ton angegeben. Er zuerst, von jüdischen Antipathien und französischen Beispielen verlockt, machte die Verspottung des Christenthums und der Moral, der deutschen Nationalität und Sitte, die Vorschläge, das Fleisch zu emancipiren, die liederlichen Prahlereien, die Debauchen des jungen Frankreich, das Kokettiren mit der Republik, die Affektation, an die große Revolution der Zukunft zu appelliren, zu dem fruchtbaren Thema, das seitdem die jungen Deutschen in allen Variationen durchgespielt haben.

Die Theilnahme, die man dem glänzenden Talent dieses Schriftstellers zollte, brach auch seinen Ideen Bahn, und die Jugend, die seinen Styl nachzuahmen trachtete, glaubte, was ihr dabei mißlang, durch Uebertreibung seiner Lehren ersetzen zu müssen. Wer fühlte, daß er nicht so witzig sey, als Heine, suchte ihn desto mehr an Kühnheit der Ideen zu übertreffen. So wurde Heine, ohne daran gedacht zu haben, aus einem Dichter, der er ist, in einen großen Philosophen und Reformator der gesammten heutigen Weltansicht umgewandelt, wozu ihn wenigstens Wienbarg gemacht hat.

Die neue in Heine versammelte Gemeinde übernahm das Apostelamt, und während Wienbarg das System der neuen Lehre in seinen »ästhetischen Feldzügen« abrundete, wurde die ausgedehnteste äußere Verbreitung derselben durch kritische Schriften und Romane, vorzüglich aber durch den mächtigen Hebel des Journalismus vorbereitet, dessen Organe sie sich mit überraschender Schnelligkeit zugänglich machten. Heine selbst hat in seiner jüngsten Schrift über die romantische Schule ausdrücklich »den *apostolischen Eifer* des jungen Deutschland« gepriesen und seinen Anhängern nicht nur alles mögliche Talent nachgerühmt, sondern insbesondere auch von ihren Fortschritten in der öffentlichen Meinung, von dem »guten Klange«, den ihre Namen bereits in deutschen Landen hätten, mit einer gewissen angenommenen Würde, als ihr Altmeister gesprochen. Ich vermuthe, er hat sich von ihrem Lobe verführen lassen, weiter zu gehen, als es ihm die Grazien hätten erlauben sollen.

[...]

Die Lehren, welche das junge Deutschland gepredigt hat, haben nichts Geheimnißvolles, nichts Zweideutiges. Es sind alte bekannte Lehren, deren Wiederaufwärmung dem Geist der jungen Leute, die sie versuchen, keinerlei Ehre macht und sich höchstens durch's Fleisch entschuldigen läßt. Es sind Lehren, die schon mehr als einmal Bankerott gemacht haben, die zu dumm sind, als daß man ihre Wiederkehr nur hätte erwarten sollen, die aber noch mehr böse, als dumm sind, und die, da sie doch wirklich wieder aufgewärmt wurden, wegen ihrer Bösartigkeit die hippokratische Kur verdienen.

Erstens die Lehre von einer allgemeinen, jede Nationalität vernichtenden Menschheit. Sie erklären den Patriotismus für einen »thierischen Trieb des Bluts,« zu verächtlich und barbarisch, um in unserer aufgeklärten Zeit noch Geltung zu haben. Sie nennen alles »Philister«, was der neuen Lehre nicht huldigt. Sie verkündigen eine »Weltliteratur«, durch die unsere bisherige Nationalliteratur verdrängt werden soll. »Alles sey unter der Kritik«, sagt Wienbarg, was nicht dieser Weltliteratur angehöre. Wenn aber dieselbe je zu Stande käme, wer sieht nicht ein, daß sie rein französisch seyn würde. Wenn wir Deutschen Lust hätten, unsere Philisterei abzustreifen und allgemeine Menschen zu werden, wer sieht nicht ein, daß wir französische Heloten werden würden? Das ist die alte Leyer. Unter der Maske der allgemeinen Menschheit ist uns das

Franzosenthum von 1792 gepredigt worden. Man will uns das deutsche Kleid ausziehen, damit wir nackend als allgemeine Menschen dastehen; aber schon steht der Franzose hinter uns und bietet uns für unsere Blöße höflich – ein Hundehalsband.

Zweitens die Usurpation der Zukunft, die Appellation an die künftige Revolutionirung Europas durch die Ideen St. Simons. Darein mischen sie aber auf's bestimmteste die Erinnerungen an die erste französische Revolution, denn sie begnügen sich nicht, mit St. Simon eine allgemeine Berechtigung der Menschen zum Genuß durch das ihr entsprechende Maaß von Arbeit zu erkaufen, das Recht durch eine Pflicht zu bedingen; sondern sie halten sich, wie die Franzosen von 1793, bloß an's Recht ohne Pflicht, an den Genuß ohne Arbeit, und ihr Ziel ist daher nicht eine Tugendrepublik, sondern eine Lasterrepublik, die Emancipation des Fleisches, die Herrschaft der Sinnlichkeit durch Aufhebung aller sie einschränkenden bürgerlichen, religiösen und Sittengesetze, was sie das allgemeine Menschenglück nennen.

Indem sich auf diese Weise hinter der Maske der Freiheit der gemeinste und niedrigste Egoismus versteckt, ahmen die jungen Deutschen nicht sowohl St. Simon, als vielmehr die verworfensten Jakobiner, die *Maratisten* und *Hebertisten* nach. Nur Marat, der wörtlich wie Gutzkow damit anfing, den »entzückenden Augenblick« als das Sakrament der neuen Naturreligion im Gegensatz gegen die Ehe zu empfehlen; nur Hebert, der in seinem Journal wörtlich wie Gutzkow die »Personen charakterisirte,« d. h. jedem reinen Namen die unglaublichsten Verläumdungen anhing und die bodenloseste Unsittlichkeit und Gotteslästerung predigte, nur diesen Abschaum der Revolution nahmen sie zum Vorbilde. Sie fingen damit an, womit die höchste Krise jener Revolution aufhörte, mit der Abschaffung Gottes. Der alte Gott liegt in seinem Blute, schreit Heine triumphirend. Man hätte nie an ihn glauben sollen, bemerkt Gutzkow. Er ist die Erfindung des dummen Spiritualismus, des Systems, das die Völker zu Sklaven machte, und ihm muß »das Fleisch,« der Materialismus als das System, das die Völker frei macht, entgegengesezt werden, systematisirt Wienbarg.

Die Zweiflerin, die sich in Gutzkows Roman auf einem kleinen Theater *in puris* präsentirt, ist das Modell einer neuen Vernunftgöttin, wie sie die Sansculotten damals einführten. Die *Lehre vom höchsten irdischen Glück Aller* könnte nur, wenn sie je aus der Literatur in's Leben träte, das Maximum, die allgemeine Plünderung herbeiführen, wie damals in Frankreich. Wozu proklamirt man aber solche Grundsätze, wenn man sie nicht in's Leben einführen, oder sie wenigstens als einen Zunder in die Welt werfen will, um bei dem kleinen oder großen Brande, den sie erregen, egoistische Zwecke zu verfolgen?

Jenen Maratisten und Hebertisten war der republikanische Fanatismus nur eine Maske. Sie haßten und verfolgten die Tugend ohne Unterschied bei jeder Partei, ihre Verlogenheit, ihre schmutzige Verläumdung suchte sich die edelsten Opfer auf allen Seiten, hier den treuen Malesherbes unter den Royalisten, dort den ehrwürdigen Bailly unter den Constitutionellen, und nicht minder den tugendhaften Schwärmer Desmoulins unter den glühendsten Republikanern. Darum wurden sie auch endlich von *allen* Parteien verworfen und vernichtet, und die *wahren* Freunde einer *vernünftigen* Freiheit erkannten endlich, etwas spät, daß es keine gefährlicheren Feinde dieser Freiheit jemals gab, als gerade diese wüthendsten, obwohl nur heuchlerischen Fanatiker für Freiheit.

Die jungen Deutschen haben, um die Sympathien der Zukunft gleichsam in Beschlag zu nehmen, die republikanische Maske vorgenommen. Gutzkow hat die Bescheidenheit, sich mit Rousseau zu vergleichen. Auch Marat war anfangs so bescheiden. Er hat ferner die Bescheidenheit, zu erklären, jezt sey die Zeit für seine Republik noch nicht da, aber sie werde kommen. Er erklärt ausdrücklich, daß auch Rousseau habe warten müssen, und daß die Ideen desselben dennoch später, in der französischen Revolution, realisirt worden wären.

Er hat Recht. In jeder Revolution, nicht nur in der französischen, gab es einen Moment der äußersten Anarchie, in welcher jede Verworfenheit und Scheußlichkeit der menschlichen Natur, die sonst in den tiefsten Winkeln sich verbirgt, frech in die Mitte des Tages trat. Auch Deutschland ist in seinen frühern Krisen nicht ganz frei davon geblieben. Man erinnere sich der Wiedertäufer in Münster. Auch sie führten die Vielweiberei ein, auch sie wälzten sich öffentlich in den widerlichsten Orgien. Auch ihr Fanatismus ging in zügellose Wollust auf.

[...]

Man sollte es nicht für möglich halten, daß die französische Eroberungspolitik, die uns schon so oft das Zuckerbrod der Freiheit hingehalten und uns einen Stein dafür gegeben, immer noch Thoren unter uns findet, die sich beschwatzen lassen. Und selbst wenn die

Franzosen uns ein solches Geschenk im Ernst zugedacht hätten, müßte sich nicht unser Nationalstolz auf's innerste empören, ein Geschenk von ihnen anzunehmen und dadurch ihre Superiorität und unsere Imbecilität anzuerkennen? Man sollte nicht glauben, daß diese Wiegenlieder der Dummheit in Deutschland noch Ohren finden können; aber wenn selbst junge Schriftsteller, in denen die Bildung der Nation mit dem Ehrgefühl der Nation noch in erster frischer Blüthe gepaart seyn sollte, das alte Lied immer wieder durch die Straßen singen, so muß man freilich immer noch die Gefahr für größer halten, als die Erfahrung, die sie vermeiden lehrt.

Und selbst, wenn wir diese Gefahr durch große Aufmerksamkeit vermeiden, muß sich nicht jeder Deutsche schämen, daß diese jungen Deutschen unsere Literatur gerade in einem Augenblick entehren, in welchem die Franzosen selbst angefangen haben, unsere früher mißkannte Sprache, Wissenschaft und Kunst zu bewundern. Was muß Frankreich von uns denken, sieht es gerade in diesem Zeitpunkt unsere Jugend nach dem gelüsten, was die bessern Franzosen bei sich selbst zu verachten anfangen? Wer ist nicht überzeugt, daß die Ursache, warum das Ausland unsere Literatur so hoch schäzt, nichts anderes ist, als unsere sittliche Würde, der tiefe und heilige Ernst aller unserer Bestrebungen, jene unverdorbene Urkraft, die unsern Denkern eine so wunderbare Gewalt des Geistes, eine andern Völkern erstaunenswürdige Leichtigkeit in der Behandlung der schwierigsten Probleme, und zugleich unsern Dichtern den unnachahmlichen Reiz der Seelengrazie, der Unschuld und Scham verleiht, und aus der auch im untergeordneteren Wirken der immer an uns bewunderte ausdauernde Fleiß hervorgeht, der da seine unermeßlichen Arbeiten anfängt, wo die Schöpfungen aufhören. Es wäre doch eine zu starke Zumuthung, daß der Augenblick, in dem das Ausland anfängt, diese unsere geistige Nationalkraft zu bewundern, ihr Ende bezeichnen sollte, und daß wir den Franzosen unser Bestes nur mittheilen sollten, um dafür ihr Schlechtestes einzutauschen.

Wären wir auch geneigt zuzugeben, daß die »jungen Deutschen« wie Gelbschnäbel blind hineingetappt wären, daß sie bei der Verbreitung aller ihrer systematischen Diatriben gegen Vaterland, Religion und Sitte gar nichts Arges gedacht, daß sie bloß ganz unschuldig dem lustig pfeifenden Vogel Heine nachgepfiffen hätten; kurz sähen wir sie als unzurechnungsfähige Knaben an, so würde doch die Wirkung dieselbe bleiben. Wußtet ihr nicht, welch gefährliches Spielzeug ihr in die Hand nahmt, so hindert dies nicht, daß es dennoch einschneidet und verlezt. Ihr kokettirt nur mit der Appellation an den Haufen und zieht euch gleich wieder in eure belletristische Vornehmigkeit zurück, aber eure Bücher sind geschrieben, die darin enthaltenen Lehren verbreiten sich, auch wenn ihr sie hintendrein zurücknehmt. In solchen Angelegenheiten spielt man nicht. Welch erbärmliche Entschuldigung, wenn Gutzkow in seiner lezten »Appellation« sagt, er sey ja ein ganz unpopulärer, folglich auch ungefährlicher Schriftsteller, er, der noch vor wenig Monaten sich in der Allgemeinen Zeitung rühmte, seine Ideen machten reißende Fortschritte in der öffentlichen Meinung, und der sogar noch in seiner Appellation mitten unter zahmen Entschuldigungen sich rühmt, seine Wally sey in's »Volk« eingedrungen und uns droht, die ganze deutsche Literatur immer noch vernichten zu wollen.

Die *dritte* Lehre der *jeune Allemagne* ist die der *Irreligiosität*.

Sie lehren den gröbsten Materialismus, daß es nämlich außer der Natur und Materie nichts gäbe, keinen Gott, keine unsichtbare Welt; und sie folgern daraus, daß das Christenthum als eine Religion des Geistes ein dummer Spiritualismus, ein bloßer Aberglaube, eine Lüge sey. Sie spotten darüber mit einer früher unerhörten Dreistigkeit und scheuen sich sogar nicht, die Person Christi und der Apostel mit gemeinen Schimpfwörtern zu belegen. Indem sie aber eine völlige Abschaffung des Christenthums verlangen, wollen sie dagegen ihre neue Natur-Religion, einen neuen schönen Kultus der Sinnlichkeit, gleich dem Venusdienst der Alten, den Kultus »des Fleisches«, in einer zu constituirenden allgemeinen Republik mit Weibergemeinschaft einführen.

So wunderlich eine solche Phantasie scheinen mag, steht sie doch in einem Kausalzusammenhange mit andern Zeiterscheinungen. In einer gewissen Entartung führt allerdings der St. Simonismus mit seinen Projekten einer allgemeinen materiellen Glückseligkeit zu diesem Extrem. Auf der andern Seite aber scheint dieses Extrem auch in Deutschland selbst hervorgerufen zu seyn durch ein ihm entgegengeseztes, was ihm vorherging.

Ich meine die Frömmelei, die schon früher in der ersten Schwärmerei für das Mittelalterliche und Romantische als Proselytenmacherei, als Sucht, katholisch zu werden, hervortrat und später im protestantischen Pietismus noch mehr überhand nahm. Die Zeitumstände haben dazu beigetragen. Vom öffentlichen Leben wenig in Anspruch genommen, für die vaterländischen Interessen erkaltet, fing man an, die zeitlichen Bestimmungen überhaupt für unwerth und nichtig zu achten, dachte desto mehr der ewigen Bestimmung nach und suchte jenseits ein anderes unverlierbares Vaterland. Daraus ging aber eine Krankheit hervor, die Flucht vor der Wirklichkeit, die Sucht des Unwirklichen. Den Vereinsamten erschienen Geister. Hätte man je geglaubt, daß noch einmal Gespenster im gebildeten Deutschland und im 19ten Jahrhundert spuken würden? Aber sie spukten nicht nur, sondern bedeutende Theologen und Philosophen benuzten diese krankhaften Phänomene sogar, um darauf eine neue Stütze für die sinkende Religiosität zu gründen. Die religiösen Conservativen verfehlten nicht, in diesen neuen Wunderzeichen äußere, unmittelbar göttliche Beurkundungen eines Glaubens zu suchen, dem schon wieder die innere Sympathie fehlte. Aber ihr wohlgemeinter Eifer war weit entfernt, der Sache zu nützen. Die Gespenster dienten vielmehr nur, den alten Glauben lächerlich zu machen.

Nur einem solchen Extrem gegenüber wurde das andere, das ihm in Kurzem folgte, möglich. Die Einen dachten nur noch an die unsichtbare Welt, die »hineinragt« in die sichtbare. Da kamen Andere und läugneten, daß es überhaupt eine unsichtbare Welt gäbe, und proklamirten den alten Materialismus, eine Welt ohne Gott, ein Reich der ausschließlichen Sinnlichkeit.

Die Irreligiösität wurde aus der nämlichen Quelle geschöpft, wie der Vaterlandsverrath und von den nämlichen Menschen, und man kann daraus abnehmen, daß diese Menschen einiges Recht haben, sich eine Bedeutung im Entwicklungsgange der Zeit beizulegen.

Sie verfuhren systematisch. Durch die Rückkehr zu Rousseau, Voltaire und zu dem Materialismus der französischen Revolution suchten sie politische Sympathien zu gewinnen. Durch die Nachahmung der giftigen neufranzösischen Romane und Trauerspiele suchten sie auf die belletristische Lesewelt zu wirken, durch den Wiederabdruck der Wolfenbüttel'schen Fragmente suchten sie sich ein wissenschaftliches Ansehen zu geben und wohl gar die Autorität des edeln Lessing für ihr lasterhaftes Treiben auszubeuten, und durch die Schmähung berühmter Gottesgelehrten (Schleiermacher) suchten sie die theologischen Autoritäten der Gegenwart zu untergraben. Sodann stellten sie Hegel und Goethe als die Propheten eines neuen Glaubens dem alten Christenthum entgegen und wußten die Sophistik des Einen so gut für ihren Materialismus zu benutzen, wie die poetische Frivolität des Andern. Ihre Operationslinie ist geschickt gewählt und sehr ausgedehnt, wie diese verschiedenartigen Positionen, von denen sie ausgehen, beweisen. Welche Jugend wäre fest genug, durch eine so vielseitige Sophistik nicht wenigstens gewaltige Perturbationen in ihrem noch elastischen Geist zu erleiden?

Sie begnügten sich aber nicht damit, sich älterer und fremder Autoritäten zu bedienen, sie wollten auch selbst originell, jeder dieser kleinen Leute wollte der neue Messias des Unglaubens seyn. Schon Heine, und er zuerst, nannte sich so. Ich lasse hier Börne sprechen: »Heine spielt den *Antichrist,* während Voltaire, dieser große Schriftsteller, nur Johannes den Täufer, den Vorläufer des Antichrists, gespielt hat. »Voltaire,« sagt Hr. Heine, »hat nur den Leib des Christenthums verwundet.« Allein ihm selbst, dem armen Mann, ist das beschwerliche Amt zu Theil geworden, das innere Wesen des Christenthums zu vernichten. »Die Grundidee des Christenthums,« sagt ferner Hr. Heine, »ist die Vernichtung des sinnlichen Lebens.« Er aber hat von der Vorsehung die Sendung erhalten, die Rechte des Fleisches wieder geltend zu machen. Danken wir der Vorsehung, daß sie, und zwar ganz ausdrücklich zu Gunsten des Hrn. Heine, einen neuen Lehrstuhl der Rechte geschaffen hat, um die Rechte des Fleisches zu lehren!

Aber es sind nicht allein die Rechte des Fleisches, welche Hr. Heine zurückfordert, er streitet auch noch für die Wiedereinsetzung der ganzen Materie. Hier ein Stück seiner prächtigen Rede:

»Kant hat den Himmel im Sturm erobert, und die ganze Garnison über die Klinge springen lassen. Da liegen die Leibgarden Gottes leblos ausgestreckt; er selbst schwimmt in seinem Blut; fortan kein göttliches Erbarmen, keine väterliche Güte, kein Lohn der Zukunft für die Entbehrung der Gegenwart mehr; die Unsterblichkeit der Seele liegt in den lezten Zügen, man hört nichts als Röcheln und Stöhnen.«

»Die Menschheit seufzt nach derberen Gerichten, als nach dem Blut und dem Fleisch des Herrn Christus. Die Menschheit lächelt mitleidig über die Träume ihrer Jugend ... und sie wird männlich praktisch. Die Menschheit opfert jezt dem System der irdischen Nützlichkeit ... und dann, muß man der Materie große Sühnopfer darbringen, damit sie die alten Beleidigungen vergißt. Es wäre sogar nicht übel, wenn man Feste der Sinnlichkeit anstellte, und die Materie für ihre vergangenen Leiden entschädigte, denn das Christenthum, unfähig sie zu vernichten, hat sie bei jeder Gelegenheit entehrt. Es hat die edelsten Genüsse herabgewürdigt, die Sinnen wurden zur Heuchelei gezwungen, und überall war nichts als Lüge und Sünde. Man muß unsere Frauen mit neuen Hemden bekleiden und alle unsere Gedanken wie nach den Verheerungen einer Pest mit Wohlgerüchen durchräuchern.«

So Heine. Mehrere andere Jünglinge jauchzten ihm zu und mach-

ten großen Lärm von dem neuen Evangelium der Sinnlichkeit. Einer derselben taufte die neue literarische Gemeinde mit dem Namen des »jungen Deutschland« ohne die Verwegenheit zu haben, sich selbst zum Haupt desselben aufzuwerfen. Diese Rolle übernahm Gutzkow.
[...]

Bei Schiller heißt es einmal »gib Acht, daß du Gottes nicht spottest, da du seiner am meisten bedarfst.« Sollte das nicht auf Deutschland in seiner gegenwärtigsten Lage passen? Zwanzig Jahr nach den Verzweiflungskriegen, in denen wir Gott anriefen als in der höchsten Noth, und nach denen wir ihm dankten mit heißen Thränen, glauben wir jezt schon wieder so sicher zu seyn und ist uns so wohl, daß wir des Ewigen spotten? Im Angesicht einer unruhigen Zeit, deren erschütternde Bewegungen erst begonnen haben, macht sich eine Rotte, die sich für die wahren Repräsentanten der deutschen Jugend ausgibt, den Spaß, feierlich den alten Gott abzusetzen. Kann ein solcher Frevel ohne Strafe bleiben?

Wenn Völker so unreines Blut in sich erzeugten, war es allemal ein böses Zeichen. Als einst im wollüstigen Paris eine Horde von Atheisten, buhlerischen Herzoginnen, entnervten Prinzen, philosophischen Speichelleckern, poetischen Krippenreitern ihre nächtlichen Orgien feierten, und sich an Witz überboten, wer den alten Gott am feinsten verspotten könne, sah Cazotte, plötzlich zusammenschaudernd, in einer gräßlichen Vision die ganze Tischgesellschaft blutend mit abgeschnittenen Köpfen, zerfleischten Leibern, ganz so, wie ein paar Jahre nachher dieselben Personen wirklich unter der Guillotine und unter den Säbeln der Septembriseurs bluteten. In dieser Erzählung, sey sie auch nur eine Sage, liegt ein tiefer Sinn, wie in den alten Volkssagen. Die Gottheit läßt sich nicht ungestraft verspotten, und der frevelhafte Spott selbst ist schon das Zeichen einer Krankheit und Zerrüttung in der Gesellschaft, die sich früher oder später auf die furchtbarste Weise selbst bestraft. Dann büßen aber nicht bloß die Schuldigen, sondern auch die, denen die witzige Blasphemie ein unschuldiger Scherz geschienen hatte.
[...]

Die *vierte* Lehre des jungen Deutschland ist die von der Irreligiosität unzertrennliche *Unsittlichkeit.*

Auch diese Lehre holt man aus Frankreich her. Zum zweiten Mal. Kaum hatten wir nach leider nur allzulanger Gefangenschaft in den frivolen Sitten und Manieren des alten Frankreich uns durch eine große patriotische Erhebung befreit, die zugleich eine sittliche war, so drang auch schon wieder die Unsitte des neuen Frankreich zu uns herüber. Dieses neue Frankreich hat seine frühere aristokratische Lüderlichkeit wieder aufgenommen und mit der ebenfalls neu erwachten jakobinischen zu einer socialen Monstrosität verbunden, deren Frazzenhaftigkeit sich uns freilich nur in dem, was sie über dem Rhein Romantik nennen, widerspiegelt. Hier erbricht sich das Laster, ohne daß sich, wie Schiller sagt, die Tugend zu Tische sezt; aber Gutzkow sezt sich zu Tische und kauet die Speise des Greuels, »die Spottgeburten von Koth und Feuer« noch einmal wieder für den deutschen Tisch. Die raffinirten Darstellungen weiblicher Verworfenheit, an denen sich die Franzosen in derselben Verirrung eines abgestumpften Geschmacks kitzeln, aus welchem die lezte verdorbenste Plastik der alten Welt statt der Göttinnen am liebsten Ziegen und Satirweibchen, statt Heldenscenen petronische Gruppen meißelte, diese höllischen Phantasien des fiebernden Franzosenvolks nennt Gutzkow »Ideale«, und hofft, sie werden bald allgemein auch in Deutschland »durchdringen« und der bisherigen Poesie der Ehre, Frömmigkeit und Scham für immer ein Ende machen. Durch solche Vorbilder will er zu den »schönen Thaten« seines Freundes Wienbarg vorbereiten, denn die Unzucht soll nicht in der Literatur stekken bleiben, sie soll heraus in's Leben treten, sie soll »That werden.«

Das nächste Hinderniß ist hier die Ehe. Sie muß hinweggeräumt werden. Gutzkow behauptet, ein geistreicher Arzt habe ihm gesagt, in einer zwanzigjährigen Praxis habe er nur zwei gute Ehen gefunden. Der Arzt war ein Misanthrop, oder kokettirte mit Menschenverachtung, wie das viele Aerzte thun. Ein solches Zeugniß, noch dazu vom leichtsinnigsten Lügner, den unsere Literatur bisher kannte, vorgebracht, gilt unter erfahrenen Leuten nicht. Die Ehe hat Freud und Leid, das ist ihre Natur, und es wäre keine gute Ehe, in der nicht beides vorkäme. Die Ehe hat etwas so Sittliches und etwas so Befriedigendes in sich, daß sie trotz aller Disproportionen, die allerdings in ihr vorkommen, doch bisher immer noch der stärkste Damm *gegen* die Immoralität gewesen ist. Und das erkennt auch die unzüchtige Gesellschaft an, sonst würde sie sich nicht so gar arg gegen die Ehe ereifern.

Gutzkow will (so lautet wörtlich seine »Vertheidigung«) den Strom der Menschheit, der im Bett der Ehe zu versiegen droht, in ein *anderes* Bett, in das der Ehelosigkeit, der Weibergemeinschaft, der großen Hetärenrepublik, die er projektirt, hinüberleiten. Es soll keine Familie mehr geben. Er will Vielmännerei und Vielweiberei verbinden. Kein Kind soll mehr wissen, wer sein Vater ist; keine Mutter mehr im häuslichen Kreise ihr Kind erziehen. Der Staat soll diese Pflichten übernehmen, die ganze Menschheit soll eine Stuterei werden.

Wenn übrigens das »junge Deutschland« in Bezug auf seine Irreligiosität als ein Extrem dem ihr vorhergegangenen andern Extreme der Frömmelei entgegentritt, so findet etwas Aehnliches auch in Bezug auf seine Immoralität statt. Es ist nicht zu läugnen, daß der Egoismus, die Lieblosigkeit, die falsche Pruderie in den socialen Verhältnissen bis zu einem Extrem getrieben worden sind, das auf der andern Seite das entgegengesezte, die versteckte Lüderlichkeit, die nun endlich eine offene geworden ist, hervorrufen mußte und auch in dieser Beziehung ist die *jeune Allemagne* eine wohl zu beherzigende Zeiterscheinung.

[...]

Nimmt die Unsittlichkeit bei den Predigern der Glückseligkeitsrepublik und der Weibergemeinschaft eine entschieden demokratische Tendenz an, so hängt sie doch zu gleicher Zeit noch fest an den äußerst aristokratischen Genüssen und Ansprüchen unserer älteren literarischen Epikuräer. Die »jungen Deutschen« verfallen hier in denselben Widerspruch, in den auch Mirabeau und so viele französische Demagogen fielen. Sie wollen auf dem Forum den Tribun spielen, daheim aber den Sultan. Das Glück, das sie den Massen vorspiegeln, ist immer eine Täuschung. Sie wissen recht gut, daß die raffinirten Schwelgereien, nach denen sie dürsten, immer nur ein Privilegium Weniger bleiben können.

Die aristokratischen Sympathien des jungen Deutschland erklären sich aber auch aus dem Bedürfniß, durch eine große Autorität das gebildetere und vornehmere Publikum zu bestechen und auch nach dieser Seite hin Terrain zu gewinnen.

Aus diesen Gründen ist *Goethe* ihr Abgott. Wienbarg macht ihn geradezu zum Messias der neuen sinnlichen Religion, um dadurch seine eignen unsittlichen Lehren zu beschönigen. Gutzkow hoffte, indem er feierlich den Schatten Goethe's heraufbeschwor, um gegen mich zu streiten, die zahlreichen und in der Literatur sehr einflußreichen Freunde Goethe's auch zu den seinigen zu machen und sie zu gebrauchen, sie zu seinen Zwecken eine Zeitlang zu benutzen.

Diese Bedürfnisse der jungen Partei erklären auch die veränderte Färbung, die sie in den Goethianismus bringen. Sonst liebte man in Goethe nur das Schöne und nahm die Immoralität in den Kauf.

Jezt sucht man ängstlich nur seine Immoralität, durch die man die eigene beschönigen will, und nimmt sein Schönes in den Kauf. Von dieser Seite hat sich die *jeune Allemagne* seine Autorität auszubeuten angemaßt. Goethe muß ihr herhalten, alle Blähungen ihres faulen Geistes zu rechtfertigen.

Wenn eine Zeit der gesunden Vernunft und des gesunden sittlichen Zartgefühls wiederkehrt, so wird man an Goethe den großen Dichter bewundern, und man wird seine Schwächen und Gelüste mit seiner Zeit entschuldigen und als Antiquität behandeln. So kann die Gegenwart noch nicht über Goethe urtheilen. Sie kann noch nicht unparteiisch seyn. Sie braucht ihn noch. Mit einem Zipfel des langen poetischen Mantels, mit dem er seine Scham zudeckt im Grabe, will die noch lebende Zeit die ihrige zudecken, und wird daran zerren, bis er sie mit sich hinunterzieht in sein Grab.

Woher die bloße Möglichkeit, daß so viel im Namen Goethe's gesündigt wird? Ach, Herr Hotho sagt es uns: Goethe hat die weit hingreifende Genialität gegen eine beschränkte Zeitgesinnung, die Freiheiten, die sich eine schöne Natur herausnimmt, gegen die engherzige Moral vertheidigt. Darum nennt Wienbarg Goethen den großen Befreier Deutschlands, den Zerstörer des Christenthums, den Gründer der neuen Religion des Fleisches. Die Freiheit, die Goethe sich herausnahm, steht allen zu. Machte erst eine schöne Natur sich frei, gleich ist *alle* Natur frei, auch die häßlichste, auch die bestialische, die diabolische Natur. Nun entfessele deine Begierden, du Unhold in der Tiefe der menschlichen Natur! Du hast das Siegel gebrochen, das dich bannte. Das Zauberwort, durch das du alles Zwanges dich entledigst, ist Schönheit. Im Namen der Schönheit thue hinfort das Häßlichste, Scheußlichste. Tobe dich ganz aus, Unhold, und wiehere den dummen Deutschen zu, du seyst die entkettete Schönheit!

Auf die »Schönheit« beruft sich Gutzkow? Mit ihr hofft er seine Wally zu vertheidigen? Das ist beinahe noch eine größere Dreistigkeit, als wenn er sie im Namen der Religion und Sitte hätte vertheidigen wollen; denn wahrlich so weit sein Roman von jeder Tugend entfernt ist, so ist der doch noch weit entfernter von der Schönheit. Nie ist die Schönheit der weiblichen Natur frecher beleidigt worden, als durch diesen frazzenhaften Roman, der eine Entäußerung jeder Grazie und Scham, für die echte, wahre, schöne Natur dieses Geschlechts auszugeben, als »ideale Weiblichkeit« zu bezeichnen wagt. Auch ist die affektirte Vornehmigkeit, das Uebertragen der gemeinsten Scenen, wie sie verdorbene Jünglinge nur in der schlechtesten weiblichen Gesellschaft durchleben, in die Boudoirs gebildeter Damen, hier greller und widerlicher als in allen andern Darstellungen des jungen Deutschland, die in dieser Beziehung zwar nicht mehr Moral, aber doch mehr Geschmack verrathen.

Indeß tritt bei allen Parteigängern des jungen Deutschland diese sonderbare Mischung des politischen Radikalismus mit der Goethe'schen Genußsucht chrakteristisch hervor. In mehr als einem ihrer Romane wird auf der einen Seite mit der jungen Tapferkeit für die polnische Sache geprahlt, und in den kühnsten Phantasien für die allgemeine Freiheit geschwärmt, zugleich aber mit den vornehmsten adeligen oder fürstlichen Damen in der Manier des Wilhelm Meister geliebelt und gelüstelt und endlich, da ihnen das doch noch zu zart ist, geräth das republikanische und legitime Princip in den allerunanständigsten Konflikt. Das Höchste, was sich diese edeln Freiheitshelden zu denken wissen, ist das bürgerliche Einschleichen oder Einbrechen in das Gemach einer Prinzessin, das Wühlen in allen Reizen einer *vornehmen* Wollust. So wie Heine anfing, vor jedem Madonnenbilde in katholischen Kirchen eine freche Gebärde zu machen und sein Wohlgefallen auf eine mehr thierische als menschliche Weise auzudrücken, so fiel es auf einmal den jungen Bauern ein, den Königinnen Schach zu bieten. Man verkleidete die verworfensten Bewohnerinnen öffentlicher Häuser in Madonnen, in Fürstinnen, und feierte bei sprudelndem Champagner den wohlfeilen Sieg über die christliche Kirche und über die Legitimität, und trat dann triumphirend hervor im polnischen Rock, mit griechischem Backenbart, mit republikanischem Filzhut.

[...]

Unsittlichkeit ist der gefährlichste Feind *jedes* Staats, der Hierarchie so verderblich wie der Republik, der absoluten Monarchie wie dem Repräsentativstaat; denn es liegt im Wesen der Unsittlichkeit, die Grundfeste aller Staaten, das Ehrgefühl, zu untergraben. Blicken wir in die Geschichte. Die alten Weltmonarchien im Orient gingen unter, als die Sitten verdarben. Die griechische Freiheit ging unter, als die Sitten verdarben. Die römische Republik ging unter, als die Sitten verdarben. Das Califat ging unter, als die Sitten verdarben. Der römische Kirche wurde im tiefsten Grund erschüttert und zerrissen, als die Sitten verdarben. Die französische Monarchie ging unter, als die Sitten verdarben. Die helvetische Freiheit ging unter, als die Sitten verdarben. Venedig ging unter, als die Sitten verdarben. Das türkische Reich ist dem Untergang nahe gebracht, weil die Sitten verdarben. Man kann aber diese weltgeschichtliche Lehre auch durch eine andere Reihe von Thatsachen bestätigen. Jeder große und ruhmvolle Staat gründete sich auf eine edle reine Volkssitte und auf ein dieselbe schirmendes strenges Gesetz. Der Staat kam zur höchsten Blüthe und dauerte am längsten, in dem die Sitte am besten bewahrt wurde. Wo aber immer ein Staat große Erschütterungen bestand, aus großer Noth sich befreite, war seine neue Erhebung immer von einer sittlichen Begeisterung, von einer Wiedergeburt der nationellen Tugend unzertrennlich.

Gefährliche, thörichte Verblendung derer, die von einer Freiheit, von einer Wiedergeburt des Staats träumen, und die Sitte dabei nicht nur vergessen, sondern sogar in der Macht der Unsittlichkeit einen Hebel der Bewegung, ein förderndes Mittel sehn; oder die ohne Rücksicht auf die Geschichte und das bessere Gefühl in der eignen Brust, von allgemeinen Theorien wenigstens sich so weit mißleiten lassen, daß sie die Unsittlichkeit unter dem Rechtstitel der jedem Individuum zuständigen Freiheit geduldet wissen wollen. Jede Verbindung der Unsittlichkeit mit der Freiheit ist der leztern absolut tödtlich. Nicht durch Constitutionen, nur durch Sitten wird die echte Freiheit befestigt, denn nur bei der Sitte ist der Glauben, die Treue und die Ehre, die im Stande sind, eine gegebene Verfassung auch zu erhalten.

Wenn aber das junge Deutschland den Grundsatz proklamirt, man solle sich über nichts mehr schämen, als über die Scham selbst, so hat es dabei nicht bloß die Verhöhnung des sechsten, sondern ganz vorzüglich auch die des achten Gebots im Sinn. *Lüge* ist sein eigentliches Element. Der gröbste Widerspruch ist ihm so geläufig, wie das Ein mal Eins.

Systematisch nennen sie das Heilige gemein, das Große klein, das Wahre eine Lüge, das Gute schlecht, das Schöne häßlich und umgekehrt. Religion und Christenthum nennen sie eine Heuchelei, eine Dummheit, einen Betrug, eine Zwangsanstalt zur Unterdrückung der Freiheit, und ihr Fleisch nennen sie allein heilig. Sitte, Ehe, Scham nennen sie Heuchelei, Dummheit und Zwang, ihren Adamismus aber, ihre offene Affenschande das natürliche Schöne und die ideale Sitte. Die deutsche Vaterlandsliebe nennen sie bestialisch und brutal, ihr freches Franzosenthum aber die wahre Humanität. Die größten Verdienste um deutsche Wissenschaft verhöhnen sie, die ganze deutsche Literatur nennen sie miserabel und einen europäischen Skandal, und unreife Talente, Knaben, die noch nicht hinter den Ohren trocken sind, ja ganz unfähige Parteigänger nennen sie frischweg »die ersten Nobilitäten.« Die neuschwäbische Lyrik, die hinter dem Lärm der Schauspiele und Romane bescheiden zurücksteht, und ihre zarten Blüthen nicht ohne Sorge und Mühe vor der eindringenden Zerstörung bewahrt, selbst diese dornenlose Rose konnte dem Haß des jungen Deutschland nicht entgehen, denn diese Poesie ist schön, in ihr wohnt noch jene heilige Unschuld, jene angeborne Grazie der Seele, jenes tiefe und reine deutsche Gemüth, das den Unreinen so unerträglich ist, wie die Nähe eines Engels den Böcken der Hölle. Darum stürmen sie gegen den reinlichen und lieblichen Garten der schwäbischen Lyrik und werfen ihren Unrath hinein und erschöpfen sich an Bosheit gegen sie bis zur Lächerlichkeit; *ihre* Obscönitäten aber, ihre widerlichen Affektationen französischer Lüderlichkeit nennen sie die wahre Poesie, das wahre Ideale.

[...]

Abgesehen von dem Inhalt ihrer verderblichen Lehren ist schon die *Sprache*, die *Manier* der *jeune Allemagne* ein fressender Krebsschaden für unsere Literatur. Ihr frivoler Memoirenton schließt allen Ernst, alle Würde der Gesinnung und alle Gründlichkeit des Wissens nicht nur aus, sondern ist ausdrücklich auf die Vernichtung desselben berechnet. Da nun aber nichts leichter ist, als in einem solchen Ton zu schreiben, so haben wir in einem Zeitraum von kaum zwei Jahren schon eine beträchtliche Menge junger Leute in diese bequeme Manier fallen und wirklich damit Glück machen sehen, und ohne Zweifel wird ihre Zahl sehr bald ungeheuer anschwellen. Nichts ist für die Jugend so verführerisch, als diese dreiste Plauderei, dieses Sichgehenlassen, dieses bald Vornehmigkeit, bald Naivetät affektirende Monologisiren, das keinerlei Zwang, Rücksicht oder Vorbereitung bedarf. Man profanirt alles, was bessere Schriftsteller verschweigen; man überrascht durch Unverschämtheit; man schämt sich selbst einer Dummheit nicht, wenn sie nur ein Lächeln erregt; man findet das Allergeringste bedeutend, um tiefsinnig zu erscheinen, und das Allerwichtigste nur lächerlich, um den Genialen zu spielen. Man ironisirt Alles und vor Allem sich selbst, um jeder ernsten Rüge zu entschlüpfen, und damit man ja nicht bei irgend einer Meinung festgehalten werden könne. Die grenzenloseste Renommisterei und geistige Hoffarth soll aber die Seelenlosigkeit, den Mangel aller echten Gesinnung und Bildung bedecken. Man verachtet das Wissen, was zu erwerben man zu faul ist. Man verspottet das Verdienst, das zu erringen man kein Opfer bringen will. Man gibt sich aber, indem man verachtet und spottet, den Anschein, als ob man einen sehr hohen Standpunkt einnähme. Sieht man sich gedrängt, seine Unwissenheit zu bekennen, so macht man einen Witz. Heine sagt ganz naiv, er verstehe nichts von dem, worüber er abeurtheilt, aber das sey eben der Spaß. Die bereits sehr bändereiche »junge Literatur« besteht aus nichts als solchen Faseleien und geistreich seyn sollenden Urtheilen über Literatur und Leben, Religion, Moral, Politik, Philosophie, Kunst, worin alles unverdautes Geschwätz, freche Anmaßung und nicht ein Funke reifen gesunden Urtheils, nicht ein Kern echten Wissens und gründlicher Erfahrung ist. Die gotteslästerlichen Ausschweifungen dieses Leichtsinns kann man unterdrücken, aber der Leichtsinn selber bleibt und greift immer weiter um sich. Es wird sich daher zeigen, daß gegen Krankheiten des Geistes auch nicht materielle Gewalt, sondern wieder nur der Geist helfen kann. Wenn sich der bessere Geist der deutschen Gelehrten und Dichter und des deutschen Publikums nicht jenes jugendlichen Leichtsinns erwehrt, so wird der Krankheitsstoff, dem man nur äußerlich ein Pflaster aufgelegt hat, innerlich weiter fressen, und die schon jezt zahlreiche Generation junger Schwätzer wird sich bis zur Unausrottbarkeit vermehren.

Der Buchhandel hat einen in jeder andern Hinsicht erfreulichen Schwung erhalten. Seit ungefähr einem Jahrzehent hat die Concurrenz in demselben dergestalt zugenommen, daß die literarischen Fabrikbesitzer nur um Papier und um Arbeiter verlegen wurden. Nun begann das Treibjagen auf junge Talente, das geistige Matrosenpressen, der literarische Seelenverkauf. Dem arbeitete ein anderes Uebel in die Hände, jener unnatürliche Zudrang junger Leute zu den Studien, wodurch eine bisher unerhörte Menge von Kandidaten überkomplett, brodlos, unzufrieden wurden.

So bildet bereits ein usurpatorischer Dilettantismus den Männern vom Fach gegenüber eine Macht und droht alles zu überflügeln. Was ihm an echtem Wissen gebricht, ersezt er durch Schwatzhaftigkeit. Was ihm an echtem Werth gebricht, ersezt er durch den Beifall einer rohen, durch ihn nur noch mehr verwildernden Menge.

Eine große Mehrheit des Publikums liest gar nichts anderes, als die Klatschblätter und die neuesten Romane aus der Leihbibliothek. Diese Literatur ist also wichtig und einflußreich. Sie war im vorigen Jahrhundert bekanntlich sentimental und wirkte erschlaffend. Die

Feigheit und Schande, die beinahe weinerliche Hingebung, mit welcher wir uns von den Franzosen berauben und unterjochen ließen, hängt sehr genau damit zusammen. Das verweichlichte Geschlecht war damals jedes erhebenden Gedankens unfähig. Dieselbe Literatur aber ist jezt frech und grausam geworden, und muß die Menschen eben so verwildern, wie sie dieselben ehedem verweichlichte. Schon die historischen Romane gefielen sich in Bildern der Rohheit und Grausamkeit, aber der Geschmack, der jezt von Frankreich her eingeführt werden soll, kennt und will gar nichts Anderes mehr, als nur Wollust und Martern, Reizmittel der Phantasie, die selbst da Leidenschaften entflammen, wo man vorher kaum einen Keim dazu fand. Mischen sich aber in diese Bilder der Wollust und Mordlust noch ganz bestimmte Aufforderungen zur Verhöhnung der Religion; wird die böse Lust nicht mehr als verbotener Genuß, als Ausnahme, sondern als ein Recht, als eine Regel und Vorschrift der Natur dargestellt; erweckt man dunkle Vorstellungen von einem höchsten irdischen Glück, von einer unermeßlichen Befriedigung aller sündhaften Wünsche unter dem schönen Titel allgemeiner Freiheit etc., so kann eine Ladung und Anfüllung unzählicher Köpfe des minder gebildeten Publikums durch solche Lektüre unmöglich ohne verderblichen Einfluß bleiben.

Unsere Gelehrten und vornehmen Geister, die alten Autoritäten, kümmern sich zu wenig um das, was unten bei den Massen vorgeht. Ein solches unnatürliches Abwenden des Senats von den Bewegungen des Plebs ist das Symptom einer Entkräftung in den höhern Regionen der Literatur, die der jungen Anarchie nur noch mehr Muth machen muß. Ein Extrem erzeugt unvermeidlich das andere.

Schon vor mehreren Jahren habe ich in diesen Blättern vorhergesagt, die unnatürliche Pruderie, die damals in der Literatur herrschte, werde eine Reaktion der frechsten Lüderlichkeit hervorrufen. Man glaubte mir damals nicht, man hielt in unsern so wohlgesitteten Tagen die Rückkehr zur Schamlosigkeit für unmöglich. Jezt staunt man, wie so schnell die göttliche Circe ihren Stall entriegelt hat und wie zahlreich die Gesellschaft ist, die aus demselben hervorbricht.

Es kann noch mehr wahr werden. Wenn wir sehen, wie man in alle Häuser schmutziges Fett und Oel hineinträgt, sie mit Pech beschmiert, Schwefel unter die Dächer und gefüllte Granaten in die leeren Oefen schiebt, wie einst vor der Ankunft der Franzosen in Moskau, so liegt der Gedanke, daß es einst brennen werde, nicht zu fern. Nur dürften in diesem Falle die Franzosen selbst das Feuer anzünden.

Wie will man dem begegnen? Mit Verboten? Sie reizen auf und vermehren die Elasticität des Uebels. Mit Belehrungen? Ja, wenn die einflußreichen Namen es nicht bequemer fänden, zu schweigen, wenn sie nicht fürchteten, sich der Wuth des literarischen Pöbels, den Batterien von Unrath auszusetzen, die hier keiner vermeiden kann, der der Gemeinheit ernstlich zu Leibe geht, und wenn nicht die alte Weise sich auch hier wiederholte, daß nämlich die Rathgeber der Autokratie größern Haß gegen die Tugend der Constitutionellen als gegen das Laster der Jakobiner blicken lassen, bis diese leztern, durch *alle* Dämme brechend, auch die Weisheit des Berliner Politischen Wochenblatts und der Hannöverschen Zeitung unnütz machen.

Ueberhaupt wird eine Frage des Patriotismus, unter den Gesichtspunkt innerer Parteien gebracht, immer nur gefährdet. In einer solchen Frage darf es keine innere Parteiung geben, oder alles muß Partei ergreifen gegen *die* Partei, die im Widerspruch mit dem Patriotismus den Beistand gegen die andern vom Ausland hofft!

Die Verblendung ist unbegreiflich, daß man die Franzosen in allen andern Dingen nachäffen will, nur nicht in ihrem Nationalstolz. Ich bin kein blinder Franzosenfeind, wie man mir gern und oft vorwirft, ich kenne und ehre die unermeßliche Ueberlegenheit unseres Nachbarvolks in zwei wesentlichen Dingen, in der Erfahrung, die es vor uns voraus hat, und in dem Patriotismus, der selbst die schwärzesten Flecken seiner Geschichte noch überglänzt. Aber warum sollen wir nicht die Erfahrung der Franzosen, sondern nur die Fehler, durch welche sie sie erkauften, adoptiren? Warum sollen wir nicht von ihnen lernen, so warm für die Ehre Deutschlands zu empfinden, wie sie für Frankreichs Ehre?

Es wäre nicht unmöglich, daß gerade die empörenden Beleidigungen, die unserm Nationalgefühl durch die *jeune Allemagne* widerfahren sind, die patriotischen Gesinnungen belebte und kräftigte. Geschieht es nicht, so müssen wir das innere Mißtrauen und die Indolenz, oder die falsche Berechnung, die es verhindert, tief beklagen und der Nachwelt das Richteramt über unsere Unterlassungssünden anheimstellen.

Dann rufe ich aber allen offnen und versteckten Franzosenfreunden in Deutschland zu: Erwartet ihr von Frankreich die Freiheit, so verdient ihr auf's Neue unter das Joch der Rheinbunds-Souveränitäten gebeugt zu werden; und erwartet ihr insbesondere von Frankreich die Preßfreiheit, so wünsche ich nur, daß ihr euch mit eben so viel Patriotismus, wie der edle Palm, dem Loos unterziehen mögt, durch fremde Henker auf vaterländischer Erde euer Blut zu lassen. Es sind erst dreißig Jahre her, seit wir *die* Erfahrung gemacht haben.

4 ARNOLD RUGE

Heinrich Heine, charakterisirt nach seinen Schriften * [1838]

Fast eben so berühmt, wie die Beschränktheit der Unwissenheit, ist die des Wissens, und vielleicht thut die Gelehrsamkeit wohl daran, wenn sie vornehm übersieht, was ihrer Steifheit nun einmal nicht angemessen ist. Die Bewegungen des gegenwärtigen Lebens und darin die Blüthen des Geistes, Witz und Genialität, so wie manche Gestalten der Poesie stehen bei dem Gelehrten von Handwerk gemeiniglich nicht sehr in Gunst. Das Genie verachtet den Pedanten, der Gelehrte den unwissenden Menschen; aber so lästig die Genie's sich nun auch vordrängen, die Gelehrten versagen sichs, Jagd auf sie zu machen, in der Regel so lange, bis diese Genie's und ihre Thaten historisch und dadurch dann ein legitim-gelehrter Gegenstand geworden sind. Das geniale Wild wird aber dadurch sicher und unverschämt. Es frißt den Geheimbden Hofräthen die Blumen aus dem Fenster, es langt ihnen die Sterne vom Rock und immer mit dem übermüthigen Gedanken: »Weit davon ist sicher vor'm Schuß!« als ständen »die Perücken« gar nicht auf gleicher Linie der geistigen Macht mit ihnen, als sei die Genialität durchaus gegen alle Kritik gefehmt und gefestet, kugelfest und göttlich unantastbar. Eine schlimme Sorte! Daß aber niemand schlimmer ist als *Heine*, und daß einer sich wenigstens den Hofrath verdiente, wenn er ihn

* 1) Buch der Lieder. 2. Aufl. 1837. 2) Reisebilder. 4 Theile. 2. Aufl. 1831–34. 3) Salon. 3 Theile. 1834, – 35 u. – 37. 4) Ueber den Denuncianten, eine Vorrede zum 2. Th. des Salons. 1837. 5) Französische Zustände. 1833. 6) Die romantische Schule. 1836. 7) Kahldorf über den Adel in Briefen an den Grafen M. von Moltke. 1831. (Sämmtlich in Verlag bei Hoffmann und Campe.)

wirklich erlegte, diesen Steinbock der allerfrivolsten Race, das ist gewiß. *Hinrichs* in seiner Vorrede zur Genesis des Wissens nimmt ihn nur philosophisch vor; *Weiße* versteht offenbar das Aesthetische, aber er ist zu ernst und darum gleich mit dem Schalk nicht auf einem Boden; *Melchior Meyr* hat in der Schrift über die poetischen Richtungen unserer Zeit vortreffliche Sachen vorgebracht, es ist aber zu befürchten, daß sie auch ihn einen Philister nennen werden, denn er macht sich bedenkliche Gesichter zu Heine's Unfläterei und Freveln, als wäre er nie in einer Kneipe und nie in einer Wachtstube gewesen, während jetz doch selbst die artigsten jungen Leute ihr Militärjahr zu machen haben; *Börne* endlich gesteht sogar freimüthig ein, er sei nicht die Katze darnach, eine Maus mit so viel Schlupflöchern, wie Heine sich angelegt, zu haschen, und die Kritik werde ihn nie anders erreichen, als darin, daß sie dies wüßte. Es ist ausgemacht, hofmeistern läßt sich der Mann nun einmal nicht, von Menzel also, der Alles hofmeistert, kann hier die Rede nicht sein. – Tolle Jugend! – Ihr schüttelt das Haupt, was ist zu machen? Heine ist nicht auf einen Grundsatz zu ziehen, dann müßte er ehrlich einen aussprechen, Heine ist nicht mit finsterer Miene abzuthun, dann müßte er kein Schalk sein, Heine ist aber auch nicht zu ignoriren, denn er ist eine Macht und eine Macht recht im Herzen der Gegenwart.

Die Heine'sche Poesie und ganze Schriftstellerei hat Bedeutung nicht nur als Ausdruck irgend einer verschimmelten und im Winkel versteckten Richtung, sie ist bei dem Fortschritt unserer Zeit betheiligt und darum eine weit verbreitete Gemüthsangelegenheit, ihre kritische Darstellung aber nichts Geringeres, als ein Spiegel der heutigen Bildung, vor dem sie erschrecken oder sich putzen mag – gleichviel, hier ist er.

Die gegenwärtige und letzte Stellung, welche Heine gegen unser Leben genommen, ist die Stellung der Entfremdung. Er lebt jetzt in Paris, er schließt sich dem französischen Wesen an, redet von dort zu uns herüber, und verkündigt uns den Geist der Franzosen in jedem Sinne. So ist ihm Deutschland nur noch historisch. Sein Standpunkt und sein Witz verhindern ihn, auf die gegenwärtige Arbeit des religiös-philosophischen Lebens der Deutschen einzugehen, und so ist jetzt für den Augenblick, auch schon äußerlich angesehen, die Tiefe der Poesie und die höchste Blüthe unserer Zeit seinem Gesichtskreis entnommen. Das Gefühl dieser Entfremdung muß uns aber für ihn interessiren; er findet sich losgelös't von seinen Wurzeln, und wenn etwas wahr ist in ihm, so ist es die Sehnsucht nach Deutschland und die Wehmuth dieser Entfremdung. Im ersten Bande des ›Salons‹ steht das Abschiedslied:

Es treibt dich fort von Ort zu Ort,
Du weißt nicht mal warum;
Im Winde klingt ein sanftes Wort,
Schaust dich verwundert um.

Die Liebe, die dahinten blieb,
Sie ruft dich sanft zurück:
O komm zurück, ich hab' dich lieb;
Du bist mein einz'ges Glück!

Doch weiter, weiter, sonder Rast,
Du darfst nicht rückwärts gehn.
Was du so sehr geliebet hast
Sollst du nicht wiedersehn.

Erst in einem weiteren Liede, wo diese Stimmung noch energischer und bestimmter zum zweiten Mal wiederkehrt, überwältigt ihn die üble Gewohnheit falscher Scham und er versöhnt auch dies Gefühl mit seinem gewöhnlichen Schlußwitz. Dennoch, gegen ihn selbst möcht' ich es behaupten, ist dieses Sentiment nicht erlogen, es ist jedem aus der Seele gesungen, der einmal diesen Abschied auf ewig genommen und Gemüth genug hat, ihn zu empfinden. Heine hat Deutschland Lebewohl gesagt, und das giebt sich ihm zu fühlen. Daß er es aber gethan, ist nicht zufällig. Von hier aus werden uns die verschiedenen Elemente seiner Bildung verständlich.

Er ist ein Düsseldorfer von Geburt und wurde auf der Grenze des Vaterlandes gewiegt und wurde groß gezogen unter den französischen Trommeln im Netz des großen Reichs. Dort am Rhein hängt noch jetzt Napoleon zehnmal in Einem Zimmer, steht auf dem Pfeifenräumer, unter dem Spiegel, auf dem Ofen und auf dem Secretair.

Das Buch ›Le Grand‹ in den ›Reisebildern‹ ist eine reizende Beschreibung seiner Jugend und dieses rheinisch-französischen Elementes, womit sie genährt worden. Hier ist Heine seines Gegenstandes vollständig mächtig, er begreift den Geist, den er hier beschwört, und er genießt ihn in dieser Erinnerung, die ihm nun hinterher erst klar macht, wie schon damals die Herrlichkeit Frankreichs, ihm selber unbewußt, sein Gemüth erfüllt. Dies war die erste Kindheit, und ehe er noch aus ihrem Traum erwachte oder sich auf ihn besann, wurde er wieder zurückgeworfen an Deutschland, und hatte nachwachsendes Geschlecht hat eingesehen, daß all mein Wort und Lied aus einer großen, gottfreudigen Frühlingsidee emporblühte, die wo nicht besser, doch wenigstens ebenso respectabel ist, wie jene triste modrige Aschermittwochsidee, die unser schönes Europa trübselig entblumt und mit Gespenstern und Tartüffen bevölkert hat«.

Aber wer glaubt es ihm, dies große ernste Wort? Wer glaubt *Heinen* noch irgend etwas? Wer ist so ein Esel? würde er selbst sagen, und das mit Recht. Die Bildung dieser Zeit ist zum Glauben zu frei, und das Wort, wie *Fouché* sagt, nur dazu erfunden, um unsere Gedanken zu verbergen. Ein Bekenntniß, ein Heine'sches Bekenntniß und so eine bloße Versicherung sind geradezu Formen der Ironie. Wir müssen uns daher noch näher unterrichten, was es mit dieser »Frühlingsidee« auf sich hat.

Die Verarbeitung des modernen Geistes in der beschriebenen Gestalt zeigt sich zuerst in den »Liedern der Heimkehr« und in den ›Reisebildern‹ als dieser burschikos-ironische, zur völligen Ungenirtheit und Parrhesie des Uebermuthes hindurchgedrungene Ton, und damit beginnt seine zweite Bildungsstufe. Es weht uns eine unsägliche Frische und Erquickung an, wenn wir aus der steifen Gesellschaft in den Naturton der völlig ungenirten Jugend, so wie sie ganz unter sich ist, gerathen. Mit *dem* Eindruck empfängt uns diese Poesie. Schon Göthe erklärte sich gnädigst über diese Frische des Jugendlebens und ließ sie auch »mit wenig Witz und viel Behagen« ich gefallen, wie glücklich, wenn nun gar viel Witz und ausgelasseer Uebermuth mit diesem Element sich verbindet! Dies ist Heine's lück. Der Witz aber gehört wesentlich dazu. Denn der Witz ist r kluge Befreier, er ist der immer triumphirende Sieger gegen die eifen, gegen die Heuchler, die Philister; und wenn dieser ungenir- Region auch alles andere: Liebe, Religion, die Freiheit der festen etze für Sentimentalität, Ideologie und Bornirtheit gilt, deren Vernünftiger und Freier sich zu schämen habe, so bleibt doch absolut bei ihr in Ehren, und das ist der *Witz*. Die Souveränität Vitzes ist die Macht, welche die gemeingeborene Frivolität jedes -, Soldaten- und Studentenlebens in den Adelstand zu erheben r selbst das befriedigende Gefühl mitzutheilen weiß, daß sie in substantielles Bedürfniß mehr habe und selig sei, wie die Götter. Aber soll der Witz mit dem unbestimmten Gegennd mit seinen zufälligen Feinden zufrieden sein? So stände immer die Prätension der Ideologen, der Herrlichkeit des und der geregelten Zustände entgegen. Wer ist zuletzt un-

nun die ganze deutsche Schule zu passiren, wie wir seine Zeit- und Altersgenossen sie auch passirt sind. Die Verarbeitung dieses deutschen Geistes giebt ihm seine poetische Stellung, es ist seine zweite, seine poetische Periode, während die erste nur Vorschule dazu und die letzte, gegenwärtige Periode die französische, die unpoetische und vorzugsweise politische ist.

[...]

Heine, wie er von jetzt an, – mit den Reisebildern, – auftritt, ist *der Poet der neuesten Zeit*. Mit ihm lebt in der Poesie eine Emancipation von dem alten Autoritätsglauben und ein neues Genre auf. So steht er entschieden in der modernen Entwickelung, wie wir sie mitgemacht und in den Gährungen der eignen Brust empfunden und noch empfinden. Die neue Zeit und ihre Bewegung knüpft sich, wie Heine's Jugend selbst, an Frankreich und an den Mann des Jahrhunderts, der uns dazu aufgeregt. Die absterbende alte Zeit siechte in der Unterwerfung fort, warf sich wohl gar an die französische Ueberschwemmung fort und nur das Reagirende, die Ermannung, die Zusammennahme zum Ausstoßen des Pfahls im Fleische gehört der Zukunft an. Während z. B. Göthe unberührt in alter Weise blieb, als wäre nichts vorgefallen und sollte auch nichts passiren, wenigstens nichts anderes, als was Napoleon machte, während dessen empörte sich *Fichte* über den Untergang, den wir erlebt. Ergriffen von dem Drange der Zeit und in der That das eigentliche Agens der modernen Gährung, zeigte er sich mächtig eingreifend durch die Reden an die deutsche Nation und sein erhabenes Princip, das Princip des siegreichen, unüberwindlichen Selbstbewußtseins, tönt mit prophetischer Gewalt daraus hervor: *»Der Deutsche ist das eigentlich selbstbewußte Subject, der Franzose versteht sich selber nicht, darum wir werden, wir müssen siegen!«* Gar bald schlug die Theorie zur allgemeinsten Bethätigung um. In diese Alles ergreifende Praxis, in die kriegerische Begeisterung und in die Erfahrung des strengen Dienstes der Freiheit, welche der Einzelne mit Gut und Leben zu erkaufen hatte, riß die nächste Zukunft die ganze deutsche Jugend fort, und goß ihr eine Wallung in die Adern, welche sie noch weit in den Frieden hinein mit Thatendurst und blutigen, heldenhaften Phantasien erfüllte. Dies gab nach der einen Seite eine ernsthafte Uebertreibung der practischen Aufregung, welche durchaus als höchsten Zweck eine politische Freiheit, die noch nicht wäre, im Auge hatte, nach der andern Seite eine Besinnung über das Fieber der Jugend, welche dann leicht zur Selbstverspottung ausschlug. In beiden Seiten arbeitet nun unter einer anderen Gestalt das Fichte'sche Princip, beide Theile waren in der Befreiung begriffen, nur daß die einen den Staat, die Anderen sich selbst befreien wollten. In naivster Unmittelbarkeit, mit all ihren Schrullen und Redensarten, bis auf das Verbrennen der Göttinger Bibliothek herunter, ist die ernsthafte Seite jenes freiheitsdurstigen Burschenlebens in *Börne* zum Vorschein gekommen. Die andere Seite, das Komische und Ergötzliche dieser Jünglingswelt, hat der liebenswürdige *Hauff* mit schwäbischer Gemüthlichkeit in den Memoiren des Satans aufbewahrt und zu einer Darstellung verarbeitet, die gewiß vielen unserer alten Genossen ein freundliches Gedenkbuch ist. Das Extrem dieser heiteren Seite ist *Heine*. Er ist keineswegs außer Beziehung zu dieser Bewegung. Aber er hat sein Herz zeitig losgerissen von jenen »Jugendeseleien«, oder vielmehr, er hat es nie daran weggeworfen, wir finden ihn vielmehr gleich von Anfang gegen diese Begeisterung und Erregung auf dem Standpunkte des Witzes. So versammelt er in der ›Harzreise‹ auf dem Brocken die ganze damalige Burschenwelt, um sie auf's vortrefflichste zu ironisiren und aufs ergötzlichste zu schildern. Was ihm Wahres daran zu sein scheint, das ist dieses burschikose Emancipationsleben in seiner Unbefangenheit eben ohne bestimmten Inhalt. Heine ist keine dogmatische Natur, so konnten ihn die politischen Dogmatiker nicht gewinnen, von einer ganz anderen Seite mußte ihm die Politik beikommen. Nicht in Dogmen und Gesetzen, vielmehr in ihrer Wegwerfung durch Witz und Genialität stellt sich ihm die Befreiung dar. Wie bornirt waren die ernsten Politiker, die sich positiv-gemüthlich betheiligten! Freiheit ist es, diese Eselei zu durchschauen und zu verlachen. Indessen war diese nirgends betheiligte, nur negative Richtung des Heine'schen Geistes der politischen Freiheits*sucht*, die zuletzt auf den reinrevolutionären Endzweck geräth und alles Heilige auffrißt, nicht so fremd, wie dies anfangs bei dem losen Vogel den Anschein hatte. Zuerst ist allerdings nach der ernsten Seite der Befreiung nur die Rede von der Staatsfreiheit als einem *positiven* Gewinn, der Freiheit der festen Gesetze; allein wenn diese Freisinnigkeit durch Widerstand gereizt wird, so erbittert sie sich gegen alles Positive und macht das Fichte'sche Selbstbewußtsein geltend, als das Recht des Subjectes, nichts, auch das Vernünftigste nicht, anzuerkennen, bevor es dasselbe in seine selbstgemachte Form gegossen. Was hier die corrosive Revolutionswuth ist, das ist auf der komischen Seite das *freie Belieben* des genialen Poeten, der sich nur frei fühlt, indem er fühlt, daß *er*

nun gerade will und thut, weil *er* es will, denn dies liegt darin, daß er gemüthlich nur so weit es ihm beliebt, oder nur zum Spaß und um zu zeigen, daß er wohl könnte, sich betheiligt. Darin hat Heine vorläufig so wenig eine Richtung auf die politische Formirung, daß er sie vielmehr als pedantische Thorheit verspottet; aber dem Princip nach stellt sich in ihm dasselbe poetisch dar, was die Revolution, die sich selbst zum Zweck hat, politisch ist. Beide, Heine und die Revolution als solche, erkennen nur das subjective Belieben, nicht die objective Substanz und ihre Berechtigung an. Gleichwohl ist dieser Wirbel, der die Freiheit des Subjects zur nur formalen, inhaltsleeren Bewegung aushöhlt, ein wesentlicher Standpunkt des Geistes, und Heine hat eben darin seine Bedeutung, daß er ihn poetisch darstellt. Die Befreiung des Genie's von den substantiellen Gestalten des Geistes, von den Fesseln der Liebe und der Ehe, von dem beschränkten Glauben, von den festen Gesetzen der Freiheit ist der Witz, den es dagegen geltend macht, denn *der Witz ist die freie, die selbstbewußte, dominirende Persönlichkeit, also der Genuß de genialen Beliebens.* Ist nun aber dies alles, die ganze Welt der Geist und ihr Inhalt, zu ironisiren, gut, dann ist es auch der Witzdich selbst und seine eigenen Werke. »Allerdings, antwortet uns da der freiste der Befreier: das ist ja eben der Humor davon, ich mich selbst, mein Gefühl, mein Heiligstes, auch das sonst Geb preis, nur so steh' ich über Allem«. Die Spitze, der Gipfel freiung! – Consequent und mächtig wie Fichte, sein gewalti selber, ist dieser Geist des unabhängigen, nicht betheiligte in die entgegengesetzten Gestalten des Lebens und der Li fahren. Die geistreichen Chamäleons der Historie, Politil logie, werden sie zugestehen, daß ihre schillernden F Grund haben? Und dennoch ist ihnen in Wahrheit dies Duft des Fichtianismus in den Kopf gestiegen. In belebt das Princip der genialen Willkür alle die k selbstständigen Erscheinungen, die in Heine ihren S kennen. Ihn begrüßt die feine und die überfeine dung selbst gerne zur Genialität und zum Espri berühmte Vorbildung an den drei unseligen B hat, ihn die übermüthige Jugend, die sich d sogar die sentimentale, die seinen Pferdefu lächelnde Thräne als interessantes Malheur siastisch als ihren Dichter, als den Sänger ih verkündigt laut in sich den Träger eines n genirt, so lang' er noch Strümpf' und Schuh' an den Füßen und ein Hemd' um den Hals hat? So geschieht es denn, daß der ungenirte Witz sich nackt auszieht, um desto neckischer einherzuspringen, die Kleider aber und die weggeworfenen Fesseln, das sind die Gestalten des substantiellen Geistes, Liebe, Wahrheit, Freiheit, die nun links und rechts der Witzbold von sich reißt und mit Füßen tritt. Reisebilder II, 122: »Aepfeltörtchen waren damals meine Passion, jetzt ist es Liebe, Wahrheit, Freiheit und Krebssuppe.« Diese Krebssuppe ist die allgemeine Witzsuppe, ohne welche er nie jene vornehmen Gerichte, wie Liebe u. s. w. aufträgt, man würde ja sonst ihn selber für einen sentimentalen Esel und dergleichen anderweitig bornirtes Vieh halten. Soll man nun diese Frivolität, gedruckt und poetisch dargestellt, ernster nehmen, als die entsprechende Lebensregion selbst? Um einen Genuß daran zu haben, muß man kein Philister sein. Die Frage, wieviel versteht dieses Spiel von dem, womit es spielt, der Zorn über seine Frechheit, die seine Nase bei seiner Derbheit, die Moral bei seinen Zoten, die Vermahnung bei seiner Gottlosigkeit – alles dies ist eine Steifheit, welche vergißt, daß die Ungenirtheit hier die absolute Voraussetzung, die Maskenfreiheit hier der Boden und das Element ist. Mit einem Wort, man hat sich zu der Heine'schen Poesie eben so zu verhalten, wie zu der Ausgelassenheit des Carnevals und der Freiheit des burschikosen Lebens. Der Spaß und der Witz ist sich selbst Zweck und der einzige Zweck: weiter steckt durchaus nichts dahinter und weiter ist auch nichts dahinter zu suchen, so lange der Standpunkt in seiner Reinheit festgehalten wird. Dabei hat dann der Autor weder poetische, noch politische, noch religiöse Ansprüche zu machen, auf alles dergleichen soll es ihm ja nicht ankommen, und der Genießende darf alles dies nicht suchen, sondern nur die Frische jenes frivolen, nur spielenden Spaßlebens: er würde sogleich gestäupt und beworfen, wenn er ein ernsthaftes Gesicht schnitte und den Mund zur Predigt aufthun wollte. Denn es ist Fasching und die Ausgelassenheit jeder Art an der Ordnung. Heine fertigt die bornirten Kritiker damit ab, daß ihn jeder nur auf seinen Gesichtspunkt ziehe, der eben nicht dahin gehöre: »Das Huhn stellt sich auf ein Bein und gluckt, der Sänger habe kein Gemüth; der Truthan kullert, es fehle ihm der wahre Ernst; die Taube girrt, er kenne nicht die wahre Liebe; die Gans schnattert, er sei nicht wissenschaftlich; der Kapaun kikert, er sei nicht moralisch; der Dompfaff zwitschert, er habe keine Religion etc.« Die völlige Ungenirtheit und Liebenswürdigkeit dieses frivolen

Lebens giebt ›Die Harzreise‹ am reinsten wieder, überschreitet auch die Grenze der Maskenfreiheit nicht, denn sie öffnet weder die Thüren der Gotteshäuser, um dort zu banquettiren, noch das Allerheiligste des Herzens, um es zu verunreinigen, und was sich irgend ja dahin deuten ließe, ist doch nicht entschieden gottlos. So lange aber dieses Genre sich nicht wirklich in das eigene Gebiet des Ernstes verlegt und alles auf seinen eignen Scherzboden herüber nimmt, bleibt, es in seinem guten Rechte.

[...]

Die Heine'sche Poesie ist eine Witz- und Pointenpoesie. Es können einzelne, es können mehrere Lieder vorkommen, die ernstlich ins Gemüth gehen würden, wenn sie isolirt blieben; aber wo der Endwitz und die Aufhebung des Gefühls nicht gleich beigegeben ist, da folgt sie mit unausbleiblicher Sicherheit in einem eigends darauf berechneten Liedchen nach. Diese Manier ist so bekannt und berühmt, daß es überflüssig sein würde, Beispiele anzuführen; alle Lieder seit der ›Heimkehr‹, wenige indifferente Genrebildchen ausgenommen, sind Beispiele dazu. Es ist bei der Gelegenheit viel von der lächelnden Thräne und damit vom Humor die Rede gewesen; aber der Witz über die Herrlichkeiten des Gemüthes, mag er noch so nahe liegen, wegen vielfältiger Affectation, womit sie sich aufthun, ist immer die Ueberhebung, die Lieblosigkeit, der Genuß des vorwitzigen Selbstbewußtseins, und so grade das Gegentheil des weltversöhnenden, zur Unschuld absoluter Liebenswürdigkeit zurückkehrenden Humors. Der Witz negirt die Bornirtheit, der Humor hegt und pflegt sie. Wo also Heine wirklich Humor hat und damit wirklich poetisch wird, da geht er auf die bornirte Gestalt ein, wie auf den Schneidergesellen im Anfange der ›Harzreise‹ und auf das Bergmannsmädchen etwas weiter hin, er läßt und macht den Kern der Individuen aus eben dieser Gestalt heraus geltend. Dasselbe geschieht in der Darstellung des burschikosen Elementes und seiner unbefangenen Begeistung. In diesem Humor und dieser wirklichen Poesie sind die Pointen überall, an jeder Stelle der Darstellung (vergl. die angeführten Lieder und die betreffenden Stellen der ›Harzreise‹), die Gestalt selbst ist vollständig von ihnen durchdrungen und das stetige Wetterleuchten des Geistes aus ihrem Dunkel, das ist die *poetische* Pointenpoesie, die nun keinen Schlußwitz, keine vornehme Suffisance des Poeten mehr brauchen kann, denn sie hat den Witz verdaut und verarbeitet. Die Berechtigung, die Liebenswürdigkeit der Heine'schen Poesie und ihre Macht auf das Gemüth der Gegenwart liegt allerdings auch darin, daß er diese wirklich jedem Menschen wichtige und vertraute Gestalt des substantiellen Geistes zu ergreifen und herauszuarbeiten weiß. Dagegen sind alle seine Lieder mit Schlußwitzen, die das Sentiment negiren, nichts weniger als Humor. Der Humor ist *für* die Substanz, er sucht und findet sie in der bornirten Gestalt, das erfreut, das ist gut. Ein solcher Witz aber ist *gegen* die Substanz, er schämt sich der Liebe, er schämt sich des Heimwehs, er schämt sich jeder Begeisterung und giebt zu verstehen, daß der geniale Poet darüber erhaben sei. Dies ist die *unpoetische* Pointenpoesie. Es ist der Begriff des Witzes, daß er überall das Selbstbewußtsein der Person geltend macht und den unbefangenen, den unmittelbaren Zustand der Person aufhebt, welches dadurch geschieht, daß die harmlose und unbewußte Gestalt plötzlich, so wie sie ist, mitten in das Licht des Selbstbewußtseins herein versetzt wird. Es ist gewiß, daß nun der Gehalt und die Wahrheit so gut wie auf der einen Seite, als auf der andern sein kann, ja man fühlt sich grade da am meisten versucht, die eigene Freiheit geltend zu machen, wo die Seite des Gehalts und der Wahrheit einem mächtig und überwältigend gegenübertritt. Die selbstbewußte Person kann von der Wahrheit wegsehen, und wenn sie dem feierlichen Redner eine Nase dreht oder einen Zopf ansetzt, so ist das ein Witz. Ebenso gut als der Witz die Wahrheit in seinem Selbstbewußtsein und auf seiner Seite haben kann; eben so gut genügt ihm der Ausdruck auch des leeren Selbstbewußtseins, und die substantiellen Gestalten des Geistes, Liebe, Wahrheit, Freiheit, werden in seiner Krebssuppe lächerlich, denn sie gewinnen den Anschein, als hätten sie die Bornirtheit, das Recht der Krebssuppe zu vergessen. Der Urheber dieses Witzes zeigt aber damit weiter nichts, als daß er auch dieses Umstandes eingedenk, also vollständiger bei Sinnen sei, als jene Leute, die sich in die Passion etwa der Liebe versenken und dabei etwa die Krebssuppe außer Acht lassen. Alle Heine'schen Witze, welche als Gegenstoß gegen die gemüthliche Vertiefung auftreten, thun dasselbe. Sie fügen hinzu, der Poet wisse sich auch frei davon, d. h. aber nichts anders, als die Poesie depreciren und den verständigen, gemeinen Zustand gegen die geistige Erfüllung, Begeisterung, Berauschung als den selbstbewußten und wahren behaupten. Nicht auf den Inhalt der Poesie, welche jener Rausch sei, kommt es ihm an, sondern auf den Witz, d.h. auf die Befreiung vom Rausche. Nun ist es genial, sich vertiefen und die Schätze des Gemüthes ans Licht bringen zu können, »aber, sagt der

Witzpoet, nur ein Narr vergräbt sich in dieses Bergwerk der Poesie und nimmt die Prätension auf sich, als wenn ihre selbstgeschaffene, dunkle Welt ein Recht hätte gegen das Tageslicht der allgemeinen Besinnung. Also noch höher, als jene Begeisterung, ist die Genialität, welche gleich von vorn herein die Besinnung darüber hat und ausdrücklich hinzufügt, während bei ernstlicher unbesonnener Vertiefung, ohne daß man daran denkt, doch allmählig mit dem prosaischen Lichte des alltäglichen Verstandes die Besinnung sich wieder einschwärzt.«

Theurer Freund, du bist verliebt, und du willst es nicht bekennen,
Und ich seh' des Herzens Gluth *schon durch deine Weste brennen.*

oder:

Denkst du der Heimath, die so ferne,
So nebelferne dir verschwand?
Gestehe mir's, du wärest gerne
Manchmal im theuren Vaterland.
– – – – – – – – – – – – –
Denkst du der Vögel und der Bäume,
Des schönen Gartens, wo du oft
Geträumt der Liebe junge Träume,
Wo du gezagt, wo du gehofft?

Es ist schon spät. Die Nacht ist helle,
Trübhell gefärbt vom feuchten Schnee.
Ankleiden muß ich mich nun schnelle,
Und in Gesellschaft gehn. O weh!

Dergleichen Pointen sind weiter nichts, als der prosaische Gegenstoß der Besinnung, und sie haben keinen anderen Inhalt zu Tage zu fördern, als die Macht des Poeten über seine poetische Stimmung, an die er sich nicht verliert, weil er zu vernünftig ist, sein Werk höher zu schätzen, als die Ehre seiner selbstbewußten Person. Was will also die Heine'sche Poesie, indem sie dasselbe Gefühl, das sie erregte, verspottet und dem Witze preisgiebt? Wir werden gefoppt, wir werden überrascht, das Gegentheil von dem geschieht, was wir erwartet; diese epigrammatische Form ist *pikant,* und der witzige Dichter, der so in die Poesie hinein und so wieder heraus springen kann, der nicht nur so viel Sentiment, sondern auch so viel Witz, Esprit, Geist dabei hat, ist doch höchlich *interessant.* Dies Pikante, dieses Interessante und dies Interesse an seinem Geist ist offenbar der Zweck. Wenn der Witz auch noch so zwecklos und unbefangen spielend erscheint, es bleibt ihm doch immer der Zweck des süffisanten Selbstgenusses, wir können zwar Theil daran nehmen und wir thun es auch, wenn's nur wirklicher Witz ist, aber die Ehre bleibt doch immer dem Urheber allein. Und diese Ehre geht ihm über alles, er opfert ihr jedes Gefühl, jedes Geheimniß seines Herzens, die ganze Poesie; aber – *er ist pikant, er macht sich interessant.* Dasselbe ist mit den Damen der Fall, welche gefallen wollen und mit Geist und Schönheit zu fesseln suchen, Liebe erregen, aber sich der Liebe nicht hingeben, vielmehr sogleich sich zurückziehn und alles für Spiel nehmen, wenn sie Eindruck gemacht. Diese Schönen wollen die Liebe nicht, ja sie glauben nicht an die Liebe, als an die Macht, der sie selbst sich hinzugeben hätten; sie glauben an die Liebe nur als an ihr Werk, glauben nur an sich selbst und an ihre Macht, Liebe zu erregen und sich aus dieser Erregung zurückzuziehn. Man sieht, sie wollen *nur sich interessant* machen, und sie machen sich wirklich interessant, d.h. sie sind *coquet.* Eben so hat sich Heine in das Gefühl einzulassen, es zu erregen, zu beherrschen und sodann erst durch den Witz sich daraus zurückzuziehn und darüber zu erheben, um seine Poesie pikant und sich interessant zu machen, d.h. diese Heine'sche Witzpoesie ist die *coquette Poesie,* und ihr Princip die Gefallsucht des Subjects, welches auf Kosten der Substanz *sich interessant* machen will. Zu diesem Endzweck ist er *blaß und krank,* hat ein zerrissenes, aber ein schönes Herz, »in dessen Tiefe manche schöne Perle ruht«. Mädchen sitzen am Fenster und sehn ihn mit Interesse vorbeigehn, sie sagen meistentheils nichts, sehn aber fragend aus und denken wahrscheinlich: wer ist der interessante, blasse junge Mann, worauf dann die interessante blasse junge Antwort erfolgt: Ich bin ein deutscher Dichter.

[...]

Nicht ohne Grund versteht man im gemeinen Leben unter dem Schimpf: »sie ist eine Coquette« geradezu, sie ist eine Hure. Die Liebe der Coquetterie, das herzlose, nur scheinbare Sicheinlassen ist Hurerei, ist die Liebe als Lüge und als bloßer Schein. So ist die ganze *Poesie der Coquetterie,* die sich immer nur scheinbar auf die Substanz einläßt, nur mit ihr *buhlt* um des Scheines willen, ihrem innersten Begriff nach eine *Poesie der Lüge.*

Hier thut sich eine sehr ernsthafte Ansicht der Sache auf, wir haben uns ganz allmälig dazu herumgedreht, wir haben es kommen sehn, nun ist es gesagt, und während wir früher den Spaß unbefangen mitmachten, stehn wir jetzt auf dem olympischen Felsen der

Substanz und schleudern den Blitz gegen das verdammte Lügenschiff der Heine'schen Poesie, das wir früher als lustiges Narrenschiff mit großem Jubel selbst befuhren. Es ist nämlich nun eingetreten, was wir schon damals uns verbaten: er hat den Tempel der Liebe, die Wahrheit des Herzens geschändet und entweiht, die Poesie selber ist ihm nun wirklich ein großer lügenhafter Traum, und wenn ihn der Rausch dennoch bisweilen in ihr heiliges Gebiet hinüberzaubert, so sind seine Thaten besser, als er denkt. Dies aber bleibt leider der große Uebelstand, daß in dieser selbstbewußten Poesie das Denken ihre letzte That und immer die Vernichtung des Werkes der Unmittelbarkeit, der Poesie, ist. In diesem Sinne und von ihren eigenen Peers, den besonnenen und selbstbewußten Gedanken, gerichtet, muß die Heine'sche Poesie schuldig gesprochen werden, die Lüge statt der Wahrheit und die Häßlichkeit statt der Schönheit zum Inhalt zu haben, allenthalben wo sie ihren Witz und ihr Genie feindselig gegen die Substanz kehrt und statt des *erheiternden Scherzes* einen *betrübenden Frevel* begeht. Das Wort Lüge, Häßlichkeit, Frevel geht leicht über die Zunge, es ist aber ein schwerer Sinn und eine höchst verwickelte Bedeutung darin. Was ist Lüge, was Häßlichkeit und Frevel? Und wie kann die Poesie Lüge sein, etwa weil der Dichter die Wahrheit nicht will, sondern nur sich? – Wer die Wahrheit nicht will, erkennt der sie? Und wenn er sie nun nicht erkennt, sondern *ver*kennt, wie kann man sagen, daß er *lügt*? – Wer da wählt und liebt, was kann er wollen und lieben als das Schöne? Und wenn es nicht schön wäre, ihm aber so schiene, immer würde er doch in dem Häßlichen das Schöne lieben. – Und wer das Heilige entweiht und einen Frevel begeht, wird der das Heilige kennen, oder wird er es nicht vielmehr grade für unheilig und verworfen halten, seine That aber für gut und berechtigt? – Wer aber mit der Wahrheit nur *buhlen*, sich nicht wirklich an sie hingeben will, der weiß sie nicht, und wenn er sie nicht weiß, was sagt ihr, daß er frevele? Wer dichtet, der will das Schöne bilden, darum ist er nicht zu schelten, und wenn er nun auch wirklich nur Häßliches hervorbrächte, was thut es? Wem wird das Häßliche wohlgefallen? Kann es daher überhaupt eine Poesie der Lüge geben, da die Poesie nur das Schöne, das Absolute will, auch wenn das Häßliche herauskommt?

Es ist merkwürdig genug, wie bei all ihrer Energie diese negative Seite des Geistes so schwer in ihrer Existenz zu ergreifen ist. Zuerst ist aber die buhlerische, die coquette Poesie nicht ohne endliche

Zwecke, es ist ihr eben nicht rein um die Sache zu thun, nicht rein um die Seligkeit des Schauens und die Bildung des Schönen; sodann liegt allerdings die Macht des Häßlichen in dem Schein der Schönheit, darum geht zum Beispiel der Witzdichter auf die Liebe ein und bemüht sich um ihren Schein, und wenn ihm dieses Vorgeben geglaubt wird, so hat er darin seine Macht; endlich die Entstehung alles Frevels ist der Kitzel des endlichen Geistes mitten im Heiligen, wie etwa irgend ein Anstoß mitten in die Andacht den Reiz des Lachens wirft. Mit einem Worte, bei diesen dreien, Lüge, Häßlichkeit, Frevel, ist immer zusammen: im Wissen der Wahrheit das Nichtwissen, die Schönheit wollen und nicht wollen, im Heiligen sein und heraussein. Die wahre Seite ist nur Zustand. So, indem die frevelhafte That geschieht, bildet das Gewissen den Hintergrund, indem die Wahrheit angefochten wird, ist das Gefühl ihrer Macht vorhanden, und als die Ahndung des Ewigen die Folie, der Boden, das Element; sonst könnte allerdings von keiner Lüge die Rede sein. Das Poetische verhält sich hier etwa in dieser Art: Alle Welt redet von Wahrheit, Liebe und Religion, alle Welt treibt es, sich darin zu vertiefen. Wer dies ausführte und reich wieder emportauchte vor die Augen der sehnsüchtig Harrenden, der hätte das Große, das Herrliche geleistet. Hieher sind die Augen der Menschen mit Sehnsucht gerichtet, und der Dichter stürzt hervor aus der Menge, um ihr Herz zu befriedigen mit den höchsten Gütern. Dies ist seine ehrliche Stellung, und es ist niemandem vergönnt, diesen Sehnsuchtsblick der Welt und diese seine eigene Aufgabe zu verkennen, sobald er den Dichter in sich verspürt. Das Gefühl dieser Richtung, die Möglichkeit hindurchzudringen zum Licht, das ist der Boden aller Poesie und immer ihre Voraussetzung. Als Zustand gestaltet sich daraus das Gewissen, der Schauer des Heiligen, die Ahndung der Liebe, und auch der frivolste Poet kann diese Zustände nicht abthun, er frevelt aber, wenn er in ihnen die Liebe, die Wahrheit, den Glauben anfeindet. Zum Frevel ist es nicht genug, daß die Welt daran glaubt, es muß ihm auch selber noch ein Gegenstand sein, und Gegenstand *muß* es ihm bleiben, denn ohne dies giebt es keine Poesie, keine positive, aber auch keine negative.

Es wäre nun aber mißlich und ungerecht, wenn man einem ganzen Menschen überall nur das buhlerische Verhältniß zur Wahrheit zugestehen wollte, eine Meinung, die hier nun füglich nicht mehr gehört zu werden brauchte, denn dieser Aufsatz begann damit, Heinen sogar gegen sich selbst und seine üble Manier der falschen Scham und Gefühlsverspottung in Schutz zu nehmen; diese Manier aber ist selbst dasjenige, welches hier verworfen wird als frevelhaft in seinem Princip. Leider bildet es sich rasch zur völligen Existenz einer forcirten, ernsthaften Frivolität aus, bis den Dichter endlich die Juliusrevolution und die französische Welt an sich zieht, ihm allmälig selbst den Ueberdruß an seiner Poesie beibringt, ihn dafür aber in die Politik wirft.

[...]

Die ›Reisebilder‹ laufen anfangs nur beiläufig ins Politische, der Kampf gegen das Christenthum kommt hie und da nur so hervor, man sieht nur, wo das hinaus will, es ist noch nicht alles reif; aber im Grunde ist seine Zukunft hiemit schon gegeben; denn die Richtung seines Geistes liegt offen vor. Nun trat die Juliusrevolution ein und erschütterte ganz Europa mit dem Klange der alten Marseillaise. Heine hörte die Kanonen ihre Verkündigung erneuen und die Franzosen den Geist der politischen Freiheit predigen; es riß ihn hin: er eilte nach Paris.

Und hier beginnt nun seine letzte Periode, die prosaische Erfüllung seines unpoetischen, unwahren Kampfes. Er findet eine Welt, erfüllt nur vom politischen Geiste, er erwartet von diesem *qu'il fera le tour de l'Europe,* und da er dies nicht in der erwarteten Weise thut, verkündet er uns doch wenigstens diesen Geist der Franzosen, d.h. den plattprosaischen *Esprit,* statt der Tiefe des deutschen Geistes, die politische Aufwallung statt der religiösen Bewegung.

Im zweiten und den folgenden Theilen des ›Salons‹ systematisirt er seine Opposition gegen das Christenthum, wobei er ebenso, wie in der Liebe das sittliche, so hier das religiöse Leben Frankreichs und seine Verwahrlosung zum Stützpunkte nimmt. Wie man durch das Gegenbild seiner Grisettenwirthschaft das Heiligthum des Familienlebens und das paradiesische Glück der wahren Liebesgestalt glühend lieben lernt, so lehrt uns die religiöse Verkümmerung und Verwahrlosung der Franzosen, die wir durch Heine's Ausführungen hindurchschimmern sehn, erst die freie protestantische, unsere gründlich erlebte und theuer erstrittene Religiosität schätzen; ja, es ist auch für uns nicht umsonst gewesen, daß Heine es unternommen hat, die Franzosen über uns aufzuklären, sie unsre Philosophie und Religion verstehen zu lehren; denn wir sehen daraus, daß diese Dinge nicht jeder sogleich versteht, wie er dazu läuft, wir sehen daraus auch wieder den alten Fichte'schen Satz, daß wir die Franzosen besser verstehn, als sie sich selbst, daß sie und Heine, der sich ihnen hingegeben, viel aber nie Alles von uns lernen können. Sollen wir Heine noch weiter verfolgen in die italienischen Kirchen und seine Verunreinigung derselben in die dünnen Räsonnements über die »Religion der Freiheit«, welche der alten Religion den Garaus machen werde? Sollen wir ihm sagen, daß dies bei ihm gar nicht mehr nöthig, sondern schon glücklich vollbracht sei, sollen wir dann weiter ausführen, was Religion und Christenthum sei, und wie Heine auch hier seine unwahre Stellung zum Geiste und zu der Wahrheit beibehalte? Sollen wir »die Rehabilitation der Materie« und »die Emancipation des Fleisches«, die er ebenfalls nach den oben angeführten Liedern schon bestens ins Werk gerichtet hat, widerlegen, in Halle widerlegen, was er in Paris thut? Wenns möglich ist, er rehabilitire; – sollen wir an diesen Bedürfnissen des Unvermögens zum Ritter werden? Es müßte immer die alte Rede wiederkehren von der Anfeindung der Wahrheit, und der Todte noch einmal getödtet werden; vielmehr erinnere ich mich an einen gewaltigen Renommisten, der Husar im Freiheitskriege gewesen sein wollte, er hieß Szkrnetzky und pflegte von sich zu erzählen, wie er bei Belle-alliance, als schon die Schlacht entschieden gewesen, noch unzählige Franzosen links und rechts niedergehauen habe, da sei der König von Preußen gekommen und habe ihm zugerufen: »Halt ein, Szkrnetzky, es ist genug des Gemetzels!« –

5 Georg Herwegh

Die Literatur im Jahre 1840
[1840]

Ein neues Decennium! Viel schwüle Luft hat sich wieder gesammelt, in den Thälern und auf den Bergen. Wird sie milde als Regen niederträufeln oder donnernd in Gewittern sich entladen? Wird es ein Sänger, wird es ein Held sein, dessen die Menschheit bedarf? Wird der Fernhintreffer seine Leier spielen oder seine Pfeile absenden? Ich weiß es nicht, will es nicht wissen. Ich will glauben, daß der Thau des Himmels das Einzige bleiben werde, das unsere Blumen befruchtet!

Der Friede ist mir theuer, denn ich liebe die Musen; aber ich fürchte den Krieg nicht, denn ich liebe mein Vaterland. Wir sind nicht mehr jene kindischen Poeten welche jammern und winseln, wenn ein Kanonenschuß bei der Feile eines hübschen Verses sie stört; wir stürzen hinaus, wenn es draußen wogt und stürmt, und zerschlagen getrost unsere Harfe, wenn ein Schwert, für unsern Heerd erhoben, mehr Ehre bringt.

Nicht jeder besitzt den unvergleichlichen Muth des Herrn *Wolfgang Menzel,* aus der Hand des Schöpfers wie ein Zigeuner die Geschichte der Zukunft oder die Zukunft der Geschichte zu errathen. Der Weltgeist ist zuweilen ein Weib und hat Launen. Er spottet der Buchhändlerspekulationen.

Wir wollen der Zukunft kein Horoskop stellen, wir wollen nur die Vergangenheit noch einmal an unsern Augen vorüberziehen lassen; wir wollen nicht prophezeien, wir wollen nur ahnen und ahnen lassen, nur Andeutungen geben.

Ich wollte über Literatur schreiben und habe mit der Politik angefangen. Natürlich. Das Abzeichen der modernen Literatur ist eben, daß sie ein Kind der Politik, deutlicher gesprochen, ein Kind der Julirevolution ist. Das sind nun zehn Jahre her, und sie hat bei keinem der besseren Schriftsteller ihre Mutter verläugnet. Selbst das industrielle Element, das in den jüngsten Tagen so überwiegend in ihr geworden ist, beweist durch unverfälschte Actenstücke diese ihre Abkunft. Man möge unbesorgt sein: dieser literarische Krämersinn wird in Deutschland so gut seine Endschaft erleben, wie der politische in Frankreich. Wir haben in den letzten Jahren auch in der Literatur nur Studien gemacht. Die Zeit war eine Penelope, die bei Nacht das Gewebe immer wieder auftrann, das sie bei Tage gefertigt. Was sie darauf sticken wird? Auch das weiß ich nicht. Und wüßt' ich's, würde ich es nicht verrathen. Noch einmal: die neue Literatur ist ein Kind der Juliusrevolution. Sie datirt von der Reise *Börne's* nach *Frankreich,* von *Heinrich Heine's ›Reisebildern‹.* Sie datirt *von der Opposition gegen Göthe.*

Von der Opposition gegen Göthe? Ja. Ich liebe *Göthe*, ich weiß, daß er der größte Künstler ist, den Deutschland geboren; ich weiß, daß seine Gedanken das lautere Gold des Herzens und der Vernunft – ich finde die Grundsätze fluchwürdig, aus denen ihn z.B. *Menzel* angefochten; aber *Göthe* war kalt, indifferent, er sympathisirte nur mit der Ewigkeit, nicht auch mit der Zeit, die ein integrirender Theil von jener ist. Und die Zeit forderte Sympathien. Nur wer ihr diese bewies, ward von ihr auf den Schild gehoben. Wir haben die Opposition gegen *Göthe* auf ein sehr bescheidenes Maaß zurückgeführt; wir sind uns bewußt, hinter der reinen Schönheit seiner Productionen noch unendlich zurück zu sein – und dennoch haben wir gewonnen. Die Dichter sind in unsere Reihen getreten und auch äußerlich dem Volke näher gekommen. Nach ihrem Genie sind es das Volk und die Buchhändlerbörse in Leipzig, welche die Protection über sie übernehmen.

Die Muse der *Geschichte* hat die ersten Blätter der neuen Literatur geschrieben. Ich erinnere an *Börne's ›Briefe aus Paris‹*, an *Heine's ›Französische Zustände‹*. Die deutsche Professorsnatur wird in Einzelnen immer viel an solchen Büchern auszusetzen wissen und mit ihrer historischen Nase tausend Gebrechen an denselben hervorspüren. Den Kritiker kümmert das wenig. Für ihn sind es Bücher, die eine *Richtung* gegeben, für ihn steht ihr Werth fest. *Lessing, Klopstock, Göthe, Schiller* – wer von ihnen hat sich für die *Geschichte* der Zeit in in ihrem Detail interessirt? Wer von ihnen ausschließlich einer Partei mit Begeisterung sich angenommen? Keiner. Der jungen Literatur war dieß aufbehalten. Hier erst findet sich ein *politischer* Glaube *neben* dem *poetischen.* Welcher Natur dieser Glaube ist, ward von uns schon bei verschiedenen Gelegenheiten nachgewiesen. Das Princip der neuen Literatur ist, um es zum tausend und ersten Male zu sagen, das *demokratische.*

Durchgängig und zuerst machte sich die literarische Revolution im *Styl* bemerklich. Es ist eine ganz neue Sprache, die man im letzten Jahrzehend geschrieben. Sie ist rasch, wie der Gang der Zeit, schneidend, wie ein Schwert, schön wie die Freiheit und der Frühling. Die Sätze verrathen eine beinahe ängstliche Hast, sie sind kurz; was man behauptet, für das steht man auch ein; die Recensenten haben das *Wir* abgeschafft und das kecke *Ich* an seine Stelle gesetzt. *Börne* hatte in Paris keine Muße, Gedichte zu schmieden, er mußte all seine Blumen zur Prosa verwenden; Heine ebenso. Unsere Prosa ist mit viel Poesie versetzt worden, gewiß nicht zu ihrem Nachtheile. Die Schönrednerei einiger Literaten darf uns ja nicht verführen, über diese ganze stylistische Tendenz den Stab zu brechen.

Das Schwert der Revolution wird in der Literatur immer zunächst zum kritischen Messer. So war denn in den Tagen nach der Juli-Umwälzung die literarische Thätigkeit der Deutschen hauptsächlich eine publicistische. Die Aufmerksamkeit der Nation war auf die politischen Journale gerichtet. Erst als das Stuttgarter Literaturblatt geistig sich überlebt hatte, und die politischen Organe mehr eingeschränkt wurden, trat mit dem *Literaturblatt zum Phönix* eine Reformation in der Literatur ein. Die poetischen Heroen ausgenommen, ward allen Novellen- und Romanenkünstlern vor dem Jahre 1830 der Handschuh hingeworfen. Man schätzte nach wie vor ihr formelles Talent, zog es sogar dem der jüngeren Poeten vor; aber man vermißte Etwas bei ihnen, für das Einem die sprachliche Glätte, die gute Conception, die ironischen Hiebe keinen Ersatz boten – das war der Charakter der neuen Zeit, die Sympathie mit der Nation. Die Schönheit sollte keineswegs der Tendenz geopfert werden. Die Schönheit wurde beibehalten als das oberste Gesetz jeder Aesthetik; nur verlangte man von ihr, sie solle sich des Streits begeben mit ihrer gleichgöttlichen Schwester, der Freiheit, sie solle Arm in Arm wandeln mit ihr.

Produktiv machte sich die junge Literatur lange Zeit hindurch nur in der *Lyrik* geltend. *Anastasius Grün* schrieb seine *›Wiener Spaziergänge‹*, ihm folgten *Nikolaus Lenau* mit seinen schönen Polenliedern, *Julius Mosen* mit seinen revolutionären Romanzen und Balladen. Die Initiative hatte *Heinrich Heine* mit seinem *›Buch der Lieder‹* gegeben, der allerdings nicht nur für seine Ideale, sondern auch für seine Launen alle nur mögliche Freiheit in Anspruch nahm, an den aber doch seine sämmtlichen lyrischen Gegner und Rivalen nicht hinaufreichen. Was diese Leute so sehr an *Heine's* Gedichten tadeln, den unversöhnenden Schluß, wie sie so unausstehlich sich ausdrücken, so mögen sie versichert sein, daß *Heine* denselben gar leicht einen sentimentalen Schwanz anhängen könnte, wenn er nur wollte. Er will aber einmal nicht. – Als Politiker, als Kritiker werde ich *Heine,* namentlich gegenwärtig, nicht anerkennen; den Poeten aber lasse ich ihm nicht streitig machen.

Erst in den zwei letzten Jahren hat sich die neue Literatur auch in anderen Gebieten produktiv hervorgethan. *Laube, Kühne, Mundt* sind nicht über die Kritik hinausgekommen, dagegen haben sich viel junge Sprossen als Ersatzmänner eingefunden. Wie tief der *komische Roman,* der mit so viel Glück angebaut wird, in unser Leben eingreifen wird, läßt sich noch gar nicht berechnen. Wie viel läßt sich nicht in dessen Bereich ziehen! Er kann der eigentlichste Hebel der Zeit werden.

Nach dem *komischen Roman* ist es hauptsächlich das *Drama,* das einer neuen Blüte entgegen sieht. Der *komische Roman* und das *Drama* werden es auch sein, dem wir in diesem Jahre das Schönste zu verdanken haben werden, auf die wir unsere größte Aufmerksamkeit werden richten müssen, wenn es uns vergönnt sein sollte, uns noch länger der stillen Schönheit der Poesie zu erfreuen.

6 Friedrich Hebbel

›Buch der Lieder‹, von Heinrich Heine [1841]

Vierte Auflage. Hamburg, bei Hoffmann und Campe. 1841.

Heine's ›Buch der Lieder‹ wird dem Publicum in der vierten Auflage vorgelegt. Ein Erfolg, von dem es scheinen möchte, daß er alle weitere kritische Besprechung überflüssig mache. Dieses wäre auch allerdings der Fall, wenn man ihn einzig und allein der Poesie dieser Lieder zuschreiben dürfte. Aber, wenn es dem Dichter überhaupt oft genug begegnet, daß er seine nächsten und lautesten Wirkungen Elementen verdankt, die ihm seine ganze Celebrität verleiden könnten, so hat Heine dieses vielleicht noch öfterer erfahren, als ein Anderer. Ist es etwa die Grazie seiner scheinbar so nachlässigen Verse, die so viele unselbstständige Geister zur Nachahmung reizt? Gewiß nicht, denn wer Grazie zu erkennen vermag, der erkennt auch, daß sie unnachahmlich ist. Es ist vielmehr die anscheinende Emancipation von der Metrik, die sie verführt, es ist die Hoffnung, daß der Vers ohne Füße gehen müßte, da er mit Füßen nicht gehen will. Bewundert man den freien Geist, der Stoffe, welche die Kunst bisher verschmähen zu müssen glaubte, in ihren Dienst zu ziehen verstand, ohne sich und sie zu beschmutzen? Ich wollte, es wäre so, aber ich fürchte, eine gewisse rohe Freude, eben diese Stoffe, an denen der Priester sich sonst vornehm die Füße abwischte, bevor er den Tempel betrat, jetzt im Tempel selbst als Teppich über den Altar ausgebreitet zu sehen, hat einigen Antheil an dem Behagen, womit die Masse Beifall klatscht. Der Verfasser der ›Reisebilder‹ ist viel gelobt und viel getadelt worden. Aber ich müßte mich in ihm irren, wenn ihn als Dichter nicht manches Lob empfindlicher berührt hätte, als mancher Tadel. Denn wegen des Besten, was man gegeben hat, von beschränkten Geistern angeknurrt zu werden, was will es heißen? Poesie zu genießen, ist so gut ein Talent, als Poesie zu bringen. Aber, sich von dem Lumpensammler freund-brüderlich die Hand drücken lassen zu müssen, weil man sich zuweilen, wie Jener, in den Staub niederbückte, um einen Diamanten aufzuheben, das muß fatal seyn. Ich gebe daher gern, meinem kritischen Abriß der neueren Literatur und namentlich der Lyrik vorgreifend, bei Gelegenheit dieser vierten Auflage ein paar

Fingerzeige zur Charakteristik der Heine'schen Lieder-Poesie, muß mich jedoch hinsichtlich einiger Grundbegriffe, die ich kaum oder gar nicht andeuten kann, im Voraus auf jenes Werk beziehen.

Die Lyrik ist weit mehr als Drama und Epos National-Ausdruck eines Volks, und ein Dichter, der nicht harmonisch in dieser allgemeinen Volkspoesie aufgeht, hat geringen Werth, er mag so viel Ideen- und Phantasie-Schätze aufhäufen und so viel momentanen Enthusiasmus erregen, als er immer will. Die deutsche Lyrik hat zwei Factoren: Gefühl und Reflexion, und am nationellsten, mithin am vollkommensten entwickelt sie sich, wo alle beide gleichmäßig und unzertrennt thätig sind, wo der Stoff aus der Tiefe des Gemüths als geniales Gefühl aufsteigt und die Reflexion die einrahmende Form erzeugt. Man muß freilich den Begriff der Letzteren nicht so eng nehmen, daß man nur den analysirenden oder den wiederspiegelnden Gedanken dafür gelten läßt; die Reflexion ist gleich mit dem Bewußtseyn da, und eben das erwachende Bewußtseyn gränzt als Allgemeines jedes Besondere ab, und giebt ihm, indem es ihm nicht verstattet, sich unverhältnismäßig auszudehnen, die Form. Diesem Grundtypus der deutschen Lyrik entspricht Heine's Poesie durchaus, und darum ist er ein echter deutscher Dichter. Aus dem Innern des Gemüths quellen seine Lieder hervor, und wenn, seinem Naturell gemäß, bei ihm die Reflexion auch meistens die Gestalt des Witzes annimmt, so ist sein Witz doch nur das launige Votum, was dem Herzen gegenüber der Geist einlegt, niemals aber, oder selten, das kahle Centrum des Gedichts.

Heine ist Humorist. Was ist Humor, was ist, da wir es hier nur mit dem Lieder-Dichter zu thun haben, zunächst lyrischer Humor? Was man gewöhnlich so nennt, ist ein leeres Product der Ohnmacht und der Lüge. Wer seine verworrenen Geistes- oder Gemüths-Zustände nicht klären, oder den hiezu nothwendigen inneren Prozeß nicht mit Resignation und Ruhe abwarten kann, der wirft wohl den Fackelbrand des Witzes in das Chaos hinein, und sucht, während vielleicht nur ein Kartenhaus in Flammen aufgeht, uns glauben zu machen, es sey eine werdende Welt. Alle Kunst ist Nothwehr des Menschen gegen die Idee, wie ja schon, um ins Besonderste hinab zu steigen, jede ernste dichterische Schöpfung aus der Angst des schaffenden Individuums vor den Consequenzen eines finstern Gedankens hervor geht; was aber dem Künstler sein Werk, das ist der Menschheit die Kunst. Der Humor ist empfundener Dualismus; nicht die Carricatur des Ideals soll er zeichnen, oder seinen Schatten, sondern das Ideal selbst in seinem vergeblichen Ringen nach Gestaltung. Allein, wenn die positive Kunst den Abgrund, der das Wirkliche von dem Möglichen scheidet, zu überfliegen sucht, so stürzt der Humor, als die negative, sich in diesen Abgrund hinunter, und hierin liegt so viel Verzweiflung, aber nicht so viel Trost, wie in der erschütterndsten Tragik, wenn es, was allerdings sehr selten ist, rein und rund zur Erscheinung kommt. Das ist bei Heine z. B. in dem schönen Gedicht: Mein Herz, mein Herz ist traurig etc. (Seite 171) der Fall.

Man hat der Heine'schen Poesie vielfältig die innere Wahrheit abgesprochen. Wohl nur, weil man ihr Individuelles nicht immer aufzufassen verstand. Es giebt aber in aesthetischen Dingen eine doppelte Wahrheit, wornach man zu fragen hat: die Wahrheit des Stoffes und die Wahrheit der Form, und die Letztere hängt, so undeutlich dieses den Meisten bleiben mag, mit dem Ethischen noch enger zusammen, als die Erstere. Es ist nicht genug, daß unser Gedachtes und Empfundenes wahr sey; damit kann ja auch kaum geheuchelt und betrogen werden, denn woher eigenthümliche Empfindungen und Gedanken nehmen, wenn man sie nicht hat? Auch der Darstellungs-Prozeß, worin die Form gewonnen wird, soll wahr seyn; er soll aus dem Drange des Ueberflusses hervorgehen und Götter in die Welt setzen, nicht Lemuren. Dieses ist der wichtigste Punkt, denn von der Gestalt, worin eine Idee zur Erscheinung gelangt, hängt es ab, ob sie wie ein Jupiter verehrt, oder wie ein Vitzliputzli verspottet werden soll, doch eben um diesen Punkt wird der plumpe Aesthetiker sich nie bekümmern. Er rechnet dafür die Gedanken und Bilder zusammen, und vergißt, daß man dieß Alles bei jedem der Berücksichtigung irgend würdigen Gegenstand voraussetzen muß, und daß Achill und Thersites sich in Allem, nur nicht im Fleisch und Blut, von einander unterscheiden. Bei Heine ist die Darstellung ein Quellen, kein Pumpen, wie gewiß ein Jeder empfindet, der das ›Buch der Lieder‹ auch nur durchblättert: bei der Wahrheit der Form ist aber die Unwahrheit des Stoffes undenkbar. Uebrigens wird sich der Humorist den Vorwurf der Unwahrheit weit öfterer gefallen lassen müssen, als der ernste Dichter. Einen erkünstelten Hymnus verzeihen wir gern, um Gottes willen, an den er gerichtet ist, aber einen verunglückten Witz nimmermehr. Viele, die Heine und alles Neuere tadeln, haben es jedoch gar nicht mit Stoff und Form seiner Poesie, sondern nur mit dem Materiellen und Elementarischen derselben, worin sie freilich schon den Stoff sehen, zu thun. Nicht die Gedanken und Empfindungen selbst fechten sie an, sondern die Gegenstände und Gesichtspunkte, aus welchen sie entspringen. Unfähig, zu erkennen, daß die vorgeschrittene Entwickelung alle Darstellung mehr und mehr aus den reinen, ruhigen, allgemeinen Verhältnissen in die verworrenen und, wenn man will, verfänglichen individuellen mit unausweichbarer Nothwendigkeit hinabdrückt, daß uns keine Wahl bleibt, als ob wir das Schwerste und Undenkbarste versuchen, oder auf alle Thätigkeit, allen Gebrauch der Geisteskräfte Verzicht leisten wollen, nennen sie jede Lebensäußerung, die von der ihrigen abweicht, Krankheit, und rechten nun noch sogar mit dem, den sie für krank halten, ob er an einem Fieber, das in der Familie nicht herkömmlich ist, wirklich leiden und sterben darf, ja rufen statt des Arztes den Criminalisten und den Henker herbei. Hier wäre im Rückblick auf die nächste Vergangenheit Schlimmes und Schlimmstes zu sagen; doch werde einstweilen nur noch in Bezug auf Heine ausdrücklich bemerkt, daß es völlig so ungerecht seyn möchte, ihn deswegen, weil er seinen tiefen schönen Wald- und Meerliedern kecke, scharfe Zeichnungen fauler socialer Zustände gegenüber stellte, zu schelten, als es, wie ich schon im Eingang andeutete, abgeschmackt ist, ihm für die an diese todten Dinge verschwendeten neckischen Galvanisirungs-Versuche zu danken, statt für die dadurch in Geist und Gemüth des Dichters hervorgerufenen frischen lebendigen Gegensätze.

Bei diesen allgemeinen Bemerkungen möchte ich es bewenden lassen. Dem Auge kann man zu Hülfe komme, der Zunge nicht. Wer es nicht fühlt, daß Lieder, wie das ›Fischermädchen‹, die ›Wallfahrt zu Kevlaar‹, die ›Meerlilie‹ (die übrigens nicht im ›Buch der Lieder‹ steht) und andere ganze Bände Lehrgedichte und Aehnliches in die Lüfte schnellen, dem wird es Keiner begreiflich machen. Ich wollte, vom freien und unparteiischen Standpunkte aus, über einen Dichter, der, je nachdem der Kritiker sich mit seiner Persönlichkeit befreundet oder verfeindet hat, bald bis in die Wolken erhoben und bald noch ungebührlicher in den Staub getreten wird, ein gründliches, ruhiges Wort sagen. Ich glaubte ihn nicht besser ehren zu können, als wenn ich, statt mich bei dem Einzelnen aufzuhalten, meinen Gegenstand, wie er es verdient, mit den höchsten Prinzipien der Kunst in Beziehung brachte und Werth und Wahrheit dieser Gedichte durch Veranschaulichung des individuellen Lebensprozesses, woraus sie hervorgingen, darzuthun suchte.

7 Robert Prutz

Das Jahr achtzehnhundertunddreißig [Erster Teil] [1847]

In meiner letzten Vorlesung habe ich mich bemüht, Ihnen das Gemälde unserer literarischen Zustände während der Restaurationsepoche in seinen Hauptumrissen zu entwerfen. Wir sahen, wie die Freiheitskriege, politisch sowohl wie literarisch, erfolglos blieben; wie auf der einen Seite fürstlicher Absolutismus, studentische Ueberspannung, bürgerlicher Indifferentismus, auf der anderen, der literarischen, Fatalismus, wüste Phantastik, künstlerischer Quietismus sich schließlich nur vereinigten, um jenen erbärmlichen Zustand der Abspannung, der Gleichgiltigkeit, des völligen Nihilismus hervorzubringen, in welchen Deutschland gegen den Schluß der zwanziger Jahre versunken war, und gegen den auch die Vermittlungsversuche der schwäbischen Schule in ihrem patriotisch-sittlichen Aufschwung vergebens zu reagiren suchten.

Und doch war hiemit die äußerste Stufe des Abgrunds noch nicht erreicht, wir hatten sie noch nicht alle durchlaufen die Stationen unserer Erniedrigung, sie waren noch nicht alle über uns verhängt, die Plagen Egyptens, die Wunder und Schrecken, mit denen der erzürnte, der rächende Geist der Geschichte sich an uns verkündigte: nach dem Tod, der unsere Erstgeborenen, unsere Hoffnungen erschlagen, nach der Nacht, in die sich die heiteren Leuchten der Kunst und der Wissenschaft für uns verwandelt hatten – Eines blieb noch übrig, Eines war noch zurück: der Aussatz, das prickelnde Brennen und Jucken, das schamlose Hervortreten des inneren Krankheitsstoffes, als Witz, als Spaß, der Nihilismus als Frivolität, die Selbstvernichtung als Selbstverhöhnung.

Dies war der Standpunkt Heine's, dies der Ursprung der ungeheuren Erfolge, die er errang, der Herrschaft, die er Jahre lang über unsere Literatur ausübte. Wir litten Alle an denselben Wunden: aber nur er hatte die Stirn, die Wunden aufzudecken und vor allem Volk, behaglich, in gieriger Lust darin zu wühlen. Wir steckten Alle in demselben Schlamm: aber nur er fand es nicht für nöthig, sich zu parfümiren, er warf die romantischen Dehors der Restaurationsepoche von sich und zeigte sich nackt, wie er war. Wir waren Alle so verderbt, so glaubenslos, so verarmt an sittlichem Ernst und fester, männlicher Tugend: aber nur ihn genirte es nicht, das Bekenntniß seiner Nichtsnutzigkeit abzulegen, nur er fand es ganz natürlich, daß, wer ein Lump war, sich auch als Lump bekannte!

Heine hatte den Muth der Gemeinheit: ein zweideutiges, ein beklagenswerthes Verdienst, und doch ein Verdienst, weil es immer besser ist, das Gift kommt zu Tage, als daß es heimlich, unter der Maske der Gesundheit, das Leben zernagt. Heine ist die Romantik ohne romantische Illusion, ganz baar, ganz nackt, die reine Willkür, das bloße geniale Belieben, das nichts hat, nichts will, als bloß sich selbst – und auch dies sein eigenes Selbst verachtet er, weil er weiß, wie werthlos es ist! Er ist das komische Seitenstück zu Hoffmann. Die Verzweiflung, die sich in Hoffmann tragisch geberdet, in Heine lacht sie – oder vielmehr, sie besinnt sich auf sich selbst und findet, daß Verzweiflung schon ein viel zu ernsthafter Zustand und der ganze Plunder von Welt und Herz und Leben dieser Anstrengung gar nicht werth ist.

Hierin findet denn auch der berühmte Heinesche Weltschmerz seine Erklärung. Es ist die alte Ironie der Romantiker, die zum Bewußtsein ihrer selbst gekommen und sich nun entsetzt vor ihrer eigenen Nichtigkeit: aber mitten in ihrem Entsetzen befällt sie die Erinnerung, daß ja doch Alles eitel ist, und sogleich lacht sie wiederum sich selbst aus über ihr eigenes Entsetzen. Der Heinesche Weltschmerz ist die Ironie der Romantiker, ins Sentimentale übersetzt: nur daß auch diese Sentimentalität wieder bloß ironisch gemeint ist, eine bloße Coquetterie mit sich selbst, ein bloßer Witz, mit dem man sich selbst zum Besten hält: ähnlich, wie Hoffmann Gesichter vor dem Spiegel schnitt, um sich selbst graulich zu machen.

Es war daher auch ein großer Irrthum – oder war es auch das nicht? war es nur eine neue, großartige Coquetterie, ein neuer grandioser Witz, mit dem Heine zwar nicht sich selbst, aber doch das Publikum dupiren wollte?!..

Es war, sage ich, ein großer Irrthum, als Heine beim Ausbruch der Julirevolution mit einem Male gefunden zu haben glaubte, was ihm so lange gefehlt, als er sich selbst in scurrilem Pathos den Sohn der Revolution, Paris, in der schimmernden Beleuchtung jener Fata Morgana der Freiheit, die unmittelbar nach den Juliereignissen kurze Zeit hindurch über Frankreich schwebte, sein Jerusalem, den Rhein den Jordan nannte, der die Sclaven trenne von den Freien und den er überschreiten müsse, um in sein mütterliches Land, das Land der Freiheit zu gelangen. Es ist ebenfalls mehr als ein Irrthum, nämlich eine große Unverschämtheit – und wenn auch dies Wort bei

Heine seine Bedeutung verloren hat, nun gut, so ist es ein neuer, allerliebster Witz, wenn Heine neuerdings anfängt, uns in sentimentalen Redensarten von seiner Freiheitsliebe, seinem Patriotismus, seinem deutschen Heimweh zu versichern. Gerade der Heineschen Frechheit sollte nichts gefährlicher werden, als der Ernst der Freiheit; gerade für die geniale Blasirtheit, die ironische Leerheit seines Standpunktes, wäre nirgend weniger Raum gewesen, als in der Mitte eines wirklich freien, das heißt, eines sittlich erfüllten, energischen, thatkräftigen Volkslebens; nirgend würde die bodenlose Willkür seines Egoismus sich unbehaglicher fühlen, als unter der Herrschaft jenes Gesetzes, welches die Freiheit auf den Thron erhöht. – In dem Paris, wie es durch die Julirevolution geworden, in diesem Frankreich Louis Philippes, unter dieser lügnerischen Larve, diesen frivolen Scheinbildern der Freiheit, da allerdings war Heine's Platz, da konnte er sich wohl fühlen, von da konnte er uns das Evangelium einer Freiheit predigen, an die er selbst nicht glaubt. Die wirkliche würde ihn unglücklich gemacht, sie würde ihn zerschmettert, vor Allem, sie würde ihn gelangweilt haben. – Heine selbst hat das nicht nur gefühlt, er hat es auch ausgesprochen: ausgesprochen in dem fanatischen Haß (nämlich so weit eine Natur, wie Heine, des Fanatismus, des Hasses fähig ist), mit welchem er die schwäbische Dichterschule verfolgt, eben um des sittlichen Elementes willen, welches in ihr lebt und von welchem ich Ihnen am Schluß meines neulichen Vortrages gesprochen: er hat es ferner ausgesprochen in der Art und Weise, wie er die jüngste Erhebung Deutschlands, seit dem Jahre vierzig, diese ersten, leisen Anfänge eines wirklichen Volkslebens, aufgenommen, in dem Spott, den er über sie ausgegossen, in der Geringschätzung, mit der er sie behandelt.

Und vor Allem hat er es ausgesprochen in seinem Buch über Börne.

Niemals wohl hat die öffentliche Meinung sich gröblicher geirrt, niemals zwei, in ihrem tiefsten Grunde verschiedenere Charaktere gewaltsamer zusammengekoppelt, als indem sie, wie es lange Zeit geschah, Börne und Heine zusammen nannte, als gleiche Naturen, und auf sie hinblickte, als auf die Dioskuren der Freiheit. Es ist eine löbliche Consequenz der Heineschen Frechheit, und das Publikum ist ihm Dank dafür schuldig, daß er den Muth besessen, auch jenes Buch über Börne zu schreiben und dadurch einen langjährigen Irrthum zu vernichten. Heine will die Freiheit für sich, um des Genusses willen, Börne will sie für die Völker; Heine ist die Gironde, Börne der Berg; Heine Mephisto, der ewig Zweifelnde, Börne Faust, der ewig Ringende; in Heine bricht die Krankheit der Zeit aus, wie in einem entsetzlichen, allgemeinen Geschwür, Börne, unter Millionen Kranken, ist der einzige Gesunde, er ist der Einzige in dieser ganzen Literaturepoche, dem die Romantik nichts anhat, der niemals vergißt, daß die Freiheit das Höchste ist – der einzige Mann unter Millionen Weibern, der einzige Bürger, der einzige Politiker, zu einer Zeit, da Niemand mehr politisch sein mochte, da es für Narrheit galt, sich um die Freiheit, um das Vaterland zu bekümmern!

Wo die Krankheit regiert, da heißt die Gesundheit Krankheit; wo ein einziger Vernünftiger unter lauter Wahnwitzigen wäre, da würden bald die Wahnwitzigen für vernünftig, der Vernünftige für närrisch gelten.

Das hat Börne reichlich erfahren. Ihn schalt man krank, ihn zerrissen, ihn Verräther, darum, weil er, der getreue Eckart des Volks, nicht aufhörte uns zu sagen, daß wir krank, zerrissen, verrathen wären; er hieß mißgestaltet, häßlich, bloß weil er nicht müde ward, uns unsere Mißgestalt zu zeigen, unser Elend uns warnend vorzuhalten; ihn nannten wir Fanatiker, weil wir Andern so glaubensarm, ihn freiheitstoll, weil wir selbst so sclavisch nüchtern waren! – Börne ist kein Dichter, er war überhaupt keine künstlerische Natur, seine Leidenschaft war zu wahr, seine Begeisterung zu stürmisch, als daß er jenes schöne Ebenmaß, jene Harmonie der Form, welche das Wesen der Kunst ist, jemals hätte erreichen können; sein Schmerz war zu tief, als daß er hätte lächeln können – und doch ist nur der lächelnde Schmerz poetisch, doch nur die beruhigte Leidenschaft ist künstlerisch. Er war sogar von dem Einen, was Noth that, dem Bedürfniß der Freiheit, so ganz in Anspruch genommen, er hielt die politische Entwicklung so ausschließlich im Auge, er wollte die Freiheit so sehr nur in ihrer unmittelbarsten, eigensten Gestalt, daß er – es steht nicht zu läugnen – darüber mitunter einseitig ward und in eine gewisse ästhetische Barbarei verfiel, wie sich dieselbe namentlich in seiner Beurtheilung Goethe's zeigt.

Allein so hatten wir ja auch der Poeten, der Künstler genug, die Aesthetiker drängten sich ja auf den Gassen, die Kunst ward ja so hoch gepriesen, es gab ja so viele Goetheanbeter – warum, wie Anderen ihre Schwäche, nicht auch Börne seine Kraft zu gute halten, auch da, wo sie die heilige Grenze des Maßes, das Gesetz der Schönheit einmal überschreiten sollte?! Wir machen Goethe keinen Vorwurf daraus, daß er keine politische Natur gewesen und daß ihm der Maßstab gefehlt, die großen Thaten der Geschichte zu begreifen; erkennen wir denn auch Börne's Standpunkt, auch da, wo er einseitig ist, noch immer in seiner historischen Nothwendigkeit, seiner sittlichen Berechtigung an, zürnen wir nicht ihm, daß er nur politische Natur und daß ihm wohl öfters die Fähigkeit – und vielleicht sogar der Wille gefehlt, die Werke der Kunst, die Thaten der Schönheit zu begreifen! Wir verzeihen, daß Heine lebt, wie er lebt; verzeihen wir auch Börne, daß er gestorben, wie er starb, an gebrochenem Herzen, verzweifelnd an dem deutschen Volke, einen Fluch auf den Lippen – einen Fluch, der im Grunde doch nur Segen war, weil er nicht dem Haß, nur der Liebe entstammte, der zürnenden, eifernden, verzweifelnden Liebe!

Darin also, daß man diese schroffe, eherne, durchaus männliche Natur Börne's mit der ewig flatternden, ewig zerfließenden, durchaus weibischen Natur Heine's zusammenbrachte, darin, wie gesagt, irrte das Publikum: wie Heine selbst irrte, indem er sich zur Freiheit berufen, sich berufen wähnte, Andere zur Freiheit zu rufen. Weit mehr das Richtige, sowohl für seine eigene Individualität, als für die Zeit, in der er entstand und in die er eigentlich gehört, die Zeit vor der Julirevolution – weit das Richtigere, dünkt mich, traf Heine in dem, was er die Wiederherstellung des Fleisches nannte.

Heine ist nicht der Sohn der Revolution! Börne war es, war mehr noch als bloß ihr Sohn, war selbst Revolutionair, wäre gern der Vater einer deutschen Revolution geworden.

Heine schildert sehr lebhaft, wie lächerlich im Grunde diese revolutionaire Begeisterung Börne's ihm vorkam, wie unbehaglich er sich fühlte in der Nähe dieser ernsten, stoischen Natur; er verschweigt uns nicht, wie ekelhaft ihm diese schwieligen Hände der Arbeiter, diese Höhlen des Volks voll Rauch und Unsauberkeit waren, mit denen Börne in Berührung stand und in die er, vielleicht um Heine selbst zu beweisen, was er, Börne, gewiß schon lange wußte, Heinen gelegentlich einmal führte. Ein Sohn der Revolution hätte noch Unfeineres, noch minder Comfortables ertragen müssen. Börne ertrug es; Heine entsetzte sich davor, die Freiheit kam ihm mit einem Male außerordentlich unangenehm vor, nämlich seitdem er sie nicht mehr im Frack, in den Salons der liberalen Bourgeoisie, an den Tafeln liberaler Banquiers, sondern in der Blouse des Arbeiters, schwitzend, übelriechend, erblickte; er fühlte mit einem Male, daß er im Grunde seiner Seele eigentlich von jeher Royalist gewesen, deshalb, weil die Könige sehr gut, die Republikaner aber sehr schlecht essen, und weil in Freistaaten nur schlecht gesorgt ist für jenes Genie des Genusses, jenes ausgebildete, feine Talent der Sinnlichkeit, auf welches Heine selbst, als auf einen Adelsbrief seiner höheren Natur, so stolz ist.

Denn dies ist der Punkt: Heine ist der Sohn der Restauration. Börne ist Rousseau, der entsagende, finstere, menschenfeindliche; Heine ist der Voltaire jenes neuen *ancien régime*, das sich über dem Abgrunde der Revolution erhoben hat, das aber auch, wir wissen es! seinem zehnten August entgegengeht. –

Zu bewundern bleibt auch hier nur wieder der Muth, die Unumwundenheit, mit welchen Heine seine Genußsucht bekennt. Sie entsinnen Sich, wie Genuß von früh an die Losung der Romantiker war. So zieht Heine auch hier die Summe, er reißt das romantische Feigenblatt ab, es ist Lucinde, aber nicht mehr in der Stille ihres Boudoirs – Lucinde auf offenem Markt, auf freier Gasse! – Wonach die ganze Zeit der Restauration innerlichst hungerte und lungerte, das sie suchte in den verschiedensten Formen, dem sie nachjagte bis über die Sterne hinaus, in pietistischen Ertödtungen des Fleisches: Genuß, Kitzel, sinnliches Behagen – Heine zeigte sehr genau, was hinter all diesen Schwärmereien steckte, er hatte auch hier den großen Vorzug, den ein feiner Kritiker ihm sehr richtig abgemerkt – den Vorzug, ohne Phrase zu sein, er zerriß die letzten Illusionen – Wollt Ihr Genuß? hier: nackte Busen, üppige Schultern, derbe Hüften – und habt Ihr dazu noch Wein und Austern, was wollt Ihr mehr? Der Mensch bringt es doch nicht weiter:

Selten habt Ihr mich verstanden,
Selten auch verstand ich Euch,
Nur wenn wir im Koth uns fanden,
So verstanden wir uns gleich.

Man hat Heine, in Erinnerung an Aristophanes, den ungezogenen Liebling der Grazien genannt – oder war er selbst der Erste, der sich so nannte? Jedenfalls hat er die Bezeichnung bestens acceptirt. Dennoch ist sie falsch. Auch Aristophanes' Cynismus, selbst wo er sich am Kolossalsten äußert, beruht noch immer auf dem Grunde einer starken, strengen, zürnenden Sittlichkeit; er ist so cynisch, weil er so keusch ist. Bei Heine ist gerade das Gegentheil der Fall: nicht die Ungezogenheit der Grazie, er hat zum Höchsten die Grazie der Ungezogenheit – und auch sie verläßt ihn oft, weil es allerdings nicht leicht ist, sich mit Grazie im Koth zu wälzen.

Aber auch durch diese Ungezogenheit, durch dieses freche, nackte zur Schau tragen einer völlig rohen Genußsucht wurde Heine für seine Zeit von großer Wichtigkeit. Dieses Geschlecht trat so leis auf, wußte für seine Laster so schöne Namen, war zur Verbuhltheit auch noch so verlegen, daß es gar nicht schaden konnte, im Gegentheil, es war ein Fortschritt, daß die Sache hier einmal ohne Weiteres beim rechten Namen genannt und eine offene Wiederherstellung des Fleisches gepredigt ward, nachdem man an der Vernichtung des Geistes schon so lange, mit so glücklichem Erfolge gearbeitet hatte. – Das Heine'sche »Fleisch« ist die große Realität zu der großen Abstraction der Ironie, die große Schadloshaltung, welche der Weltschmerz sich selbst bewilligt: beide zusammen in ihrem Widerspruch und dennoch ihrer Vereinigung die hauptsächlichsten Factoren jener Poesie der Lüge und der Unwahrheit, der Nichtigkeit und der Selbstverhöhnung, welche in Heine ihren unzweifelhaft klassischen Vertreter gefunden hat.

Darum auch nächst dem Weltschmerz, welcher, nachdem Heine dieses Stichwort einmal erfunden, sogleich von einem ganzen Chor weltschmerzlicher Hänflinge nachgepipt wurde, ist es besonders dies Princip der Heine'schen Genußsucht in ihrem frechsten, unumwundensten Ausdruck, in ihrem Stolz sogar auf sich selbst, was der Zeit imponirte und was, neben Bewunderern, wie Gentz, Nachahmer und Verbreiter fand, wie den Gestorbenen.[*]

8 Heinrich von Treitschke

Deutsche Geschichte im Neunzehnten Jahrhundert [Auszug]

[1885, 1889, 1894]

Mit allen seinen Sünden ein großer und wahrhaftiger Mensch, ragte er [Byron] hoch empor über den deutschen Dichter, der zuerst versuchte unsere Poesie mit einem Hauche Byronischen Weltschmerzes

[* D.i. Hermann Fürst von Pückler-Muskau (1785–1871), dessen ›Briefe eines Verstorbenen‹ 1830/31 erschienen.]

zu erfüllen. Heinrich Heine war in Düsseldorf aufgewachsen, mitten in der Herrlichkeit der rheinischen Sagen und hatte sich, wie alle die jüngeren Romantiker, an den Liedern des Wunderhorns begeistert; doch er vermochte an diese Wunderwelt nicht so naiv zu glauben, wie der Schwärmer Eichendorff. Sein scharfer, in der Schule Hegel's durchgebildeter jüdischer Verstand und die frühreife cynische Welterfahrung, die er unter den sittenlosen Millionären Hamburgs angesammelt hatte, lehnten sich beständig auf wider die romantischen Träume. Aus diesen Widersprüchen kam er nie heraus. Von der menschlichen Größe unserer classischen Dichter besaß er nichts. Geistreich ohne Tiefe, witzig ohne Ueberzeugung, selbstisch, lüstern, verlogen und doch zuweilen unwiderstehlich liebenswürdig, war er auch als Dichter charakterlos und darum merkwürdig ungleich in seinem Schaffen. Er erlebte Augenblicke wahrer Begeisterung, wo die Muse seine Lippen weihte, wo er den Naturlaut starker Empfindung traf und mit bewunderungswürdiger plastischer Kraft anschauliche Bilder gestaltete. Oft aber mißbrauchte er sein virtuoses Formtalent um seelenlos das Anempfundene nachzudichten. Noch öfter überwältigte ihn der Drang der Selbstverhöhnung also, daß er sich von der Höhe des idealen Gefühles plötzlich mit einem Bocksprunge in die Plattheit der Zote oder des schlechten Witzes hinabstürzte und den Lesern grinsend die Unwahrheit seiner eigenen Empfindung eingestand.

An seinen Versen, die so leicht hingeworfen schienen, feilte er unablässig bis sie seinem feinen und sicheren Sprachgefühle genügten; jener höchste Künstlerfleiß aber, der sich jahrelang mit gesammelter Kraft in einen mächtigen Stoff zu versenken vermag, war ihm unerreichbar. Ihm fehlte die Gabe der Architektonik, die den Meister macht; von allen seinen geplanten größeren Werken kam keines zu Ende, nicht einmal der vielverheißende Anfang der Geschichte des Rabbi von Bacharach. Weil er dies Unvermögen insgeheim fühlte, so trug er seine Zerrissenheit prahlerisch zur Schau. Er nannte sich sich selber einen aufopfernden Schwärmer, im Gegensatze zu Goethe's Selbstsucht; indeß war er doch zu weltklug und auch zu sehr ein Künstler, um, wie Börne, den Altmeister öffentlich zu lästern. Seine beflissenen journalistischen Kameraden priesen ihn als den Dichter mit der lachenden Thräne im Wappen, der das Geheimniß entdeckt habe, zugleich durchnäßt und verbrannt zu sein, und nannten es erhabenen Weltschmerz, wenn er zwischen Spott und Sehnsucht haltlos schwankte. Dieser Weltschmerz aber entstammte nicht der Verzweiflung eines starken und trotzigen Geistes, sondern der Unfähigkeit die poetische Stimmung ausdauernd festzuhalten.

Heine begann mit weichlichen Minneliedern auf wunnevolle Magedein und mit allerhand süßlich witzelnden Feuilleton-Artikeln. Erst seine ›Harzreise‹ (1826) erregte einen Sturm des Beifalls, dem sich selbst die höfische Gesellschaft nicht entzog. Der burschikose Humor, der hier sein ausgelassenes Wesen trieb, Alles von der lächerlichen Seite nahm, Hoch und Niedrig mit seinen Pritschenschlägen traf, erschien in dem dumpfen und gedrückten Leben dieser Tage fast wie eine befreiende That. In den Nordseegedichten bewährte er sodann sein Talent der Naturschilderung auf einem noch ganz unbebauten Gebiete. Alle unsere Dichter bisher waren Binnenländer, Heine zuerst schilderte den Deutschen die Majestät des Weltmeeres. Aber die Fortsetzung der ›Reisebilder‹ entsprach dem glänzenden Anfang nicht. Die Gestaltungskraft des Dichters erlahmte sichtlich. Er reihte nur noch sentimentale Nachklänge aus Yorick's ›Empfindsamer Reise‹, novellistische Bruchstücke, politische und philosophische Betrachtungen locker aneinander; und diese geschmacklose Vermischung von Poesie und Prosa behagte, weil sie gar so bequem war, der Trägheit der Schriftsteller wie der Leser, so daß die deutsche Poesie des nächsten Jahrzehnts sich fast ganz in pikante Feuilleton-Plauderei verflüchtigte. Eigenthümlich war in den letzten Bänden der ›Reisebilder‹ nur die Frechheit der Unzucht; sodomitische Schmutzereien, wie sie Heine in seiner niederträchtigen Polemik gegen Platen vorbrachte, hatten den Tempel der deutschen Dichtung bisher noch niemals geschändet. Mit dem Schatten Napoleon's trieb er einen Götzendienst, der selbst die Schmeichelreden des napoleonischen Senats noch überbot, und diese Bedientengesinnung erschien um so ekelhafter, da sie offenbar gutentheils der Gefallsucht entsprang: durch die Verherrlichung des Genius wollte der eitle Dichter zugleich seine eigene Größe verklären.

Sein ›Buch der Lieder‹ brachte neben vielen leeren Nachahmungen auch einige Gedichte, welche den besten Werken der deutschen Romantik nicht nachstanden. Denn Heine war nicht nur ein unvergleichlich reicherer Geist als Börne, der allen Wein des Lebens in die Schläuche der Politik füllte, sondern auch weit mehr ein Deutscher als sein Frankfurter Stammgenosse. In den Stunden, da er ein Dichter war, empfand er ganz deutsch. Deutsches Gemüth sprach aus der kleinen Zahl seiner wirklich erlebten Liebesgedichte, aus seinen Frühlingsliedern, auch aus dem Liede vom Fichtenbaum und der

Palme, das für die Wandersehnsucht der Germanen sinnige Worte fand und nur durch die übermäßige Wiederholung seinen Zauber verloren hat. Und wenn er als ein geschickter Macher das Lied von der Loreley, die glückliche Erfindung Clemens Brentano's, neu gestaltete, so durfte er sich doch rühmen, daß er einem schönen Stoffe die der nationalen Empfindung entsprechende Form gegeben und sein Eigenthum genommen habe wo er es gefunden.

Jenes unwillkürliche, freudige Verständniß, das große Dichter bei ihrem Volke zu erwecken wissen, hat Heine nie gefunden. Die Deutschen kamen mit ihm niemals recht ins Reine, sie nahmen ihn stets zu ernst. Der lose Schalk wollte unterhalten, rühren, verblüffen und vor Allem gefallen; auf den Inhalt seiner Worte gab er nichts. Er spielte von früh auf den politischen Märtyrer, obgleich ihm noch Niemand ein Haar krümmte und die vereinzelten Verbote seiner Schriften nur die gewöhnliche Wirkung hatten, den Absatz der Bücher zu vermehren. In Wahrheit betrachtete er, nach dem guten Rechte des Humoristen, alle Politik nur als ein Mittel für seine literarischen Zwecke; das hohle politische Geschwätz, das er in seine Schriften einflocht, sollte blos blenden und kitzeln, während Börne im ganzen Ernst politische Zwecke zu verfolgen glaubte und nur nicht fähig war einen politischen Gedanken zu finden. Seine Schuld war es nicht, daß die Leser in den Witzen einen tiefen Sinn suchten. Der einzige politische Gedanke, den er sein Lebelang treulich festhielt, war der Todhaß gegen Preußen, und dieser Haß war nicht ganz frivol, nicht ohne naturwüchsige Kraft; in ihm verrieth sich der Rheinländer. Wenn Heine über die preußischen Soldaten spottete: »der Zopf, der ehmals hinten hing, der hängt jetzt unter der Nase«, so meinte man einen Düsseldorfer Gassenbuben oder einen Kölnischen Carnevals-Gecken zu hören und erkannte beruhigt, daß dieser Deutsch-Jude doch eine Heimath hatte. Im Uebrigen ward sein politisches Urtheil lediglich durch die Launen des Augenblicks und durch ästhetische Neigungen bestimmt. Nach Byron's Vorbild suchte er die Blüthe der Menschheit auf den Höhen oder in den Tiefen der Gesellschaft; das Bürgerthum, in dem die neue deutsche Literatur ihre Wurzeln hatte, war ihm lächerlich und langweilig, unter bürgerlicher Tugend verstand er die zahlungsfähige Moral seiner Hamburger Börsenmänner. Auch er liebte Deutschland auf seine Weise, ebenso aufrichtig wie Börne und mit feinerem Verständniß, und auch er überhäufte das Land seiner Liebe unaufhörlich mit den Schmähreden jüdischen Hohnes. Die radicale Jugend fand es witzig, wenn er ihr die freche Albernheit ins Gesicht warf: der Engländer liebe die Freiheit wie sein rechtmäßiges Weib, der Franzose wie seine Braut, der Deutsche wie seine alte Großmutter.

Wie Börne ließ auch Heine sich taufen, aus verächtlichen Gründen und ohne jeden Erfolg; die duldsame öffentliche Meinung aber ließ es sich wohl gefallen, daß diese beiden abtrünnigen Juden mit ihrem »großen Judenschmerze« prunkten. Heine haßte das Christenthum noch weit ingrimmiger als Börne. »Es giebt schmutzige Ideenfamilien – schrieb er einmal. Zertritt man eine dieser Ideenwanzen, so läßt sie einen Gestank zurück, der jahrtausendelang riechbar ist. Eine solche ist das Christenthum, das schon vor achtzehnhundert Jahren zertreten worden und das uns armen Juden seit der Zeit noch immer die Luft verpestet.« Und doch empfand er zuweilen die Macht der christlichen Liebe und den künstlerischen Reiz des katholischen Cultus; das himmlische Lächeln eines Madonnenbildes konnte ihn ebenso entzücken wie das geheimnißvolle Licht der Sabbathlampe. Während große Künstler mit den Jahren sich läutern, sank er, haltlos und friedlos, immer tiefer herab zur gemeinen Spötterei. Sein Evangelium der Lebenslust, das er in seiner Jugend noch durch den Cultus der Schönheit geadelt hatte, verflachte und vergröberte sich zu einer schmutzigen und prosaischen Religion des Fleisches, und bald setzte er seiner Selbstverhöhnung die Krone auf durch das behagliche Geständniß

Selten habt Ihr mich verstanden,
Selten auch verstand ich Euch.
Nur wo wir im Koth uns fanden,
Da verstanden wir uns gleich!

Mit Börne und Heine, mit dem Einbruch des Judenthums, kündigte sich eine neue literarische Epoche an, die zum Glück nicht lange währen sollte, die häßlichste und unfruchtbarste Zeit unserer neuen Literaturgeschichte. Seit Lessing's Tagen hat keine deutsche Dichterschule so viel Unfrieden gesät und so wenig Dauerndes geschaffen wie die radicale Feuilleton-Poesie der dreißiger Jahre. –

[...]

Seit Heine nach Paris übergesiedelt war, begann sein lyrisches Talent rasch zu versiegen, in einem wüsten, zerstreuten Leben ward sein Herz leerer, sein Gefühl stumpfer. An umfassende Werke durfte er sich ohnehin nicht wagen; denn die künstlerische Composition großen Stiles gelingt meist nur der massiven Kraft der Arier;

selbst die Wunderwerke orientalischer Kunst, selbst der Säulenwald der Moschee von Cordova oder die schimmernden Tropfsteingewölbe der Alhambra bilden mit aller ihrer Pracht doch kein Ganzes. Außer einigen Liedern und dem Bruchstück einer unsauberen Novelle ›Schnabelewopski‹ brachte Heine in diesem Jahrzehnt keine Dichtung mehr zu Stande. Was der Tag gab oder forderte nahm ihn ganz in Anspruch; in allerhand literarischen Capriccios verarbeitete er diese Eindrücke und sammelte dann die Fragmente unter den Titeln: ›Zustände‹, ›Zeitbilder‹, ›Reisebilder‹ – neuen Namen, denen er das Bürgerrecht im deutschen Feuilletonstile eroberte. Um sein zerstückeltes Schaffen zu beschönigen, verkündete er der Welt prahlerisch, daß er sich berufen fühle, zwischen der Gesittung der beiden Nachbarvölker zu vermitteln, und die deutschen Liberalen glaubten ihm treuherzig.

Richtiger beurtheilten ihn die Franzosen. Sie merkten bald, daß er von französischer Politik nicht das Mindeste verstand, und aus seinen witzelnden Betrachtungen über die deutsche Literatur konnten sie auch nichts lernen; die einsichtigsten seiner Pariser Freunde fanden, er verkenne seine dichterische Begabung, wenn er sich zum Lehrer der Völker berufen glaube. Doch waren sie klug genug, »diesen neuen Alliirten Frankreichs« durch Schmeicheleien warm zu halten, denn so unterthänig hatte ihnen noch nie ein Ausländer den Staub von den Schuhen geküßt. Engländer und Franzosen pflegten, wenn sie zu uns kamen, sich darüber aufzuhalten, daß unser Volk nicht ihre Sprache redete; den gutmüthigen Deutschen aber beschlich eine scheue Ehrfurcht sobald er bemerkte, wie in Frankreich jeder dumme Bauer französisch sprechen konnte. Und ganz so wie der naive deutsche Philister empfand auch dieser geistreiche Jude. Alles in Frankreich erschien ihm feiner, schöner, vornehmer als daheim und erstaunt schrieb er – nach seiner Weise halb spottend halb im Ernst: – »so eine *Dame de la Halle* spricht besser französisch als eine deutsche Stiftsdame von vierundsechzig Ahnen.« In seinen ›Französischen Zuständen‹ fand er kaum Worte genug für seine fremdbrüderliche Begeisterung: »die Franzosen sind das auserlesene Volk der neuen Religion, Paris ist das neue Jerusalem, und der Rhein ist der Jordan, der das geweihte Land der Freiheit trennt von dem Lande der Philister.« Unablässig pries er den neuen »Bürgerkönig ohne Hofetikette, ohne Edelknaben, ohne Courtisanen, ohne Kuppler, ohne diamantene Trinkgelder und sonstige Herrlichkeiten«; aber auch die »Bergprediger, welche von der Höhe des Convents zu

Paris ein dreifarbiges Evangelium herabpredigten, in Uebereinstimmung mit der Ansicht jenes älteren Bergpredigers«; und dann wieder den großen Napoleon, der im Freiheitskriege nur der Macht der Dummheit unterlag, was aber wenig schadete, weil »die Franzosen sogar durch ihre Niederlagen ihre Gegner in Schatten zu stellen wissen«. Derweil er unter seinen Fenstern den Pariser Pöbel brüllen hörte: »Warschau ist gefallen, Tod den Russen, Krieg den Preußen!« – versicherte er dreist, nur die Feinde der Demokratie hetzten die nationalen Vorurtheile auf, der französische Patriotismus umfasse das gesammte Land der Civilisation mit seiner Liebe, der deutsche ziehe das Herz zusammen wie Leder.

Zugleich gebärdete er sich als politischer Flüchtling und sprach weinerlich von seinem Exile, während er in Wahrheit allein durch seine Genußsucht und seine französischen Neigungen in Paris zurückgehalten wurde. Bald sank er noch tiefer und verkaufte sich dem französischen Hofe; er erbat und empfing viele Jahre hindurch einen Gehalt aus den geheimen Fonds. Zum Danke fuhr er fort sein Vaterland zu begeifern, aber die höhnischen Ausfälle gegen Ludwig Philipp, die er sich früherhin zuweilen erlaubt, hörten auf. Als er darauf eine Zeitschrift gründen wollte, die auf den Absatz in Preußen berechnet war, wendete er sich durch Varnhagen's Vermittlung an die preußische Regierung um heilig zu betheuern, wie dankbar er Preußens Verdienste um das Bastardsvolk seiner rheinischen Heimath anerkenne; die Rheinländer, diese Belgier, die alle Fehler der Deutschen aber keine Tugend der Franzosen besäßen, seien erst durch Preußen wieder zu Deutschen geworden. Im Berliner Ministerium würdigte man diese Versicherungen nach Gebühr, und sobald Heine erfuhr, daß sein Gesuch vergeblich sei, schimpfte er sogleich wieder nach alter Gewohnheit auf die »Berliner Ukasuisten und Knutologen«, und rief die rheinischen Bogenschützen auf, den häßlichen schwarzen Adler von der Stange zu schießen. Die deutschen Liberalen aber ließen sich in ihrer Bewunderung nicht stören, als im Jahre 1848 das geheime zwischen Guizot und Heine abgeschlossene Handelsgeschäft endlich an den Tag kam; der entlarvte Söldling Frankreichs blieb ihnen nach wie vor ein Apostel deutscher Freiheit, und wer etwa noch schüchtern zu behaupten wagte, die Grundsätze der Ehre und der Rechtschaffenheit müßten doch wohl auch für Heine gelten, wurde von der herrschenden Literatenschule als ein geistloser Mensch abgefertigt.

Etwas mehr greifbaren Inhalt boten die leichten Plaudereien, mit denen Heine die Pariser über die Geschichte der deutschen Religion, Philosophie und Literatur zu belehren suchte; hier war der Schüler Hegel's doch nicht so ganz steuerlos wie auf der hohen See der Politik. In den Kern der Sache vermochte er freilich auch hier nicht einzudringen; was konnte ein Mann, dem jede tiefe religiöse Empfindung fremd war, über die Religion sagen? Er half sich nach Dilettantenbrauch durch eine starre Formel, indem er den gesammten wechselreichen Ideenkampf der Geschichte auf den einfachen Gegensatz von Sensualismus und Spiritualismus, Weltbejahung und Weltverneinung zurückführte, das ganze Menschengeschlecht in fette Griechen und dürre Nazarener eintheilte. Unter seinen Händen ward jetzt Alles unrein. In den seltenen Augenblicken, da er noch ein Dichter war, versuchte er »die religiöse Verklärung, die Rehabilitation der Materie« als einen Cultus der Schönheit zu rechtfertigen; doch sobald er sich gehen ließ, betete er nicht mehr zu den olympischen Göttern der Hellenen, sondern zu der Astarte und dem goldenen Kalbe der Semiten. Zu geistreich und zu weltklug um seinen ingrimmigen Christenhaß offen zu bekennen, verfiel er aus einem Widerspruche in den andren; bald verglich er das Christenthum mit einer ansteckenden Krankheit, bald nannte er es eine Wohlthat für die leidende Menschheit. In Luther sah er nur den Helden des strengen Spiritualismus – in ihm, der doch grade die Weltbejahung auf dem Boden des Christenthums erneuert, dem Staate, dem Hause, aller redlichen irdischen Arbeit ihre sittliche Berechtigung wiedergegeben hat. Ebenso oberflächlich betrachtete er die deutsche Philosophie lediglich als eine Macht der Zerstörung und Zersetzung; also konnte er leicht zu dem erwünschten Schlusse gelangen, daß der Pantheismus die verborgene Religion unseres Volkes sei, und die Deutschen demnächst, nach Vollendung ihrer Philosophie, gleich den Franzosen »ihre Revolution ausarbeiten« würden. Die sittliche Strenge der Pflichtenlehre Kant's verstand er ebenso wenig wie die erhaltenden, aufbauenden Gedanken der Schelling-Hegel'schen Geschichtsphilosophie, und von dem stillen Wachsthum der kirchlichen Frömmigkeit, das dem Uebermuthe des philosophischen Radicalismus als nothwendiger Rückschlag folgte, ahnte er gar nichts. Wie leer, öde, langweilig erschien doch diese neue Form des Unglaubens! Die alte Aufklärung glaubte noch an den ewigen Fortschritt der Menschheit, sie hoffte noch auf einen Tag des Lichtes; die moderne Lehre der Verklärung des Fleisches verhöhnte Alles was Menschen menschlich an einander bindet, und schließlich blieb ihr nichts mehr übrig als der souveräne Einzelmensch, der sich nach Belieben im Genusse ungezählter Grisetten und Trüffelpasteten ergehen konnte.

In seinen Kunstberichten besprach Heine die Ausstellungen des Pariser ›Salons‹ mit seinem Verständniß; er lenkte die Blicke der Deutschen zuerst auf die farbenfrohe Malerei der Franzosen, und manches der neuen Gemälde begeisterte ihn zu schönen, hochpoetischen Schilderungen. Doch überall drängte sich sein Ich anmaßend und gefallsüchtig vor; seine besten Arbeiten verdarb er sich durch Zoten oder Lästerungen, durch politische Kannegießerei oder unfläthige Ausfälle auf seine literarischen Gegner, die er mit der ganzen Unersättlichkeit jüdischen Hasses bis über das Grab hinaus verfolgte. Eben jetzt befand sich die französische Literatur in trüber Gährung, auf die kurze schöne Blüthezeit der Restauration folgte ein jäher Verfall. Der Kampf des Tages riß alle guten Köpfe in seine Strudel; zu reinem künstlerischen Schaffen vermochte in der allgemeinen Hast fast Niemand mehr sich zu sammeln, unter unzähligen lärmenden Mittelmäßigkeiten brachte die neue Zeit nur einen einzigen starken Dichtergeist hervor, die George Sand. Die classische Formenschönheit des Zeitalters Ludwig's XIV. wurzelte sehr tief in den Gefühlen und Ueberlieferungen der Nation; darum führte der Kampf wider die akademischen Regeln hier nicht, wie vormals in Deutschland, zu einem neuen freieren Idealismus, sondern zur Auflösung aller Kunstformen, zur Zersetzung aller Ideale. Die französische Romantik ging in einem wüsten socialen Radicalismus zu Grunde. Sinnlich, unklar, weichlich, setzte sie das Obscöne und Gräßliche an die Stelle der Leidenschaft, sie bekämpfte den Staat, die Gesellschaft, die Ehe, sie wühlte in Blut und Koth, sie schwelgte bald in begehrlichen Träumen bald in dem Weltschmerz der Uebersättigung und vermochte gleichwohl nichts Neues zu schaffen. Nur im Widerspruche gegen die bestehende Ordnung fand sich die Willkür dieses zügellosen Subjectivismus zusammen; seit Beranger und Chateaubriand ihre neue Freundschaft schlossen, gehörten die literarischen Talente fortan allesammt der Opposition.

Ohne Widerstand überließ sich Heine's empfänglicher, unselbständiger Geist allen den verworrenen Gedanken, welche dieser fieberisch erregten, und doch altersschwachen, epigonenhaften Literatur entströmten. Begierig schlürfte er den Schaum von jedem Pariser Feuertranke; sogar die socialistischen Hirngespinnste des Vaters Enfantin begeisterten ihn eine Zeit lang, bis ihn der ästhetische Widerwille des Dichters und des Weltkindes von dem »ganz communen, feigenblattlosen Communismus« wieder abzog. Von dauernden Ergebnissen ließ diese zerfahrene Schriftstellerei nichts zurück als einige schöne Lieder und eine Masse theils guter, theils gemeiner Witze; jedoch ihre augenblickliche Wirksamkeit war ungeheuer. Heine wurde, die Franzosen selbst überflügelnd, der Meister des europäischen Feuilletonstils, der Bannerträger jener journalistischen Frechheit, die alle Höhen und Tiefen des Menschenlebens mit einigen flüchtigen Einfällen abthat. Seine internationalen Stammgenossen, die überall schon, vorerst noch vorsichtig in zweiter Reihe, ihre Zeitungsgeschäfte aufschlugen, verherrlichten ihn darum über alles Maß hinaus. Man nannte ihn den anderen Aristophanes, den ungezogenen Liebling der Grazien, und vergaß nur den handgreiflichen Unterschied, daß die aristophanische Ausgelassenheit der Ueberkraft eines schöpferischen Genius entsprang, die Ungezogenheit Heine's dem künstlerischen Unvermögen eines kleineren Geistes, der nichts Mächtiges schaffen konnte und sich durch spöttischen Uebermuth selber trösten mußte.

Seine verlassenen Landsleute bethörte Heine durch jenen Zauber des Fremdartigen, dem die weitherzige deutsche Natur so selten widersteht. So lange die Deutschen dichteten, hatte sich ihnen die schöne Form immer erst aus dem reichen Inhalt ergeben, und wie viele unserer großen Dichter waren nie dazu gelangt, für ihre hohen Gedanken die rechte künstlerische Form zu finden. In Heine erschien uns zum ersten male ein Virtuos der Form, der nach dem Inhalt seiner Worte gar nicht fragte. Er rühmte sich seiner »göttlichen Prosa«, einer Prosa, welche freilich, weil sie beständig nach dem Effekt haschte, mit den Jahren immer manierirter wurde, aber die sorgsame Feilung nie vermissen ließ. Durch diesen gesucht nachlässigen, schillernden, flunkernden Stil suchte er seinen Lesern Alles, gleichviel was, mundgerecht zu machen. Er besaß was die Juden mit den Franzosen gemein haben, die Anmuth des Lasters, die auch das Niederträchtige und Ekelhafte auf einen Augenblick verlockend erscheinen läßt, die geschickte Mache, die aus niedlichen *Riens* noch einen wohlklingenden Satz zu bilden vermag, und vor Allem jenen von Goethe so oft verurtheilten unfruchtbaren Esprit, der mit den Dingen spielt ohne sie zu beherrschen. Das Alles war undeutsch von Grund aus. Geboren in Kämpfen des Gewissens, war die Sprache Martin Luther's allezeit die Sprache des Freimuths und des wahrhaftigen Gemüthes geblieben; sie nannte die Sünde Sünde, das

Nichts ein Nichts, und Goethe erwies sich wieder einmal als der Herzenskündiger seines Volkes, da er sagte: »Im Deutschen lügt man wenn man höflich ist.« Aber gerade weil die Deutschen fühlten, daß sie in den Künsten des Pikanten und Charmanten mit dem gewandten Juden nie wetteifern konnten, ließen sie sich von ihm blenden, sie hielten für künstlerischen Zauber, was im Grunde nur der prickelnde Reiz der Neuheit war.

Es währte lange, bis sie sich eingestanden, daß deutschen Herzen bei Heine's Witzen nie recht wohl wurde. War er doch schlechthin der einzige unserer Lyriker, der niemals ein Trinklied gedichtet hat; sein Himmel hing voll von Mandeltorten, Goldbörsen und Straßendirnen, nach Germanenart zu zechen vermochte der Orientale nicht. Es währte noch länger, bis man entdeckte, daß Heine's Esprit keineswegs Geist war im deutschen Sinne. Ueberall, wo er ernsthaft redete, ward er als ein falscher Prophet erfunden; was er für todt hielt lebte, was er lebendig nannte war todt. Von den wahren Zeichen der Zeit, welche Thomas Carlyle damals schon in seinem tiefsinnigen Buche über die französische Revolution klar erkannte, von Frankreichs Verfall und dem stillen Erstarken des preußischen Deutschlands ahnte Heine nichts. Dann vergingen wieder Jahre, bis man endlich lernte, die flüchtige Zeitungsliteratur nach ihrem wirklichen Werthe zu schätzen; Heine's Ruhm schrumpfte zusammen, seit die Welt sich gewöhnte, das Feuilleton nur zu durchblättern, seine Eintagsgedanken auch an einem Tage zu vergessen.

Für die zeitgenössischen Dichter aber ward das Beispiel des gefeierten Pariser Feuilletonisten verderblich. Schon Lord Byron hatte durch die geniale Willkür seiner Abschweifungen und Beschreibungen die Reinheit der Kunstformen oft gefährdet; doch er schrieb noch in Versen, in Versen von wunderbarer Schönheit, so daß der Adel der Poesie niemals ganz verloren ging. Erst Heine zerstörte durch seinen Feuilletonstil gänzlich die Schranken, welche Poesie und Prosa ewig trennen werden. Er behing den nüchternen Stoff seiner Kunsturtheile und Stimmungsberichte, seiner literarischen und politischen Erörterungen mit allerhand Flittern und Floskeln, die nicht poetisch waren aber poetisch wirken sollten. Darum beehrte ihn sein Bewunderer Arnold Ruge mit dem lächerlichen Namen eines »kritischen Dichters«. Seine Prosa schritt nicht auf gerader Bahn dem Ziele zu, sondern schlenderte tändelnd und Blumen suchend seitab vom Wege dahin. Vor Zeiten, so lange die akademischen Regeln herrschten, wurde die Dichtung von der Prosa geknechtet und hieß bei den Franzosen nur »die schönste Gattung der Prosa«. Seitdem hatte in Deutschland die Poesie längst auf eigenen Füßen zu stehen gelernt und auch die ungebundene Rede schon so viel geschmeidige Kraft gewonnen, daß sie sich, sobald sie Gestalten bildete, neue, bisher unerhörte Kühnheiten erlauben durfte. Was Heine schuf war aber nicht die berechtigte poetische Prosa des Romans oder der Novelle, sondern ein krankhafter Zwitterstil, weder Fisch noch Fleisch: prosaischer Stoff erschien in prosaischer Form und erhob doch den Anspruch als freies Kunstwerk genossen zu werden. Kein Wunder, daß dem kritischen Dichter, der in seiner Eigenart doch unerreichbar blieb, bald in langer Reihe poetische Kritiker folgten, die sich einbildeten Künstler zu sein, weil sie einige Beutestücke aus dem reichen Bilderschatze deutscher Dichtung in ihre Urtheile verwebten. Manches schöne Talent verdarb in dieser schillernden Prosa und entfremdete sich gänzlich dem Wohllaut des Verses.

[...]

Auf die Dauer konnte das leere Geplauder des Feuilletons dem Künstlersinne Heine's doch nicht genügen; er sammelte sich wieder zu poetischer Arbeit, und manche seiner neuen Gedichte standen den älteren gleich. Selbst in dem Liederstrauße, den er unbefangen neun Pariser Straßendirnen zugleich darbot, dufteten einzelne frische Blüthen. So dreist, so lebendig hatte er sein Evangelium von der Verklärung des Fleisches noch nie verkündigt, wie jetzt in den Versen:

Vernichtet ist das Zweierlei,
Das uns so lang bethöret.
Die dumme Leiberquälerei
Hat endlich aufgehöret.

Die Gesinnungstüchtigkeit der neuen politischen Lyrik, die ihn so widerwärtig an die verhaßten teutonischen Gesänge des Befreiungskrieges erinnerte, dachte er zu überwinden durch den ›Atta Troll‹, einen Sommernachtstraum, der phantastisch sein sollte, zwecklos wie die Liebe, wie das Leben. Er überwand sie nicht, obwohl er zu ihrer Verhöhnung das glückliche Schlagwort erfand »kein Genie, doch ein Charakter«; denn sein eigenes Gemüth empfand längst nicht mehr frei genug um sich unbefangen im Spiele des Humors zu ergehen. Der ›Atta Troll‹ wurde keineswegs, wie der Dichter meinte, das letzte freie Waldlied der Romantik, sondern grade durch den bewußten Kampf wider die Tendenz selbst ein Tendenzgedicht;

ihm fehlte nicht nur, wie allen größeren Versuchen Heine's, die geschlossene künstlerische Composition, sondern auch die Einheit der Stimmung. An dem dünnen Faden einer albernen, nicht einmal drolligen Bärengeschichte war allerhand feuilletonistischer Kleinkram aufgereiht: Landschaftsschilderungen aus den Pyrenäen, Zauberbilder von der Hexenküche und der wilden Jagd, vornehmlich aber politische und literarische Bosheiten jeder Art. Reich an schönen Bildern und bestechenden übermüthigen Witzen wirkte das Ganze doch nicht heiter, nicht befreiend. Der Waldesduft der unschuldigen Märchenwelt vertrug sich nicht mit dem Schwefeläther journalistischer Polemik; die vierfüßigen Trochäen, die nur durch das heroische Pathos spanischer Grandezza Kraft und Feuer gewinnen können, klangen hier, wo sie einem komischen Stoffe aufgezwängt wurden, eintönig, einschläfernd, wie das Geplätscher aus dem Brunnenrohre.

Weit freier und ehrlicher, aber auch noch schmutziger und frecher gab sich Heine in dem Wintermärchen: ›Deutschland‹ (1844); er schrieb es nieder, nachdem er, völlig unbelästigt durch die Behörden, sein Vaterland noch einmal besucht hatte. Hier war Alles Tendenz; hier zeigte sich, daß der ›Atta Troll‹ durchaus nicht die prosaische Herabwürdigung der freien Kunst bekämpft hatte, sondern lediglich die politische Richtung der neuen Zeitlyriker. Diese jungen Propheten fühlten sich zumeist doch stolz als Söhne eines großen Vaterlandes; Heine's Tendenz aber blieb nach wie vor alles deutsche Wesen zu verhöhnen, obgleich ihn dann und wann einmal ein leises Heimweh beschlich. Er hatte sich seiner Nation entfremdet und stand den neuen Ideen, welche Deutschland jetzt durchrauschten, ebenso verständnißlos, ebenso reaktionär gegenüber, wie einst Nicolai und die Berliner Aufklärer unserer jugendlichen classischen Dichtung. Was ihm auch im neuen Deutschland begegnen mochte, Alles und Jedes riß er in den Staub; auf jeder Seite des ›Wintermärchens‹ kicherte er schadenfroh: es wird nichts daraus, es kann nichts daraus werden; und den Siegern von Dennewitz und Belle Alliance, die in ihrem neuen Helmschmucke so bald wieder zum dritten male den alten Siegesweg nach Paris ziehen sollten, sang er weissagend die Warnung zu: »Des Mittelalters schwerer Helm könnt' Euch geniren im Laufen!« Aber all dieser Hohn und Haß kam unzweifelhaft aus den Tiefen des Herzens. Auch das leichte gereimte Versmaß mit seinen scheinbar kunstlosen und doch dem Genius unserer Sprache fein abgelauschten Hebungen und Senkungen gab dem ›Wintermärchen‹ einen frechen Schwung, der den Künsteleien des ›Atta Troll‹ fehlte; die alte Sprachgewalt war dem Dichter auch jetzt noch geblieben, und in Paris wollte man sein Französisch nie recht gelten lassen, denn wer einer Sprache gänzlich Meister ist kann eine zweite fast niemals völlig beherrschen. Um den Besuch des alten Vaterlandes würdig abzuschließen fragte Heine zum Abschied nach der Zukunft Deutschlands und erblickte ihr Bild – im Nachtstuhle Karl's des Großen: »es war als fegte man den Mist aus sechsunddreißig Gruben!« Grade dies Gedicht, eines der geistreichsten und eigenthümlichsten aus Heine's Feder, mußte den Deutschen zeigen was sie von diesem Juden trennte. Die arischen Völker haben ihren Thersites, ihren Loki; einen Ham, der seines Vaters Scham entblößt, kennen nur die Sagen der Orientalen.

Daß ein englischer, ein französischer oder italienischer Jude sich je erfrecht hätte sein Geburtsland dermaßen mit Unflath zu bewerfen, war schlechthin undenkbar. Der deutsche Nationalstolz aber, unfertig wie er war, bald überreizbar, bald stumpf, ertrug auch dies. Derweil die ernsten Männer sich angeekelt abwendeten, behielt Heine unter der radicalen Jugend noch immer Verehrer, und bald wagte er in seinen ›Zeitgedichten‹ jene Schmutzereien noch zu überbieten. Ueber dem stinkenden Sumpfe der ›Lobgesänge auf König Ludwig von Baiern‹ erglänzte noch dann und wann das Irrlicht eines schlechten Witzes; doch den Spottliedern auf Preußen und sein Herrscherhaus fehlte jeder Hauch künstlerischer Anmuth, feinen Scherzes; hier erklang nur noch das »steiniget ihn, kreuziget ihn«, das blödsinnige Wuthgeheul jüdischen Hasses. »Ihr sollt es ersäufen oder verbrennen«, so sprach er über Preußen, den Wechselbalg, das Ungethüm, unter einem Aufwande sodomitischer Bilder, wie sie nur seiner unreinen Phantasie entsteigen konnten. Und wieder unter sodomitischen Schmutzreden schilderte er die Hohenzollern, das Geschlecht Friedrich's des Großen, also:

Das Brutale in der Rede;
Das Gelächter ein Gewieh'r;
Stallgedanken, und das öde
Fressen – jeder Zoll ein Thier!

Nicht lange nachher verfiel er einer schrecklichen Krankheit, die ihn bis zum Tode an das Bett fesselte. Er ertrug sie standhaft – allerdings nicht ohne der Welt die Qualen seiner »Matratzengruft« mit orientalischem Marktgeschrei zu verkündigen – und blieb der Alte, ein Dichter, der Schönheit ebenso mächtig wie der Niedertracht. Sein letzter Ausgang, bevor er für immer der freien Luft entsagen mußte, führte ihn in den Louvre, zu der Stelle, wo das Standbild der Venus von Melos leuchtend aus der rothen Wand heraustritt. Dort vor dem Bilde der Göttin, die ihm so viel Lust und so viel Leid geschenkt, brach er weinend zusammen – ein erschütternder Anblick für Jeden, der Menschenschuld und Menschenruhm menschlich zu verstehen vermag.

9 Xanthippus

Was dünket euch um Heine? Ein Bekenntnis [Auszug] [1888]

I

»Das Vorherrschen der *Kunstidee* machte Heine zum *echten Deutschen* und brachte ihm den Kranz der Unsterblichkeit ein.« Diese Worte trug Walter Robert-tornow (sic!) mit der ihm eignen Gelassenheit im Jahre 1883 vor, als der Heine-Kultus zwar schon hoch gestiegen war, aber doch noch nicht die Verheerungen angerichtet hatte, deren Zeugen wir heute schaudernd werden müssen. Heines Kunstidee – Heine ein echter Deutscher!

Es ist das eines unter tausenden von Urteilen über Heine, die im Schwange sind. Aber es empfiehlt sich, ihnen gegenüber auf die Herkunft zu achten. Der Name Robert-tornow, der sich in weiterer Metamorphose zu einem einfachen Tornow gestaltete, war ursprünglich das Pseudonym für den auch als Poet bekannten Freund Heines, den Bruder der Rahel Levin. Er schrieb sich Ludwig Robert; es klang doch angenehmer, und Rahels eigner Gatte, Karl August Varnhagen, Heines Düsseldorfer Landsmann, bezeichnete diese litterarisch als Rahel Robert. Wer sich mit der Heine-Litteratur zu befassen genötigt ist, darf solche Dinge ja nicht für unerheblich halten.

Was mich veranlaßt, zu dieser Heine-Litteratur, die ins Unermeßliche anschwillt, sei das Privileg der Hamburger Firma Hoffmann und Campe gefallen ist, ein bescheidenes Scherflein beizusteuern, darf ich ohne Anmaßung als mein *deutsches Empfinden*, oder was beinahe dasselbe ist wie dieses, als meine *Liebe zu Goethe* bezeichnen. Auch bin ich persönlich dazu herausgefordert worden.

Der geduldige Leser wird in den folgenden Ausführungen, die, ich empfinde es selbst, zum Teil etwas kraus erscheinen mögen, diesen meinen Standpunkt doch scharf genug hervorgehoben finden.

Es handelt sich um ein Bekenntnis, um Stellungnahme in unserm geistigen Leben, das eine Scheidung der Geister gebieterisch fordert. Zuzugeben habe ich von vornherein, daß eine *rein* litterarische Würdigung Heines – vor einiger Zeit hätte ich gesagt *noch nicht*, heute muß ich sagen *nicht mehr* – möglich ist.

Das Nationale muß die heutige Betrachtung in erster Linie bestimmen. Heine ist ein Pfahl in unserm Fleische geworden. Es bedarf einer Operation. Die Gefahr der Blutvergiftung der deutschen Natur ist aufs bedrohlichste gesteigert. Die rein litterarische Würdigung, von dem trefflichen Karl Gödeke übrigens längst geleistet, wie noch kürzlich Wolfgang Kirchbach anerkannte, thut es nicht.

Wer deutsche Denkart und Sitte liebt, darf sich nicht scheuen, wie doch viele tüchtige Männer leider immer noch thun, die Wurzeln jener anders gearteten Heinischen Denkweise bloßzulegen. Er wird sich freilich damit, wie man sagt, in die Nesseln setzen. Wer möchte es auch einem friedfertigen Menschen verübeln, daß er sich von dem widrigen, rohen Fanatismus einer einflußreichen, ja mächtigen, geschlossenen und gewissenlosen Gesellschaft seitab hält, zumal wenn er weiß, was Gödeke zu erfahren hatte. Es hat aber alles seine Grenze, auch die christliche Friedfertigkeit, und wer Hammer sein sollte, ist ein Narr, wenn er sich zum Ambos hergiebt.

Mit gutem Bedacht, wenn ich auch scheinbar das Thema aus dem Auge verliere, habe ich von dem Zentrum Heine aus ein weiteres Gebiet moderner Sprachverhunzung einer historisch-grammatischen Revue unterzogen. Es konnte sich hier nur um Andeutungen und Anregungen handeln, und auch so schon muß ich besorgen, die Geduld des Lesers zu hart zu prüfen.

Steht aber national-deutsches Empfinden in engster Beziehung zu der Reinheit und Schönheit unsrer *Sprache*, so darf ich vielleicht wegen solcher Abschweifungen auf Nachsicht rechnen. Unsre Germanisten wissen das ja alles auch, wissen es besser als wir, aber es mag nicht schaden, es in einer auf Wirkung in weite Kreise abzielenden, nicht wissenschaftlichen Schrift vorzutragen. Ich weiß wohl, wer sich anmaßt, zu belehren, ist ein Langweiler, aber man braucht sich ja nicht belehren zu lassen.

2

Das Erlöschen des ausschließlichen Verlagsrechtes der Hamburger Firma Hoffmann und Campe hat ein wahres Wettrennen der auf herrenloses Strandgut ausspähenden Buchfabrikanten hervorgerufen, die unser Volk mit billigen Heine-Ausgaben, kritischen und sogenannten Volksausgaben, geradezu überschütten.

Die Kritik und die Wissenschaft müssen helfen, für den so unverhofften Segen die nötige Reklame zu machen. Was lag näher, als der stark in den Saft geschossenen Goethe-Wissenschaft Konkurrenz zu machen? So erblüht denn eine seltsame neue Wissenschaft, die Heine-Philologie. Unerschöpflich quillt der Born der Biographie weiter, immer neues briefliches und andres Material wird herbeigebracht und mit einem Ernst und einer Wichtigkeit behandelt, als gälte es heiligen Urkunden der Menschheit. Handschriften und Drucke werden mit einer Sorgfalt gesichtet, die rührend wäre, wenn sie nicht durch die Wertlosigkeit des Gegenstandes als lächerliche Verirrung sich darstellte.

Die Zukunftsästhetik, die auf naturwissenschaftliche Grundlagen aufgebaute Schönheitslehre der *realistischen* Weltanschauung, wittert und erschnappt in Heine ihren *Klassiker* κατ' ἐξοχήν.

Gilt es doch, unsern Goethe ohne Aufsehen beiseite zu schieben, den neuen Messias zu verkünden. Daher die hämischen Fußtritte auf Goethe-*Pfaffen*, die frechen Ausfälle auf die anständige Litteraturgeschichte, die bei der Bilderstümerei der Jungen nicht mitthun will.

[...]

[Es folgen: *S. 4–26:* Argumentation gegen ein Heinedenkmal unter Rückgriff auf die von Franz Sandvoß (= Xanthippus) ausgelöste Debatte im ›Kunstwart‹ (Jg. 1, 1887/88, 9.–17. Stück – teilweiser Abdruck). Heine gegen Uhland, Mörike und immer wieder Goethe ausgespielt (S. 26: »Hie Goethe! – Hie Heine!«). *S. 27–51:* Auseinandersetzung mit Wilhelm Bölsches ›Heinrich Heine. Versuch einer ästhetisch-kritischen Analyse seiner Werke und seiner Weltanschauung‹, Leipzig 1888. *S. 52–98:* »Etwas von Judäas Dialekte / oder / Heine der Klassiker / oder / Heinrich, mir graut vor dir.« – Kritik an Heines Sprache: falscher Kasusgebrauch (S. 53: »Ein durchgehender Zug ist der ausgesprochene Haß des Genitivs«), Vermeiden ablautender Verba, falsche Imperative und unsaubere Reime als Musterfall für den Verfall der deutschen Sprache an Beispielen illustriert.]

Schlußwort

Wenn, wie ich erwarte, der vorliegenden Schrift von Anhängern, d. i. Stammesgenossen, Heines oder unreifen deutschen, durch ihn bethörten Jünglingen der vage Vorwurf des Antisemitismus gemacht wird, so muß ich das eben mit Würde zu tragen suchen. Unter meiner Würde aber finde ich es, demjenigen, der sie nicht erkannt hätte, die Schattirung dieses sogenannten Antisemitismus, die ihn etwa von dem des Hofpredigers Stöcker oder andrer unterscheidet, klar zu machen.

Selbstverständlich bin ich fern davon, die bloße Zugehörigkeit zu dem auserwählten Volke irgend wem zum Vorwurfe zu machen, und wer, wie der »göttliche« Heine, es als solchen *empfindet*, der hat das mit sich abzumachen. Man weiß ja und Rob. Prölß in seiner wenigstens sehr fleißigen Biographie Heines versichert es zudem ausdrücklich, es war seine *empfindlichste Stelle*, seine jüdische Abstammung. Man weiß auch, wiewohl Prölß es verschweigt, daß er sich bemühte, für einen Nichtjuden zu gelten, daß seine eigne Frau Mathilde ihn nicht für einen Juden gehalten hat, so unglaublich es klingt. Am 7. Oktober 1835 erklärte Heine im *Journal des Débats*, er sei *kein Israelit*, habe nie einen Fuß in eine Synagoge gesetzt, er gehöre der »lutherischen Religion« an, die er nicht verlassen werde. Selbst wenn er die Welt in Barbaren und Hellenen sondert und zu den ersteren die Juden rechnet, so wirkt jene Verhüllungstendenz dabei mit, wie sie denn in der Namengebung, soweit sie gesetzlich nicht beschränkt ist, überall zu tage tritt. Jeder fromme und rechtschaffene Jude hätte sich, meine ich, eines solchen Stammesgenossen nur zu schämen. Wer seine Väter verleugnet, ist in jeder Nation ein Elender, er sei, wer er sei.

Man sucht uns vergeblich die Macht des Blutes aus dem Gesichtskreise zu rücken. Die Anbeter Darwins haben am wenigsten Befugnis dazu. Blut ist in der That ein ganz besondrer Saft.

Und so war denn allerdings das Kind beim wahren Namen zu nennen. Heine ist eben durch und durch Jude, kein echter Deutscher.

Ja, was schlimmer ist, was ihn als eine wahre Pest des edlen, frommen Judentums erscheinen läßt, Heine ist das Prototyp des modernen, *entarteten* Judentums, das, zu unsrer Schande muß es gesagt werden, nirgends in der Welt fröhlicher gedeiht als in Deutschland. Hat der Jude schon von Hause aus einen Hang zum Internationalismus, so zeigt sich in dieser Entartung die vaterlandslose Frivolität, der gar nichts mehr heilig ist. Wenn uns Paul Heyse an die schlaflosen Nächte Heines, die ihm der Gedanke an Deutschland verursacht hätte, erinnern zu müssen glaubt, so ist das einfach lächerlich.

Ob es wahr werden wird, was mit seltener Sicherheit behauptet wird, daß man Heinen in Düsseldorf ein Standbild errichtet, weiß ich natürlich nicht. Aber das weiß ich, eine Schandsäule für das deutsche Volk würde es sein.

[...]

Wer die Heine-Litteratur bedenkt, wer sich gegenwärtig hält, daß im Jahre 1888 es nötig schien, das Volk Goethes über die Nullität des »Kollegen« H. Heine erst noch zu belehren, daß die Frage nach dem litterarischen Werte dieses Gesellen überhaupt noch strittig sein konnte, wer sich darauf besinnt, daß dieses selbe deutsche Volk einen Dichter wie Friedrich Rückert, dessen hundertsten Geburtstag wir eben feiern, d. h. erleben, schnöde beiseite stehen ließ, dessen Hauptverbrechen war, daß er mit der achtundvierziger Demokraterei und dem Berlinischen Fortschritt nicht mitthat, der wird tief beschämt gestehen: wir sind es nicht wert, daß Goethe unter uns jung und alt geworden.

[...]

[Von Julius Rodenberg] wird uns verkündet, daß *Richard Wagner* »Deutschland selbst und die Welt *unterjocht*« habe. Natürlich, was nicht Geist von ihrem Geiste ist und nicht Fleisch von ihrem Fleische, das hat auch in der Welt keine Daseinsberechtigung, und ist es dennoch lebendig und mächtig, wie der germanische Geist in Goethe und Wagner, so muß der zum Herrschen allein befugte jüdische Geist gegen die Unterjochung aufgerufen werden. Eine Zeit lang duldet Israel, aber es hat seine Verheißung, und so tröstet auch diesmal Rodenberg sich und die Seinen durch einen Ausblick in eine schönere Zukunft, da Wagner nicht mehr sein wird, und Giacomo Meyerbeers Stern in neuem Glanze erstrahlt. Doch hören wir Rodenberg selbst. »Und wer will heute sagen, ob die *andre* musikalische Macht (Wagner), die ihn (Giacomo Meyerbeer) mehr und mehr zurückzudrängen *scheint* (sic!), ihn wirklich überleben wird?«

Lassen wir es uns gesagt sein, welcher Geist dem heute herrschenden Judentum der *andre* heißt. Es handelt sich hier nicht um das unschuldige lateinische *alter*, wenn Goethe der *andre* und Heine der Messias ist, wenn Wagner der andre heißt im Gegensatze zu Meyerbeer. Nein, es ist der talmudische *Ascher*, der verfluchte Ketzer, dessen Namen sie nicht nennen dürfen, dem sie ins Antlitz speien. Verstehen wir sie denn nicht? *Deutscher Michel, du bist der andre!*

Freilich ist es ein *andrer Geist*. Bitten wir Gott, daß er ihn uns unbesudelt erhalte! Dann hat 's auch heute selbst keine Not mit jenem unsauberen Geiste, der in Heine mächtig geworden ist. Möchte es den Erziehern unsrer Jugend immer mehr zum Bewußtsein kommen, daß zwei Geister um deren Seelen ringen, ein reiner deutscher und der – andre; möchte es ihr Hauptaugenmerk sein, die Liebe zu jenem, den Ekel und das Grauen vor diesem in ihren Herzen zu erziehen und rege zu halten!

Der Tag wird kommen, da es uns wie Schuppen von den Augen fallen wird. Ich erblicke ein frühlingverheißendes Anzeichen in der erfreulichen Thatsache, daß das wahrhaft klassische Buch Viktor Hehns ›Gedanken über Goethe‹ nach wenigen Monaten, nachdem es von der wortführenden Presse tot geschwiegen oder tückisch oder auch bloß albern angefeindet worden war, in zweiter Auflage erschienen ist. Leset es, ihr gebildeten Deutschen, gebet es euern Kindern und – schämet euch.

Noch hätte ich gar manches auf dem Herzen, z.B. auch eine Erörterung der Heinischen Verskunst und seiner Reime. Zum Teil ist dieses Kapitel inzwischen durch Wolfgang Kirchbach trefflich behandelt, und ich will, was ich zu sagen hätte, auf eine andre Gelegenheit, vielleicht wenn, wie ich hoffe, diese Worte nicht auf unfruchtbares Land gefallen sind, auf eine zweite Auflage versparen, denn es ist Zeit, des Wortes zu gedenken: *Le secret d'ennuyer c'est de tout dire.*

Vale, benevole lector, vale!

10 Conrad Alberti

Eine Schmutzschrift gegen Heinrich Heine
[1888]

Xanthippe gilt, trotz aller modernen Rettungsversuche, der ganzen Welt noch immer als das Vorbild einer zänkischen, boshaften Vettel, die, unfähig fremde Geistesgröße zu erfassen, sich an einige unbedeutende, äußerliche Schwächen derselben krallt, um den Mann, den die ganze gebildete Welt huldigend bewundert, öffentlich zu verhöhnen, zu schmähen, und ihm hinterlistig das Geschirr mit übelduftender Flüssigkeit über den Kopf zu gießen – das Muster altweiblicher Niederträchtigkeit und Verständnislosigkeit. Kein anständiger Mensch, der ihren Namen nicht mit Verachtung ausspräche!

Aber es ist eine alte Erfahrung: kein Mensch kann so gewöhnlich sein, daß er nicht Einen fände, der sich noch gemeiner machte, noch elender, bloß damit er öffentlich auftreten und in alle Winde schreien kann: seht ihr, mein Nachttopf ist noch größer und ich kann ihn noch gewaltsamer dem Andern an den Kopf werfen – ist das nicht auch ein Ruhm? Kein altes Weib kann so altweiberlich sein, daß sich nicht einmal ein Mann fände, der seinen Stolz darein setzte, von sich zu hören: Der keift noch besser, dessen Stimme klingt noch greller, der führt seinen Besenstil noch kräftiger! Der Kranz von Disteln und Nesseln, den die Jahrhunderte Xanthippens Andenken gewunden, hat mit seinen welken, dürren Blättern die Ruhe eines Schreiberleins in Moabit gestört, und wenn dieser des Nachts sich auf seiner alten, wurmstichigen Bettstelle herumwälzte, schlaflos, sich das Gehirn zermarternd nach einem Verleger, dem er seine kläglichen Reimereien anbieten könne, nachdem er die im Litteraturkalender verzeichneten von A bis Z vergeblich angegangen und zuletzt das Erscheinen auf Subskription hatte ankündigen und die eignen Kollegen um Abnahme eines Exemplars hatte anbetteln müssen – dann schien dieser Kranz in der Dunkelheit auf ihn zuzuschweben, höhnend, neckend, wieder emporfliegend, so wie er die Hand darnach ausstreckte, seinen Ehrgeiz aufstachelnd, daß ihm wenigstens ein Kranz erreichbar wäre, und war es eben auch nur ein Kranz von Blättern der Lieblingsblume der Esel. Seine Hände zitterten, erregt hob und senkte sich die Brust, und emporspringend röchelte er: »Was du konntest, Kollegin, kann ich auch! Sie wollen mich nicht hören, doch sie sollen es, sie müssen es; verstopfen sie sich die Ohren vor meinem Singen, so sollen sie sie doch öffnen vor meinem Schimpfen ... Weib des Sokrates, meine Muse bist fortan du!« Und er ging hin, und legte ab den alten deutschen Namen seines Vaters und nannte sich nach dem seines nunmehrigen Vorbildes – Xanthippus, so auch äußerlich anzeigend, weß Geistes Kind er von nun ab sein wollte. Dann blickte er um sich. Wo in der Welt gab es etwas zu schimpfen? Natürlich auf dem Gebiete der Litteratur – denn von dem wirklichen, lebendigen, brandenden Leben weiß diese

Art von Stubenhockern ja nicht so viel! Kam da eine Herde angezechter Jünglinge vorbei, mit zerhauenen, brutalen Gesichtern, plumpen Stiefeln und weit vom Halse abstehenden Rockkragen. Mit rauher Bierstimme sangen sie gemeine, zotige Lieder zum Preise des Saufens. Und wie sie gerade am Denkmal eines großen Dichters vorbeikamen, der auf seinem Pfosten stand, in heiterer Ruhe, die Arme verschränkt, da dünkte den angesoffenen Kumpanen, daß diese heitre, das kleine Leid der Welt verlachende Miene zum Spott über ihre brutale Ausschweifung herabgezogen sei. Wart, dir wollen wir's weisen! rief der Führer der Schaar zu der Säule hinauf. »Hast du dich jemals besoffen wie wir?« Der arme, marmorne Dichter, er konnte nicht nein sagen, er konnte sich nicht mehr bewegen, er konnte nur immer weiter lächeln, ruhig, mit verschränkten Armen! »Nein?« schrie der Führer weiter, sich immer tiefer und tiefer in Wut erbosend. »Hast du jemals friedliche Menschen, die im Dienst der Wahrheit forschen, im Dienst der Ordnung wachen, ohne daß sie dich je gekränkt, aus freien Stücken beleidigt, durchgeprügelt, deine Hunde auf sie gehetzt? Nein? So bist du auch kein Deutscher! Hast du je zierliche, spitz zulaufende Stiefeln getragen, mit Schnallen und Knöpfen? Hat dir je der Rock prall und fesch um die Hüften gesessen, und keck und elegant der Cylinderhut auf dem Kopfe? Ja? So bist du kein Deutscher! Und herunter mit dir! Pfui!« Und sie begannen Kotfetzen aufzulesen und nach der Bildsäule hinaufzuwerfen, daß sie ihr an den Backen, den Kleidern klebten, und schlugen ihr Wasser ab zu den Füßen der Statue. Und wie Xanthippens kühner Wahl-Enkel solches Thun der streitbaren Jünglinge erkannte, liefen ihm vor Freude die Thränen aus den Augen, sein Herz bebte, er breitete die Arme aus, stürzte hinzu und rief: »Fleisch von meinem Fleisch und Blut von meinem Blut! Lasset mich mit euch schmeißen, Herzensjünglinge! Auch ich habe ein Nachtgeschirr!« Und setzte sich hin und ließ bei F. W. Grunow in Leipzig eine Schrift drucken: ›Was dünket euch um Heine?‹ und widmete sie seinen herrlichen Mitkämpfern, »der studierenden Jugend« – das heißt jenem kleinen, verständnislosen Teil derselben, der unter 50 Millionen allein das Wesen des Deutschtums meint in seinem Herzen zu tragen, und jeden für einen Verräter am Vaterlande erklärt, der nicht wie er seine ganze Einnahme, die sauer abgedarbten Sparpfennige des Vaters, durch die Gurgel jagt, der nicht in der Kneipe seine Wohnung aufschlägt, der noch im Stande ist sich selbst zum Stichblatt der eignen Laune zu machen, der spitz geschnittene Stiefeln trägt und nicht wie er das Ende der Kravatte über den Rockkragen hinausbaumeln läßt.

*

Herr Xanthippus greift Heinrich Heine an. Daran ist an und für sich noch nichts Unrechtes. In der Litteratur giebt es keine Unfehlbarkeit, in der Geschichte der Litteratur keine Dogmen, keine Majestätsverbrechen; die Wissenschaft ist frei. Aber nur die Wissenschaft, nicht die Erheuchelung derselben. Wenn Herr Xanthippus ernst, ruhig, sachgemäß versuchen wollte zu beweisen, daß Heine schlechte Gedichte gemacht, daß er zu unrecht gefeiert werde, so würde man ihn anhören, ihm entgegnen, ihn widerlegen, ebenso ernst, ruhig und sachgemäß. Aber das thut er nicht, das will er nicht, denn das kann er nicht, weil er von Litteraturgeschichte und Ästhetik nichts versteht, weil er keine Ahnung hat von den Gesetzen der litterarischen Kritik. Er schimpft einfach nur, er schwätzt, er verläumdet, er verdreht die Thatsachen. Und damit verwirkt er den Anspruch auf eine ernste, ruhige, sachliche Behandlung, damit stellt er sich auf eine Seite mit den ersten besten litterarischen Freischützen, damit erklärt er sich selbst für vogelfrei, und er kann nicht Klage darüber führen, wenn man sich seiner in derselben Weise erwehrt, wie man es mit einem Franctireur im Kriege thun würde, der sich freiwillig außerhalb des Völkerrechts stellt: indem man ihn packt, ihn – litterarisch – mit dem ersten, besten Werkzeuge niederschlägt, das man in der Hand hat, und an den nächsten Baum am Wege aufknüpft.

Von den 104 Seiten des vorliegenden Machwerks umfaßt ein guter Teil allerhand nicht zur Sache gehörige Bemerkungen über den angeblichen Verfall der deutschen Sprache, pedantische Quengeleien eines mürrischen Schulmeisters. Wie jedes Ding in der Welt ist auch die Sprache eines Volkes dem Gesetz der Fortentwicklung, der Einwirkung fremder Einflüsse unterworfen. Der Einzelne kann grammatikalische Fehler begehen, ein ganzes Volk niemals. Es hat sich seine Sprache selbst geschaffen, und die Sprache ist um der Menschen willen da, nicht umgekehrt. Der Geist hat den Buchstaben zu regieren, und wenn ein ganzes Volk irrt, so wird der Irrthum Gesetz, trotz aller Schulmeister – man sprach dann eben gestern so und spricht heute anders. Nirgend ist das Volk so selbstherrschend, wie in der Sprache. Herr Xanthippus mag es persönlich bedauern, daß wir heute den Dativ und Akkusativ in vielen Fällen brauchen, wo sich unsere Vorfahren des zweiten Falles bedienten – uns ist aber diese Änderung nun einmal bequem und angenehm, mithin ist sie sanktioniert, und der Schriftsteller soll schreiben, wie das Leben spricht, nicht wie die Grammatik. Unregelmäßigkeiten, Fleckchen in weiblichen Anlitzen, die wir lieben, sind Schönheiten, und nimmt eine ganze Nation grammatikalische Abweichungen einzelner Dichter an, so erhalten diese Abweichungen den Wert statuierter Ausnahmen.

Dann bekämpft Herr Xanthippus weiter des breiteren die Anschauungen des Herrn Wilhelm Bölsche über Heine. Wir würden diesen begabten jungen Schriftsteller beleidigen, wollten wir uns unaufgefordert zu seinem Verteidiger aufwerfen – er hat Talent genug seine Sache selbst zu vertreten. Halten wir uns nur an die allgemeinen Auslassungen des Herrn Xanthippus über Heine!

*

Da tritt denn gleich die ganze niedrige Kampfesweise, diese ganz unredliche Technik, deren er sich bedient, auf den ersten Seiten zutage. Wir feiern Heine als einen der größten deutschen Dichter, meinetwegen als den größten Lyriker nach Göthe – Herr Xanthippus stellt sich auf den Markt und schreit: »Ihr Buben, ihr wollt uns unsern Göthe rauben, und euren Götzen an seine Stelle setzen? Und Göthe war doch größer!« Natürlich, Göthe ist größer! Wo in aller Welt lebt der Heinefanatiker, der das geleugnet hätte? Wer hat bis auf diesen Tag Göthe stürzen und Heine an dessen Stelle setzen wollen? Niemandem ist das eingefallen! Nur die heimtückische, unredliche Kampfesweise des Herrn Xanthippus verkuddelmuddelt so die Thatsachen, fälscht den Gegner und nennt jenen dann einen Betrüger. Wenn das germanisch sein soll – und Herr Xanthippus pocht ungeheuer auf sein Germanentum – dann wären deutsch und ritterlich freilich verschiedene Dinge. Aber es ist zum Glück weder christlich, noch deutsch – es ist einfach unredlich. Und nicht zum ersten Mal nimmt die Unredlichkeit die Maske des Hohen und Heiligen vors Antlitz, um hinter derselben ihr tückisches Augenspiel zu verbergen. Nur daß wir seit Wolfgang Menzels Zeit doch ein wenig zu unterscheiden gelernt haben! Dieses Bestreben, Göthe gegen Heine aufzuspielen und das Andenken des ersteren durch die Verehrung des letzteren für bedroht zu erklären, wo Niemand an der Größe Göthes zu rühren gewagt hat, dieser ordinäre, unwürdige Kniff, der Kernpunkt des Angriffs des Herrn Xanthippus, kann nicht genug dem schärfsten Lichte ausgesetzt werden. Hat nicht im Gegenteil einer der ersten Heineverehrer der Gegenwart, Bleibtreu, sogar das Andenken des alten Göthe gegen die Angriffe aus dem eignen Lager der *goetheanissimi*, gegen Vischer u. a. mit Eifer verteidigt und den Versuch energisch zurückgewiesen, den Dichter des sterbenden Faust durch den des irrenden ganz in den Schatten zu stellen? Nein, trotz des Düsseldorfer Denkmals und aller »kritischen Ausgaben« wird uns unsern Göthe Niemand rauben, das Herz des deutschen Volkes ist groß genug, sie beide und noch hundert Sänger mehr darin zu hegen. Das ist diese widerwärtige Unduldsamkeit, die sich auch so gern und mit so wenig Recht für christlich-germanisch ausgiebt, nur Einen gelten lassen und Alles außer ihm in Grund und Boden treten zu wollen, als ob die deutsche Walhalla, dieser mächtige, wolkengetragene, unabsehbare Saal, nur ein enges Schornsteinfegerloch wäre, in dem knapp ein einziger Mensch sich umwenden kann. Und giebt es wirklich Leute, die Heine Uhlanden, Möriken, ja selbst Göthen vorziehen – Teufel, so laßt sie doch und drängt ihnen nicht euren Geschmack fortwährend als den einzigmaßgebenden auf. Seid ihr denn die einzigen Menschen mit gesunden Augen und Ohren? Seid ihr so ganz sicher, hat es euch die Offenbarung verkündet, steht es in den heiligen Büchern irgend wo geschrieben, daß nur euer Geschmack gelten darf? Aber nicht genug, daß ihr die, welche einen andern Geschmack zu bekennen wagen, Thoren nennt. Sie sollen auch noch Schurken sein, Vaterlandsverräter, Gott weiß was Alles, ihr bespeit sie, beschimpft sie, und möchtet sie am liebsten aus dem Lande weisen, nur weil ihnen ein paar andere Verse besser gefallen als euch! Und der Mann selbst, der diese Verse gemacht, er ist nicht nur ein schlechter Dichter in euren Augen, nein, weil euch seine Verse nicht gefallen, so soll er auch ein Lump sein, ein Lügner, ein Wüstling, ein Gottesleugner, ein Vaterlandsverräter – ihr wißt selbst nicht, was. Das ist die Kampfesweise des Herrn Xanthippus und seiner Genossen: Alles verzerren, entstellen, dem Gegner Behauptungen unterschieben, die er nie gethan, den Kampf auf Gebiete hinüberspielen, die der Andere nicht einmal zu streifen gesucht, und der Masse einreden wollen, ihre Heiligtümer seien bedroht, da es sich nur um einfache Meinungsverschiedenheiten auf ganz bestimmten, ungefährlichen Gebieten handelt! Und das nennt diese Sippe christlich, das nennt sie deutsch!

*

Ich werde Herrn Xanthippus natürlich nicht auf das Gebiet folgen, auf das er uns in seiner Schrift hinterlistig zu locken versucht, auf das des Rassenhasses, der gemeinen Unduldsamkeit, der Aufstachelung der niedrigsten aller menschlichen Triebe. Ob Heine gute oder schlechte Verse gemacht, ob er demnach ein Denkmal verdient oder nicht, das ist lediglich eine Frage des Geschmacks der litterarischen Kritik und hat nichts damit zu thun, in welches Gotteshaus seine Eltern beten gegangen. Heine war kein Dichter, schreibt Herr Xanthippus groß und selbstbewußt hin, und beweist damit, daß ihm auch das geringste Verständnis für Poesie abgeht. Derselbe Herr Xanthippus, der vor kurzem den ›Kladderadatsch‹-Redakteur Johannes Trojan in Berlin öffentlich für ein dem Sophokles ebenbürtiges Genie erklärte, spricht Heinen den Dichterruhm ab! Er klammert sich an kleine, unbedeutende Schwächen des Mannes und beweist, daß ihm die Kenntnis der einfachsten kritischen Grundgesetze entweder vollständig unbekannt ist, oder daß blinder, thörichter Parteienhaß ihn verführt, dieselben zu verleugnen.

So gut wie jeder Zweig der menschlichen Kultur ist auch die Poesie dem Gesetze der ewigen Fortentwicklung unterworfen, und es giebt in der Litteratur kein *non plus ultra.* Die Poesie ist so gut ein Teil der menschlichen Kultur, des Weltorganismus wie irgend ein anderes Ding. Sie hat ewige, fundamentale Entwicklungsgesetze, aber sie hat keinen ewigen, tyrannisch ausschließlichen Stil, sie bewegt sich wellenförmig fort, und keine Welle ist so hoch, daß nicht eine spätere sie überragen könnte. Es ist freche, unduldsame Anmaßung, wenn der Gotiker dem Barrockisten das Recht der Existenz absprechen will, es ist die platteste Unwissenheit, wenn Herrn Xanthippus schreit *nemo ultra Goethen!* Wenn er keine Art gelten läßt, als den Götheschen Stil. Wozu dann überhaupt noch dichten, wenn der Gipfel des Parnaß ein für alle Mal besetzt und unerreichbar ist? In der Litteratur giebt es keinen Besitz der ersten Hand. Es giebt keine absolute Wahrheit, keine absolute Schönheit, schon darum nicht, weil es uns unmöglich ist das Ding an sich zu erkennen. Dies freilich würde die Vereinigung der absoluten Wahrheit und Schönheit darstellen. Bis dahin aber, bis diese Erkenntnis den Menschen möglich ist, muß es jeder Zeit und jedem Menschen erlaubt sein, die Welt unter dem Grade seiner Erkenntnishöhe und seines Temperaments anzuschauen, und es wird sich nur darum handeln, ob der Dichter, als der Dolmetsch der Empfindungen und Gefühle der redeunkundigen Mitwelt den Geist und die Weltauffassung seiner Zeit in klarer, vollendeter Form zur Sprache bringt. Das hat Göthe gethan, wie nie ein zweiter Poet der Welt, er selbst war die letzte

Hälfte des achtzehnten, das erste Drittel des neunzehnten Jahrhunderts in einer einzigen Gestalt verkörpert – und darum ist die Unsterblichkeit sein.

Aber die Welt Göthes war eben nicht mehr die Welt Heines. Die Zeit ward älter und legte die seidenen Strümpfe ab und die Schnallenschuhe und zog derbe kräftige Lederstiefeln an, und ließ sich einen Bart wachsen an dem bis dahin glatt rasierten Kinn. – Heines Lyrik ist eine Fortentwicklungsstufe der Götheschen, nicht ihr Gegensatz. Die Welt war eine andere geworden um die Wende des zweiten Jahrzehnts, sie hatte begonnen etwas zu empfinden, was sie bis dahin nie an sich selbst bemerkt, dessen sie sich bedient hatte unbewußt, selten, nur zu den unumgänglichsten Verrichtungen. –

Die Welt bekam plötzlich Nerven! –

Sie lebte nicht mehr nur mit dem Herzen, dem Gehirn, sie lebte auch mit diesen feinen, empfindlichen, den Körper durchlaufenden, von außen unsichtbaren Strängen und Fäden. Das Surren und Rasseln der Maschinenräder, dieser neue, die Luft in ewigem Zittern erhaltende Ton regte sie auf, machte sie aus dem früher ungestörten Schlaf emporfahren, das Hasten und Drängen und Vorwärtstreiben raubte ihr die Besonnenheit, die Sammlung, sie bekam Zufälle, fiel aus einer Laune in die andere, begann mit Lachen und endete mit Weinen. Sie hatte keine Zeit mehr nach harmonischer Abgeschlossenheit der Eigenart zu streben, sie wollte genießen, rasch, im Fluge, hier nippen, da kosten, und eilte wie Faust von Begierde zu Genuß und im Genuß verschmachtend vor Begierde. In dieser Zeit war Heine geboren, unter ihren Eindrücken wuchs er auf, mit scharfen Sinnen sah er die Welt nervöser und nervöser werden, ruhelos aus einer Stimmung in die andere springen, den Humor mit jedem Eisenbahnzuge wechseln, der am Bahnhof des Lebens ankam oder abging. Er lebte mit diesen Menschen, ihre Bilder prägten sich ein in sein Gedächtnis und er gab das Bild seiner Welt, treu und klar wie er schaute. Seine Muse wiegte sich kokett in den Hüften, sie wollte vor allen Dingen unterhalten sein und die Andern unterhalten, sie scherzte frivol über Dinge, welche die Jahrhunderte mit einem weißlichen Schimmel von Heiligkeit überzogen und vergoß im nächsten Augenblick bittre Thränen der Reue über sich selbst, sie lag jetzt in hysterischen Lachkrämpfen und verkündete im nächsten Augenblick wie eine moderne Pythia Sprüche der tiefsten Weisheit einer großartigen, modernen, freien Weltanschauung, um wenige Minuten später zweifelnd an sich selbst sehnsuchsvoll zu träumen von fernen, längst ins Grab gesunkenen Zeiten, von toten Helden, untergegangenen Städten, vom Rauschen der Waldwipfel und vom Plätschern der Quellen. Sie fühlte den inneren Zwiespalt, den furchtbaren Riß in der eignen Brust und war unglücklich in der Unmöglichkeit ihn wieder zusammenzuziehen. Sie jubelte ob ihrer reinen Freuden, sie beweinte ihre aufrichtigen Schmerzen, sie öffnete selbstvergessend die tiefsten Winkel ihres Herzens und ließ die geheimsten Regungen ihrer Seele hinausströmen ... da plötzlich fiel ihr Blick auf eines jener spöttischen, gleichgiltigen, frechen, materialistischen Gesichter der brutalen Polizisten, Unteroffiziere, Schulmeister, Schacherjuden, die sie händereibend oder sich auf den Geldsack klopfend umstanden, und mit wahnsinniger Wut zuckte es in ihr auf: Was? euch elendes, niederträchtiges Gesindel soll ich zu Zeugen machen meiner tiefsten, heiligsten Schmerzen? daß ihr höhnisch lachend euch zuraunt: »So gehts ihm recht, dem Narren, dem Poeten, der hochmütig herabsieht auf unsern Gamaschendienst, unsern Stock, dem Nichtsthuer, der niemals gelernt hat Geld zu verdienen!« So schrie es in ihr auf und in Verzweiflung warf sie das erste, beste Tuch über das blutende Herz und stürzte unter sie, brutalere Flüche ausstoßend, zynischere Witze reißend als jene, nur um den Erbärmlichen nicht die Genugthuung zu gewähren, über sie und ihre Schmerzen, ihre Kämpfe zu lachen. Liebe! Sie lachten des Wortes! Was war ihnen Liebe ohne Mitgift! Sie verhöhnten den Träumer, der sein Herz wegwarf an ein Mädchen mit dem blondesten Haar, den blauesten Augen, doch ohne hunderttausend Thaler, und zu seinen Füßen schwärmte und träumte. Sie verhöhnten ihn – und nichts thut weher als verspottet zu werden in seinen heiligsten Gefühlen. Wie dem entgehen? O der Poet ist schlau, er findet einen Ausweg! Er schwärmt, er träumt sich ganz hinein, mit innigster Inbrunst in jene süßen, heiligen Empfindungen, und wenn der Lauf derselben in breitem Flusse ausgeströmt ist, dann tritt er vor und sagt: »Meine Herren, im übrigen war das Alles dummes Zeug, und ich denke über die Liebe gerade so gemein wie Sie!« Das empörende, wütend machende Kichern, das sich schon leise erhoben, verstummt: »ein vernünftiger, ein tüchtiger Mensch!« schallt es von Mund zu Mund – der Dichter aber ballt heimlich die Fäuste, daß ihn die Erbärmlichkeit dieser Menschen zur Lüge zwingt, die Stunde der Wonne, die er selig verträumt, kaum daß sie beendet, selbst verspotten zu müssen, um nicht selbst zum Spott der Welt zu werden.

Wenn euch daher Heine nicht gefällt, so klaget die Zeit an, diese nervöse, brutale, materialistische Zeit, welche das ruhige behagliche Ausleben einer Empfindung nicht kennt, welche die harmonische Entwickelung des Einzelwesens, wie sie noch Göthen blüthe, nicht mehr gestattete, diese aufgeregte, unterhaltungsbedürftige, aus einer Stimmung in die andere springende Gesellschaft! Klagt euch selber an, denen die Offenbarungen eines kindlichen Herzens nur noch ein Gegenstand neugierigen Lächelns sind ... schlaget ein Kreuz vor euch selbst, doch kreuzigt nicht den Dichter, der ein Mensch ist wie ihr, abhängig von allen Bedingungen, Zuständen, Verhältnissen seiner Gesellschaft und seiner Zeit!

*

Niemandem würde die perfide Kampfesweise des Herrn Xanthippus, Heine überall gegen Göthe auszuspielen, sicherlich verwerflicher erscheinen, als dem Dichter des ›Buches der Lieder‹ selbst, denn in Heines ganzer Lyrik tritt deutlich das Bestreben zu Tage, auf dem Grunde organisch fortzubauen, den der Meister errichtet. In den schönsten Perlen seiner Lyrik war Göthe durchaus Realist, das heißt, er bemühte sich, den tiefsten Gefühlsinhalt mit Vermeidung jeder Phrase, jeder hohlen Rhetorik, in der knappesten Form, in den schlichtesten, einfachsten Worten so klar und eindringlich als möglich auszudrücken. Kann man sich etwas einfacheres und zugleich ergreifenderes denken als jenes ›Über allen Wipfeln‹ oder ›Wer nie sein Brot‹? Die höchste realistische Kunst zeigt sich aber in der tiefsten Wirkung mit den einfachsten Mitteln. Und an diesem Punkt setzt Heines Kunst ein. Eine Welt von Schmerzen preßt er in einen simplen, unscheinbaren Vierzeiler zusammen, sein Dichten ist ein Verdichten, er, der gelitten, was Tausende leiden, spricht, wie Tausende sprechen, ohne die Spur eines hohlen, erkünstelten Pathos, schlicht und wahr, wie die Natur selbst, die ihre eignen Vorgänge und Wandlungen schildert. »Anfangs wollt' ich fast verzagen ...« – eine Tragödie in vier Zeilen. Der Dichter sitzt Nächte lang, Woche um Woche an solchen vier Zeilen feilend, arbeitend, ihnen jede unnatürliche Gezwungenheit nehmend, jede schwerfällige Konstruktion, sie so leicht, so natürlich hinzustellen wie die Improvisation eines überströmenden Herzens, er wendet Elisionen an, gelegentlich unreine Reime, um nur ja den Anschein des Ersonnenen zu überwinden, einen leichten, freien Eindruck zu erzielen, die Natur sich selbst vortragen zu lassen in ihrer so rührenden verlegenen Unbeholfenheit – und Herr Xanthippus kommt und verlangt, der Dichter hätte sich von ihm erst ein Kolleg über Poetik lesen, sich von ihm, dem großen Kritiker Xanthippus, belehren lassen sollen, daß »Geläute« und »Weite« kein reiner Reim sei! O Anmaßung, o Blindheit, o Unwissenheit!

Auch Prosa hast du nicht schreiben können, niemals hast du einen richtig gebauten Satz zustande gebracht, Verfasser der ›Harzreise‹ und der ›Romantischen Schule‹, du darfst es glauben, Herr Xanthippus sagt es dir und streicht dir wie einem Quartaner die Stellen rot an, wo du den Dativ anwendetest, während der Gebrauch den vierten Fall vorschreibt. Daß in deiner ›Harzreise‹ wie in Wagners Musikdramen die Elemente gleichsam selbst Sprache zu bekommen scheinen, daß wir meinen, aus diesen einfachen, schwarzen, gleichmäßigen Zeilen die Tannen selbst rauschen, die Quellen selbst murmeln zu hören, die Rehe selbst durch die Büsche schlüpfen zu sehen, indes erquickender, stärkender Nadelduft unsere Nase trifft – daß die unverständlichen, kauderwälschen und den Eingeweihtesten unfaßbaren griechisch-lateinischen Ausdrücke, die fürchterlichen Schachtelperioden Fichtes und Hegels zum ersten Mal ihren tiefen, aber kaum erkennbaren Sinn in deiner Darstellung vor aller Welt offenbaren und die welterschütternden, aber kaum einem Dutzend Menschen verständlichen Gedanken durch dich gemeines Gut werden deines Volkes, ja aller Nationen, und erst durch deine rheinweinklare Darstellung die Möglichkeit des Verständnisses, der Bewunderung, der Huldigung fremder Nationen wecken ... was geht das uns an? Du hast einmal den Dativ für den Accusativ gesetzt, und Herr Xanthippus setzt dich in der deutschen Sprachstunde an das unterste Ende der Schulbank. Du hast uns erlöst von dem fürchterlichen Banne, die der gräßliche, undeutsche, den römischen Schriftstellern nachgebildete Periodenstil der klassischen Heroen über unsere Sprache gebracht, du zerbrachst das Prokrustesbett der endlosen Schachtelsätze des Geheimratsstiles, der Partizipialperioden, der ineinander geschobenen Relativsätze, du gabst der Sprache Feinheit, Leichtigkeit der Bewegung, lehrtest die schwerfällige, sich leicht und gefügig im Walzer und Ländler umherdrehen, du warst der Tanzmeister der deutschen Sprache, du verliehest ihr die Fähigkeit des Ausdrucks für jene unzähligen, fein abgetönten heiteren und betrübten Stimmungen des Augenblicks, welche kommen und vorüber gehen mit dem Wetter, mit der Spannung und Erschlaffung der Nerven, lehrtest sie lächeln, grüßen, plaudern, sich verneigen! Luther hatte ihr das stämmige Gerüst der Knochen gegeben, Lessing die ausdauernden, biegsamen, straffen Sehnen, Göthe und Schiller das kräftige, gesunde, voll und mächtig gerundete Fleisch der Muskeln – du gabst ihr das feine, für jede Stimmung, für die feinsten Eindrücke, für den Grad des Wassergehalts der Atmosphäre empfängliche Gewebe der Nerven!

Auch ein Deutscher bist du nie gewesen! Herr Xanthippus sagt es, und der ist ein maßgebender Richter. Du allein hast zwar neben Göthe den Ruhm der modernen deutschen Literatur in alle Länder der Welt getragen, in Länder, in denen man nicht einmal etwas von Schillers unsterblichen Schöpfungen wußte, du hast mehr zum Ruhm der bis dahin verachteten deutschen Poesie unter allen Völkern beigetragen als Uhland und Mörike und alle die ja an sich hochverdienten Männer, die man dir jetzt gegenüber stellt, aber das alles giebt dir doch noch kein Recht, dich einen Deutschen zu nennen, Xanthippus spricht dir jede Berechtigung dazu ab! Laß dich expatriieren! Dein Vaterland ist da, wo Volapük Nationalsprache ist – in Nirgendsheim.

Wenn ein Landsmann nach Paris kam, arm, heruntergerissen, elend, ohne Mittel, sich zu ernähren oder weiterzukommen, so ging er zu dir, klagte dir sein Leid, und du nahmst ihn auf, dein Suppentopf stand auch für ihn auf dem Herde, und war wie so oft Ebbe in deiner Tasche, – in der Tasche eines deutschen Dichters – so wußtest du für ihn zu wirken, ihn zu empfehlen, daß er wenigstens für den Augenblick den nagenden Hunger stillen konnte, bis er sich nach Beschäftigung und Erwerb umgethan. Ja, Elender, das hast du gethan, und ich, Xanthippus, ein Deutscher und ein Christ, rufe »Pfui!« über dich Ruchlosen!

Dein Vaterland erwies dir die Ehre, dich verhungern zu lassen, und du wagtest es, diese Auszeichnung, durch die man dich als Dichter anerkannte, abzulehnen und einen Gehalt von Frankreich anzunehmen, Erbärmlicher! Du begriffst nicht, welche Ehre man dir erwies, als man dir freie Wohnung und freie Verpflegung anbot in einem deutschen – Gefängnis, und wolltest lieber die ungereinigte Luft im Lande des Erbfeindes einsaugen ... natürlich, um auf den Boulevards den Dirnen nachzulaufen! Nochmals Pfui!

Siehst du, wir waren so glücklich in Deutschland unter der Herrschaft des Bundestags! Niemand erfrechte sich, ein unziemliches Wort auszusprechen gegen Herrscher oder Kirche! Wie ein Vater sorgte der Fürst für seine Kinder, was ihnen fehlte, sah er ihnen an den Augen ab, sie hatten nichts zu klagen, sie brauchten nicht einmal den Mund zu öffnen, sie hatten nur die kleine Mühe des Steuerzahlens, und alle die Unannehmlichkeiten der Teilnahme an den öffentlichen Geschäften waren ihnen erlassen. Nicht einmal die Sorge brauchte sie zu quälen, ob sie am nächsten Tage ihrem Geschäft würden nachgehen müssen oder auf dem Felde der Ehre für ihren geliebten Landesvater würden sterben dürfen, noch peinigte sie der Kummer um den Verbleib der öffentlichen Einkünfte, ihrer Steuern – Alles dies nahm ihnen der gütige Bundestag ab, Deutschland war glücklich, zufrieden, heiter ... Da kommst du, Unseliger, und reizest sie mit frechen, spitzen Worten auf wider ihre gütigen Herren, raunst ihnen lose Worte ins Ohr, Majestätsbeleidigungen, Drohungen, gemeine Verhöhnungen des Heiligsten, der Unterthanentreue, nennst die Liebe der Herrscher Tyrannei und stachelst die Bethörten auf, daß – wie Pferde, die durch Stiche der Bremsen toll geworden, fortstürmen, blind, ziellos, alles über den Haufen rennend – so jene wagen, an den geheiligten Stützen des Thrones zu rütteln, und sie sich selbst das Joch aufladen, die Bürde der Sorge um die öffentlichen Geschäfte, die sie nun Tag für Tag schwerer drücken, die sie so gern abschütteln möchten und nicht mehr können! Dreimal Pfui über dich!

Und dann triebst du die Frechheit so weit, gar noch zu behaupten, du liebest dein Vaterland! Dich mit Kaiser Maxens treuem Narren Kunz zu vergleichen, der in der Schellenkappe dem Herrscher mit lustiger Miene fürchterliche Wahrheiten sagte, der ihn nicht verließ in der Noth, ihn befreite aus Kerker und Haft, und dann als einzige Gnade sich ausbat, die Majestät möge ihn nicht hängen lassen! Wir aber, wir sind nicht so dumm wie Kaiser Max, wir ließen dich hängen auf der Stelle, an den höchsten Baum, wenn du nicht – danke es deinem guten Stern! – schon tot wärest! Nun, dann wenigstens noch einen Fußtritt! So – und so – und so! Eh, wie schmeckten die, Verräter?

Auch Glauben hast du nicht gehabt! Welcher Religion gehörtest du eigentlich an? Du nanntest dich einen Protestanten – doch nur, um den Protestantismus zu verraten, den du haßtest! Daß du Luther als den größten Mann Deutschlands verehrtest, daß du dich so oft vergeblich bemühtest, deiner Frau, der kleinen bornierten Katholikin, die Bedeutung des Unsterblichen klar zu machen, bis sie böse wurde und mit dir wegen der Verehrung des Ketzers schmollte, daß du ›Ein' feste Burg‹ über alle Lieder der Welt stelltest – was kümmert das uns? Uns, Luthers moderne Nachfolger und größer als er, hast du beleidigt und geschmäht, du schriest nicht mit, als wir riefen: Verbrennt den Juden – und dafür steinigen wir dich jetzt nach deinem Tode! Dann fielst du zurück in den alten Hebräer-Unglauben und schwelgtest in ›Prinzessin Sabbath‹ in den Erinnerungen deiner Jugend – wurdest schier zum wundergläubigen katholischen Reliquienanbeter in der ›Wallfahrt nach Kevlaar‹, inbrünstiger als der frömmste Jesuitenzögling, und übtest gar heidnischen Götzendienst, Naturanbetung und Dämonenkult, in unzähligen anderen Liedern! Das geht ja beinah so weit wie Göthe, der Heide war mit Iphigenie, Atheist mit Prometheus, Pantheist mit Faust ... Kann etwa ein Mensch alles zugleich glauben? Siehst du nun, daß du ein gewissenloser Heuchler bist? So verurteile ich dich zu ewiger Höllenstrafe, ich, der Großinquisitor Xanthippus!

Welch ein aufsätziger, rebellischer Gesell du warst! Und je älter du wurdest, desto schlimmer! Anfangs war es ja noch zu ertragen. Aber da verbot in weiser Erleuchtung der hohe Bundesrat, damit die gehorsamen Unterthanen durch deine losen Reden nicht fürder aufgestachelt würden, während du der Heimat fern weiltest, und natürlich ohne dich Elenden der Ehre einer gerichtlichen Verhandlung wert zu halten, ohne Urteil und Recht, durch einfachen Beschluß, deine Schriften, und mit weiser Vorsicht nicht nur die bereits veröffentlichten, sondern, um sich gegen die zu erwartenden zukünftigen Angriffe zu schützen, da doch die Übermacht auf deiner Seite war, auch gleich alles, was du noch dein ganzes ferneres Leben lang schreiben würdest, so dir vollständig unmöglich machend, noch ferner zu deinem Volke zu sprechen, deinen Büchern jeden Absatz, dir jede Einnahmequelle entziehend, damit du endlich einmal lerntest, dich ruhig zu verhalten! – Und du, Elender, sahest die tiefe Weisheit dieses Beschlusses nicht ein, im Gegenteil, dein Toben und Hetzen ward wilder und unerträglicher; statt dich gehorsam in Demut zu fügen, wagtest du – o unerhörtes Unterfangen – sogar deine Feinde, die dich verfolgten, dem Gelächter der Welt preiszugeben, erhobest – o Schauder! – die Faust, sie niederzuschlagen, statt nach der rechten auch noch die linke Wange zu reichen! Ruchloser, wie würden wir in gleichem Falle gehandelt haben!

Welch ein heimtückischer, hinterlistiger Geselle warst du! Ohne das mindeste Verständnis für echte Poesie! Fremde Dichtergröße zu würdigen, anzuerkennen warst du nie im Stande. Kleists ›Prinz von Homburg‹, Grabbes ›Gothland‹, die das deutsche Volk bei ihrem Erscheinen mit Gleichgültigkeit und Hohn aufnahm, erdreistetest du dich, zum ersten Male öffentlich und privatim als unsterbliche Meisterwerke der deutschen Kunst zu bezeichnen und das Auge der Welt darauf zu lenken. Natürlich, wann hätte ein Afterpoet je wahre Poesie zu würdigen verstanden! Wie undeutsch war all dein Denken und Empfinden! Als Richard Wagner die nationale Wiedergeburt der deutschen Kunst anstrebte, konnte er nichts von dir brauchen und mußte sich selbst zu seinem ›Tannhäuser‹ und ›Fliegenden Holländer‹ die Anregung von Heine holen!

Nein, du warst kein Deutscher! Und wenn 46 Millionen Menschen Tag um Tag deine Lieder singen, mit dem falschesten Pathos deklamieren, immer und immer wieder komponieren, wenn blonde junge Leute bei deinem Namen die Augen schwärmerisch zum Himmel aufschlagen und blauäugige Mädchen langsam ihre Thränen rinnen lassen über die weißen Blätter, auf denen deine Verse gedruckt stehen, ja dann – dann –, nun dann thun sie es ohne moralische und ästhetische Berechtigung, und ich verbiete es ihnen, ich, der Sittenrichter, der Kritiker des deutschen Volkes, Xanthippus! Übelduftende Juden sind sie alle, die »berühmten Leute«, die in die Lobposaune des großen Dichters in Israel einstimmten und einstimmen. Wißt ihr nicht, daß Alexander von Humboldt beschnitten war? Ein polnischer Jude, der ursprünglich Heimann geheißen! Elise von Hohenhausen? Ein Judenweib, die am Hamburger Steinweg mit alten Hosen gehandelt! Alfred Meißner, Heinrich Laube – die Namen verkünden die Abstammung! Fürst Pückler-Muskau? Es ist ein öffentliches Geheimnis, daß er mauschelte!

Laß dich nicht betrügen, deutsches Volk! Wahre deine heiligsten Güter, deinen kindlichen Glauben, deine unverfälschte Nationalität, und daß sie dir nie verloren gehen, so bestelle mich schleunigst zum amtlichen Hüter derselben, – mit einem Gehalt von tausend Mark, oder wie viel du willst, wenn dir das zu viel ist, und bald, denn mit meinen literarischen Arbeiten verdiene ich nicht einen Groschen, da sie mir niemand abnehmen will ... O diese Welt! Da drängt sich nun dies Pack von Verlegern, eine Ausgabe der Werke Heines um die andere in die Öffentlichkeit zu setzen, dieses erbärmlichen, unfähigen Dichterlings ... und ich muß vergebens von Pontius zu Pilatus laufen mit meinen Manuskripten, für die keiner einen Nickel geben will ... ich, der geniale, der große, der unsterbliche Xanthippus! ...

11 Franz Mehring

Heine und sein Denkmal
[1894]

Seit einigen Jahren zankt man sich in der bürgerlichen Welt um die Frage eines Denkmals für Heinrich Heine. Es sollte ihm erst in Düsseldorf und soll ihm nunmehr in Mainz errichtet werden. Gegen das Denkmal eifern die Antisemiten, die Junker und Pfaffen und natürlich auch alle Hohenzollern-Byzantiner; für das Denkmal kämpfen die sogenannten »Lichtfreunde«, voran die Organe der Börsendemokratie und des Geldjudenthums. Doch sind diese gegnerischen Parteien keineswegs geschlossen. Bürgerliche Blätter von der manchmal recht verständigen Haltung der ›Grenzboten‹ bekämpfen wegen Beängstigung ihrer monarchischen Gefühle das Denkmal, während sich unter seinen Gönnern die Kaiserin von Oesterreich befindet oder doch befunden hat. Die Bewunderer des Grafen Herbert Bismarck rühmen es als seine zwar einzige, aber dafür auch unvergleichliche und seine beispiellosen Blamagen in der Samoa- und Wohlgemuth-Angelegenheit weit überstrahlende Heldenthat, daß er die Kaiserin Elisabeth bewogen hat, ihr dem Heine-Denkmal anfangs zugesagtes Protektorat vor der Oeffentlichkeit zurückzuziehen.

Alle Peripetien des nunmehr schon langjährigen Krieges hier aufzuzählen, liegt uns fern, doch ist der Streit neuerdings in einen Grad der Erhitzung getreten, der ihn als einen symptomatischen Fieberanfall der bürgerlichen Gesellschaft der ärztlichen Untersuchung werth erscheinen läßt – nicht zum Zwecke der Heilung, aber zum Zwecke des Studiums. Irgend ein findiger Reporter war auf den famosen Gedanken verfallen, die Ansicht bürgerlicher »Notabilitäten« über ein Heine-Denkmal einzuholen. Unter den also Angegangenen befand sich auch Herr Petri Kettenfeier Rosegger, der sich als geschäftsgewandter Mann um die heikle Frage durch die Antwort herumzudrücken suchte, er kenne weder Heine noch Mainz genügend, um sich ein Urtheil erlauben zu dürfen. Da war der Kluge klug genug, nicht klug zu sein. Daß Rosegger so wenig ein Verständniß für Heine hat, wie Reuter es hatte, erklärt sich aus dem Gegensatze der bäuerlich-stabilen und der bürgerlich-revolutionirenden Demokratie. Aber Reuter war ehrlich genug, seinem Herzensdrange durch einen sehr schwachköpfigen Ausfall gegen

Heine Luft zu machen, während Rosegger sich zwischen zwei Stühle zu setzen versuchte, was bekanntlich noch Niemandem geglückt ist. Und so wurde er denn das Opfer einer wahrhaft tragikomischen Nemesis. Der hiesige ›Börsenkurier‹, ein ebenso glühender Vorkämpfer des Geldjudenthums wie des Heine-Denkmals, »enthüllte« Rosegger, und die erstaunte Welt sah in diesem schlichten und treuherzigen Bauern, dessen keusche Gesinnungen durch die Kenntniß von Heine's Schriften noch nicht befleckt sind, einen mit allen Wassern kapitalistischen Geschäftsbetriebs gewaschenen Geschäftsmann, der durch glückliche Heirathen und durch die für den armen Heine so ganz unerreichbare Kunst, bürgerliche Verleger übers Ohr zu hauen und unermüdlich Reklame für sich zu machen, ein großes Vermögen akkumulirt und dennoch in dem traditionellen Hungerkostüm deutscher Poeten mit Erfolg an die Thore der Schillerstiftung gepocht hat.

Je mehr es den ›Börsenkurier‹ und ähnliche Geister schmerzen mußte, über einen alten Liebling ein so strenges Gericht zu halten, um so eher wurden sie für ihre Selbstüberwindung dadurch belohnt, daß der ärgste aller Hohenzollern-Byzantiner in ihrem Lager erschien und eine ritterliche Lanze für das Heine-Denkmal brach. Wir meinen Herrn v. Wildenbruch, der nicht nur dem Geiste, sondern auch dem Leibe nach der Hohenzollern-Dichter in edelster Gestalt ist. Die Wildenbruchs sind eine Seitenlinie der Hohenzollern, aus der glücklichen Zeit her, als der Absolutismus billige Rücksicht auf den Geldbeutel seiner geliebten Unterthanen nahm und, um die Zivilliste nicht allzu sehr anzuschwellen, nur den Söhnen und Brüdern der Könige die »standesgemäße« Verheirathung gestattete, allen anderen Prinzen aber überließ, sich morganatisch mit gemeinen Töchtern der Erde zu verehelichen. Herr v. Wildenbruch ist ein Nachkomme des Prinzen August, über den Napoleon in einem eben von der ›*Nouvelle Revue*‹ veröffentlichten Briefe 1807 an den Marschall Viktor, den damaligen Gouverneur von Berlin, schrieb: »Mein Cousin, ich erhalte eben den Brief, worin Sie mich wissen lassen, daß Prinz August von Preußen sich schlecht aufführt. Das wundert mich nicht, denn er hat wenig Geist. Es giebt nichts Seichteres, als diese preußischen Prinzen!« Diese Charakteristik des Ahnen paßt auch auf den Enkel, und wie Napoleon, dachte in diesem Punkte sein Bewunderer Heine. Wenn wir in weihevollen Mußestunden Herrn v. Wildenbruch's kollerige Nationalhymnen, sein ›Heiliges Lachen‹ oder seinen pindarischen Lobgesang auf das

Leibroß des alten Kaisers Wilhelm lesen, dann kichern uns nichtswürdigerweise in unserem rebellischen Gedächtniß Heine's Verse:

Das Brutale in der Rede,
Das Gelächter ein Gewiehr,
Stallgedanken –

Menschlich rührend ist es gewiß, daß Herr v. Wildenbruch dem Heinrich Heine alles gebrannte Leid verzeiht, das der arge Spötter ihm schon vor seiner Geburt angethan hat. Es ist so menschlich rührend, wie es menschlich rührend war, als der König Friedrich an Voltaire, der ihn unnatürlicher Laster und sonstiger Schandthaten geziehen hatte, im Jahre 1759 aus Landeshut schrieb: »Ich für mein Theil vergebe Ihnen wegen Ihres Genies Alles, was Sie gegen mich sagten oder drucken ließen. Es war stark, hart und viel, indessen habe ich nicht den geringsten Groll mehr.« Friedrich ließ auch die Berliner Bibliothek erbauen, um Voltaire's Schriften würdig zu beherbergen, und die Porzellanmanufaktur mußte Voltaire's Büste herstellen, unter die der König mit eigener Hand schrieb: *Viro immortali,* dem unsterblichen Manne. Trotzdem – wir gestehen es offen – waren wir höchlichst verwundert, als wir Herrn v. Wildenbruch's Pronnunziamento außer in sämmtlichen liberalen Zeitungen auch vereinzelt in Organen passiren sahen, wo man es nicht hätte vermuthen sollen, und zwar wegen seiner »Vernünftigkeit«. Unser unglückliches Gedächtniß erinnerte uns daran, daß es zu den alten, lieben Gewohnheiten des Herrn v. Wildenbruch gehört, einerseits zwar die lebenden Gäule des kaiserlichen Marstalls inbrünstig anzusingen, andererseits aber auch mit allen todten Helden der Menschheit zu krebsen, vorausgesetzt, daß sie recht todt sind und mit ihren Knochen ein wenig Reklame gerasselt werden kann. Genau so, wie jetzt mit dem Heine-Denkmal, trieb es Herr v. Wildenbruch 1887 mit dem Hutten-Denkmal. Damals antwortete seinem Singsang der Züricher ›Sozialdemokrat‹: »Wir Sozialdemokraten sind nicht in der Lage, Hutten ein Denkmal von Erz und Stein setzen zu können. Wir setzen ihm ein besseres Denkmal, indem wir sein Werk vollenden. Und weil wir Nachfolger Hutten's sind, weil wir in seinem Geiste handeln, werden wir verfolgt, gerade wie weiland Hutten verfolgt und gehetzt wurde, werden wir gehetzt von denselben Personen und Parteien, die jetzt Hutten ein Denkmal setzen wollen ... Wir aber sagen: Ihr seid elende Heuchler! Und so lange Ihr in Deutschland Euer unreines Wesen treibt, ist es eine

Versündigung an Hutten, ihm in seiner Heimath ein Denkmal setzen zu wollen. Wenn die Sozialdemokratie das ›Nationalzuchthaus‹ zerstört und der Wirthschaft von heute, deren gleißnerische Lobredner die Wildenbruch und Konsorten sind, das verdiente Ende bereitet hat, dann ist es Zeit, Ulrich von Hutten ein Denkmal zu setzen. Vorher nicht.« Und mit diesen Worten, die auf Heine noch weit mehr zutreffen, als auf Hutten, ist die Stellung der Arbeiterklasse zu dem Streit über das Heine-Denkmal mit erschöpfender Klarheit dargelegt.

Haben die Junker und Pfaffen und spießbürgerlichen Philister jemals recht gehabt, so haben sie es mit der Behauptung: Alles, was uns heilig ist, Alles, worauf des neuen deutschen Reiches Herrlichkeit beruht, hat Heine verhöhnt und verspottet. Das ist wahr, das ist dreitausendmal wahr, und wer davon auch nur ein Titelchen abdingen will, um irgendwo einen verwitternden Stein mit hoher obrigkeitlicher Erlaubniß als Heine-Denkmal aufstellen zu dürfen, der versündigt sich an Heine mehr, als sich je ein Junker oder Pfaff oder spießbürgerlicher Philister an ihm versündigt hat. Es ist sogar noch viel wahrer, als die grimmigsten Gegner des Heine-Denkmals anzunehmen scheinen. Beispielsweise bringen die ›Grenzboten‹ in einem ihrer letzten Hefte eine Blüthenlese sehr despektirlicher Aeußerungen, die Heine über die Hohenzollern und Blücher und Stein und sonstige Nationalhelden gethan hat. Wäre es aber nur das, so wäre es noch nicht viel. Dann läge die Sache so, wie sie zwischen König Friedrich und Voltaire lag. Solche persönliche Kränkungen lassen sich um des Genies willen vergeben und vergessen. Aber Heine hat weit mehr und – im Sinne des neudeutschen Patriotismus – weit Schlimmeres gethan. So wenig er die Hohenzollern liebte, so hat er unter Umständen doch ihre *Personen* gelobt, um desto nachdrücklicher ihr *System*, die Verpreußung Deutschlands, mit seiner schärfsten Geißel zu treffen. Man lese unter Anderem die Vorrede zu den ›Französischen Zuständen‹, wo er sogar »Se. Majestät Friedrich Wilhelm, dritter des Namens, König von Preußen« karessirt, ihn gut und tapfer, standhaft im Unglück und milde im Glück nennt, um dann »dieses Preußen, diesen langen, frömmelnden Kamaschenhelden mit dem weiten Magen und mit dem großen Maule und mit dem Korporalstock, den er erst in Weihwasser taucht, ehe er zuschlägt, dieses steife, heuchlerische, scheinheilige Preußen, diesen Tartüffe unter den Staaten« mit seinem beißendsten Spotte zu überschütten. Ja, die Junker und Pfaffen und spießbürgerlichen Philister haben dreitausendmal recht, wenn sie sagen: der Boden *unseres* heiligen Reiches würde durch ein Denkmal Heine's entweiht werden.

Will man ihnen entgegentreten, so kann man es nur mit dem durchschlagenden Worte thun, das Ritter Paulet an Maria Stuart richtete: »Was ihn Euch widrig macht, macht mir ihn werth.« Wer dazu nicht die Kourage hat, der lasse die Hände von Heine. Er hat mit Heine so wenig zu schaffen, wie Heine mit ihm. Es ist einfach scheußlich, mit anzusehen, wie sogenannte Bewunderer Heine's als »Schwächen« an ihm zu entschuldigen suchen, was seines unsterblichen Wesens unsterblichster Theil war. Bei der heute herrschenden, beschränkten und oberflächlichen Auffassung der bürgerlichen Literaturgeschichte, die längst alle feineren und tieferen Maßstäbe für die Werthung historischen Geisteslebens verloren hat, müssen wir auf den Einwand gefaßt sein, daß wir Heine zum Politiker verkrüppeln, daß wir ihn auf ein Parteiprogramm verpflichten wollten. Fällt uns aber gar nicht ein. Heine war kein Politiker, sondern ein Poet und zwar ein großer Poet; er hat kein Parteiprogramm verfochten, sondern mit dem Blicke des Sehers seiner Zeit in Herz und Nieren geschaut. Schöner, als wir es könnten, hat Robert Schweichel vor Jahren in der ›Neuen Zeit‹ Heine gewürdigt und seine Würdigung in die Worte zusammengefaßt: »So steht Heine mit der Leier und dem Bogen auf der Grenze einer zum Leben ringenden Welt, ein revolutionärer Dichter.« Wer aber den Revolutionär Heine verleugnet, der hat kein Recht, mit dem Dichter Heine zu prahlen; wer seinen Bogen zerbricht, darf seine Leier nicht schmücken; wer die zum Leben ringende Welt verdammt, sollte ihren genialen Propheten nicht auf den Schild erheben.

Bei einem Blick auf die »gebildete« und »freisinnige« Falstaffgarde, die für das Heine-Denkmal so todesmuthig kämpft, fallen uns immer Lassalle's Worte ein: »Der Bürger schwärmt für unsere Dichter, weil er einige Verse von ihnen zitiren kann, aber sich niemals in ihre Weltanschauung hineingedacht hat.« In der That – der Gesangverein »Halbe Lunge« singt die ›Loreley‹ wunderschön und die höhere Tochter paukt auf dem Klavierzimbel nicht minder wunderschön die Blume, so hold und schön und rein oder das Königskind mit den nassen, blassen Wangen und wenn's hoch kommt, würzt man das lederne Geschwätz im Kasino mit ein paar guten Witzen aus den ›Reisebildern‹. Das ist nicht einmal der halbe, geschweige denn der ganze Heine, das ist ein genialerer Arnim oder

Brentano, wie denn die Loreley-Sage von Brentano erfunden worden ist und von Heine nur ihre klassische Form erhalten hat, das ist ein tönendes Echo aus ›Des Knaben Wunderhorn‹, dem unergründlich tiefen Brunnen des Volksliedes, von dem der freisinnige Philister nun schon gar nichts weiß. Auch ›Die beiden Grenadiere‹ stehen auf dem Repertoire der Gesangvereine, und man verzeiht dem Dichter großmüthig die »Schwäche« seines Napoleon-Kultus. Und doch enthielt dieser Kultus eine Weltanschauung: das leidenschaftliche Bekenntniß zu der bürgerlichen Kultur, welche die französischen Bajonnette den Rheinlanden gebracht hatten, und die ihnen nunmehr wieder entrissen werden sollte durch die feudale Unkultur der ostelbischen Schnapsbrenner.

Wir müßten wohl ein Denkmal, das Heine's würdig wäre, ein Denkmal, das, wenn es sich über seinem Grabe erhöbe, den todten Dichter vor heller Lust erwecken könnte. Ein solches Denkmal wäre eine historisch-kritische Ausgabe seiner Werke, die nach Ausscheidung alles Abgestorbenen und Todtgeborenen der Arbeiterklasse das ganze Verständniß des Genius, des Kämpfers, des Märtyrers erschlösse. Man brauchte den Gesangvereinen und den höheren Töchtern ihr erbgesessenes Besitzthum gar nicht so sehr zu schmälern; es blieben der reichen Schätze genug. All die mächtige Beredtsamkeit gegen freche Unterdrückung, all der feurige Spott über träge duldende Feigheit, all die seherischen Blicke, die gleich glänzenden Sternen das Dunkel der Zukunft erhellten, all das Tiefe und Wundervolle, was Heine über die deutsche Philosophie und den französischen Sozialismus gesagt hat. Es bliebe ›Atta Troll‹, es bliebe das ›Wintermärchen‹, es blieben die herrlichen Zeitgedichte aus den dreißiger, vierziger, fünfziger Jahren, die dem guten Ruge, der in den ›Halle'schen Jahrbüchern‹ anfangs sehr von oben herab über Heine geurtheilt und dafür den Dank des preußischen Kultusministers geerntet hatte, denn doch den begeisterten Schrei entrissen, Heine sei der freieste Deutsche, ein moderner Aristophanes, ein Jüngling ohne Fehl und Tadel, der Tyrtäos der deutschen Wolkenschlacht. Aber die Arbeiterklasse steht im heißen Kampfe, und dringendere Pflichten hindern sie, ihr geistiges Erbe schon jetzt in vollem Umfange anzutreten. Sie kann warten, aber Heine kann es glücklicher Weise auch. Ein halbes, ein ganzes Jahrhundert mehr und seine Gestalt wird sich nur um so größer am historischen Horizonte abzeichnen.

Derweil melden die freisinnigen Zeitungen, der städtische Finanzausschuß von Mainz habe mit fünf gegen drei Stimmen beschlossen, einen Platz für das Heine-Denkmal einzuräumen. Sie ziehen daraus »günstige« Schlüsse auf die »Stimmung« der Mainzer Stadtverordnetenversammlung. Die Mainzer Stadtverordneten sind der Areopag, der darüber entscheiden soll, was Heine dem deutschen Volke bedeutet. O daß doch Heine noch lebte, diese Krähwinkelei zu züchtigen, wie nur er deutsche Krähwinkeleien zu züchtigen verstand!

12 Peter Rosegger

Nun kenne ich Heinrich Heine gut genug
Eine Entgegnung
[1894]

Vor einiger Zeit hat ein Herr Hans R. Fischer aus Mainz mancherlei Leute »aufgefordert«, eine Meinung darüber zu sagen, ob das Heine-Denkmal in Mainz aufgestellt werden solle oder nicht. Unter anderen auch mich. Dieser Interviews- und Enquêten-Veitstanz ist eine widerliche Plage, es kommt nichts dabei heraus, als höchstens ein Büchlein, Ladenpreis zwei oder drei Mark.

Man mag sich nicht in jeden Zank mischen, der da über Politik, Literatur und Geschmack geführt wird im lieben deutschen Reiche. Zudem lag der Gegenstand mir fern. Heine hat mich nie interessiert und in eine fremde Gemeindeangelegenheit dreinzureden hielt ich mich nicht für befugt. Ob ein Heine-Denkmal überhaupt, darüber lässt sich streiten, ob es in Mainz stehen soll, darüber haben die Mainzer zu entscheiden. Wollen sie es, so sollen sie es, wenn nicht, so nicht. Also dachte ich und gab dem Fragesteller keine Antwort. Aber der beharrliche Herr Fischer wiederholte sein Verlangen und schrieb mir endlich, daß der »hochgeehrte« u. s. w. unmöglich fehlen dürfe in seiner Enquête. Hierauf wurde ihm meinerseits auf einer Postkarte folgender ablehnende Bescheid ertheilt: »Ich kenne weder Mainz noch Heine gut genug, um über die Sache eine bestimmte Meinung äußern zu können.« Natürlich hat Herr Fischer nichts Eiligeres zu thun gehabt, als diese einen Beitrag verweigernden Privatzeilen selbst als Beitrag in seine Meinungssammlung zu legen und zu veröffentlichen. Es ist in der Sammlung ja eine »Lücke« auszufüllen und vielleicht lässt sich gar ein bisschen Reclame schlagen aus diesem Bekenntnisse eines Wilden.

Herr H. R. Fischer ist ein sehr taktvoller Mann. Als er seine Sammlung im Trockenen hat, schreibt er für die ›Frankfurter Zeitung‹ ein Feuilleton über sie und in diesem Aufsatze verhöhnt er jene seiner mit unterthänigen Bitten geladenen Gäste, die gegen das Heine-Denkmal sich erklärten. So müssen sich Felix Dahn, Ludwig Büchner, Herzog Elimar von Oldenburg mehr oder weniger freche Rippenstöße gefallen lassen von ihrem charmanten Gastherrn. Meine Wenigkeit bekam auch einen.

Nun folgte der Tross jener Blätter, welche aus ihrem Heine gerne einen deutschen Heiligen machen möchten. Sie wissen warum. Besonders über meine ganz arglose Äußerung, dass ich Heine und Mainz nicht gut genug kenne, um in der Denkmalfrage öffentlich mitzureden, fielen sie her mit Schimpf und Schaum. Die einen schrieben meine Unwissenheit dem einstigen »Schneiderlehrling« zu, die anderen wollten eine Opportunitätspolitik darin erblicken, die dritten meinten, mein Name sei gar nicht wert, mit dem Heinrich Heine's in einem Athem genannt zu werden, während ein Humorist der Ansicht war, wir, Heine und ich, verdienten beide ausgehauen zu werden – ich sofort. Und ein Blatt kam mit dem Ausspruche, ein größeres Armutszeugnis könne sich ein Deutscher nicht mehr ausstellen, als mit dem Geständnisse, Heinrich Heine nicht zu kennen! – Die Kenntnis Heine's gehört zur Charakterbildung! Nicht wahr? Die Mehrzahl der Menschen ist leider noch immer befangen von dem Wahne, dass die Kenntnis Heine's nicht unumgänglich nothwendig sei, um ein guter Staatsbürger zu sein und selig zu werden – und so habe auch ich wie Millionen andere das Heil versäumt und verscherzt.

Zwar bin ich mehrmals sozusagen durch einen guten Instinct an Heine gerathen, um ohne Vorurtheil, in der besten Absicht, des Genusses theilhaftig zu werden, dessen sich Anhänger dieses Dichters rühmen; aber außer einigen Liedern war und blieb mir dieser menschliche und literarische Charakter widerlich, und so habe ich darauf verzichtet, mich näher vertraut zu machen mit solch boshaft höhnendem Geistes. – Jetzt ist das Malheur fertig! Jede Köchin liest ihren Heine, während der Kuchen anbrennt; jeder Schusterbub pfeift seinen Heine, während er andere Jungen mit Straßenkrumen bewirft und jeder Journalist citiert seinen Heine, wenn ihm selber nichts einfällt. Ich allein bin von diesen Segnungen ausgeschlossen. – Warum auch habe ich die Freiheit, von der sie so begeistert singen, dahin missverstanden, dass ich mir die Freiheit nahm, meinen eigenen Geschmack zu haben, und mein persönliches Bestimmungsrecht in Sachen Heinrich Heine's.

»Aus blutender Liebe zum Vaterland hat Heine es verhöhnt!« sagen sie. Am Ende zahlt das Vaterland seine Dankbarkeit mit derselben Münze zurück? »Heine ist nicht zu entbehren!« ruft ein großes Wiener Blatt pathetisch aus und denkt dabei wahrscheinlich an Shakespeare, Calderon, Schiller und andere, aus denen sicher etwas geworden wäre, wenn sie ihren Heine in der Tasche gehabt hätten. Heine's Schriften, so unterrichtet uns dasselbe Blatt, sind eine elementare Macht in der deutschen Literatur, deren Einfluß sich kein lebensvoller Schriftsteller ungestraft entzieht. Wie wahr, wie wahr! Wer Heine nicht kennt, der wird beschimpft, wer ihn kennt und nicht lobt, der wird erst recht beschimpft. Solcher »elementaren Macht« kann sich kein anderer Dichter rühmen.

Dieser Messias steht unvergleichlich höher als der unsere. Als Petrus einst seinen Herrn verleugnet hatte mit den Worten: »Ich kenne diesen Menschen nicht!« da traf ihn kein Wort des Vorwurfes. Wehe aber dem, der Heinrich Heine nicht kennt, ihm wäre besser, nicht geboren zu sein!

Berthold Auerbach nennt Heine – jedenfalls aus Judenhass – einen Gesinnungslumpen. Bei Heine aber ist, sagen seine Jünger, »die Gesinnungslumperei durch das Genie geweiht« und wer sie trotzdem verachtet, der macht sich eines Sacrilegiums schuldig. Wir brauchen vielmehr ein öffentliches Standbild, welches die Gesinnungslumperei sanctioniert. –

Doch genug. Das Ding hat auch eine ernste Seite. Nicht die Judenfrage als solche will ich berühren, in dieser Frage bin ich ja nie verstanden worden. Seit zehn Jahren halten die Antisemiten mich für einen Judenknecht, die Juden für einen Antisemiten. Und thatsächlich bin ich nichts, als ein Mensch unter Menschen. Mein Sprüchlein ist und bleibt: Humanität. Doch das muss gesagt werden: die Juden – besonders in ihren Zeitungen – sind manchmal von einer *ganz empörenden Anmaßung*. Gegen ihre Widersacher pflegen sie mit cynischer Rücksichtslosigkeit vorzugehen, sie selber sind von einer lächerlichen Empfindsamkeit, die es als Beleidigung des ganzen Stammes auffasst, wenn einer Heinrich Heine nicht kennt. Die Heinegötzerei, die sie jetzt treiben in Deutschland, ist dumm und frech. Vor diesem Gesslerhut neigen wir uns nicht.

Doch züchten sie mit solchem Gebaren Niedertracht, schaden sogar ihren unschuldigen Stammesgenossen und provocieren den traurigen Kampf bis aufs äußerste. – Ich gönne ihnen die Freude an Heine recht vom Herzen, werde den Deutschen, der an Heine Geschmack findet, darum nicht gleich zu den »Judenknechten« werfen, aber ich lasse *mir* diesen Dichter nicht aufzwingen.

Herzog Elimar von Oldenburg dürfte das Richtige getroffen haben mit seinem Ausspruch an Herrn Fischer: »Wenn Heine nichts anderes als das ›Buch der Lieder‹ geschrieben hätte, so würde ich für die Errichtung des Denkmals stimmen.«

Professor Adolf Wagner in Berlin erkennt ebenfalls einige Gedichte Heine's mit Bewunderung an, erinnert aber an die wahrhaft verabscheuenswürdigen Seiten, die Heine als Mensch gehabt hat. Felix Dahn betont »die das Deutsche hassende und verachtende Gesinnung dieses Juden«.

Anlässlich der Giftfehde um das Heine-Denkmal sind mir unter anderem auch zwei Sonette zugeschickt worden, die jetzt, da man mich provociert hat, aus der Lade geholt werden sollen.

I.

Sonst sagt man, jener Vogel sei ein schlechter,
Der gern das eig'ne Nest mit Koth beschmutzet,
Was andern schmachvoll scheint, du hast's genutzet
Und fränk'sches Gold war deines Witzes Pächter.

Du gabst uns preis dem fremden Hohngelächter,
Nur ihn, der aller Menschlichkeit getrutzet,
Ihn hast du liebevoll herausgeputzet,
Dein schönstes Lied galt jenem Völkerschlächter.

Uns höhntest du mit geistreich giftigem Hohne.
Ihm, der in Strömen deutsches Blut ließ rinnen,
Der frechen Sinns verleumdet und geschändet
Die edelste der deutschen Königinnen.
Ihm hast dein bestes Buch du zugewendet.
Und sieh, nun wird ein Denkmal dir zum Lohne?

II.

Glaubt nicht, ich wolle kleinlich splitterrichten,
Doch wer hätt' je sich kecklich unterfangen,
Was er an seinem eignen Volk begangen.
Lasst einen Franzmann schreiben Spottgeschichten

In deutschem Land, in Preußens Solde dichten,
Glaubt ihr, er kann in Frankreich Ruhm erlangen?
Am Pranger würde dort sein Name hangen.
Man zählt' ihn drüben zu den schlechtsten Wichten.

Du glühtest für den corsischen Tyrannen,
Der uns gestürzt in Schmach und in Verderben,
Kein Lied sangst du für Körners, Hofers Sterben,
Kein Lied für Blüchers tapfere deutsche Mannen.
»Dem Corsen Heil!« für uns nur häm'sche Glossen, –
Dein Denkmal nun, die dümmste deutscher Possen. –

Der Zorn, der diese Gedichte durchflutet, ist nicht erst von heute! Er ist älter als der moderne Antisemitismus und steht auf anderen Thatsachen. Auch den Renegaten deutscher Abstammung, und solchen noch vernichtender, müsste der Fluch treffen, dem Heine nicht entgeht. Einige Entschuldigung, und ich bin geneigt sie gelten zu lassen, liegt in Heines fremdem Blute und in dem furchtbaren Geschicke seines Volkes.

An dem genialen Spötter könnte man sich ja freuen, denn die Satire ist das Schoßhündchen der Poesie. Es mag schalken und scherzen und necken und übermüthig sein; wenn es sich aber unanständig aufführt oder gar einem ins Gesicht springt mit giftigem Bisse, dann schleudert man die Bestie in den Winkel! Es ist ein Unterschied, ob das Schlechte verspottet wird, um es zu bessern, oder das dem Menschen Heilige, um es zu tödten. Es ist ein Unterschied, ob man die Sünde schildert, um an sie zu locken, oder um von ihr abzuschrekken. Der Heinekenner wird mich verstehen. – Sie sehen, meine Herren, ich habe auf Ihre werte Anregung hin schon ein bisschen Heinestudien getrieben. Wenigstens kann ich meine von Herrn Fischer so heiß ersehnte und von manchen Zeitungsschreibern so schwer vermisste Meinung nun mittheilen. Dieselbe lautet: Dem Dichter Heinrich Heine aus dem Gelde seiner Verehrer ein Denkmal in – Paris.

Diese Antwort nothgedrungen. Erst nach wiederholten persönlichen Angriffen schlage ich drein. Für die Zukunft wird es mir lieb sein zu erfahren, was ich thun oder lassen soll, um in Frieden leben zu können! – Hätte einer in diesem Fall nach Mainz geschrieben: »Dem Dichter Heine ein Denkmal!« – Entrüstung bei den Antisemiten. Hätte er geschrieben: »Dem Dichter Heine kein Denkmal!« – Wuthgeschrei im papierenen Lager Israels. Nun hatte ich der Wahrheit gemäß gesagt: »Ich kenne ihn nicht gut genug, um öffentlich in der Sache mitzusprechen«. Allsogleich das Geserres über den Ignoranten oder Opportunitätspolitiker. Hätte ich aber ganz geschwiegen, so würden sicher Stimmen der Empörung laut geworden sein darüber, dass sich ein steirisches Poetlein erdreistet, die hochwichtige Heine-Denkmalfrage zu ignorieren. – Also Anrempelungen unter allen Umständen. Und von welch niedriger Art! – Opportunitätspolitik! Diese habe ich von jeher schlecht fundierten Blättern überlassen. *Meine* Politik, wenn man Selbsttreue so nennen könnte, ist sehr *unpraktisch*, anstatt Geld und Gut bringt sie Anfeindungen von allen Seiten.

Und immer noch bin ich lieber der kleine angefeindete Waldpoet, als der große Dichter Heinrich Heine, dessen ohnehin zweifelhaftes Andenken durch diese sonderbare Denkmalschnorrerei aufs Tiefste entwürdigt wird.

13 Samuel Lublinski

Heinrich Heine [Auszug]
[1899]

Heute kann Heine nicht mehr als der letzte Romantiker bezeichnet werden. Zu viele sind ihm nachgekommen, die immer wieder mit den Mitteln und Methoden des jeweiligen Zeitalters die alte Geistesrichtung neu belebten, ein neues prickelndes Ingredienz dem alten Zaubertrunk beimischten. Eher ist Heine der erste dieser ganzen Reihe, und sein Beispiel, das Nachahmung fand, hat vielleicht die Romantik gerettet, die in ihrer alten Form und Artung bereits im Zeitalter der Restauration in das Hintertreffen gerathen war und an langsamer Auszehrung sichtlich dahinstarb.

Aber dieser Streit um Priorität und Nachkommenschaft ist völlig müßig, wenn nur die Hauptsache feststeht und nicht bestritten wird: Heinrich Heine war ein Romantiker. Oder, mit andern Worten, Heine sah die ganze Welt nur unter dem Gesichtswinkel des genialen Individuums. Eine soziale Natur ist er nie gewesen, so oft er sich auch in die politische Arena wagte und mit seiner biegsamen, blanken Toledanerklinge tödliche Streiche austeilte.

[...]

Er glaubte nicht an die Allmacht und Unsterblichkeit der Gesellschaft; er glaubte nur an die Allmacht und Unsterblichkeit seines Genies. Aber seine außerordentliche Begabung war eben darum der sachlichen Hingabe ganz unfähig, konnte sich in den festen Kunstformen keine Heimat schaffen. Es blieb ihm nichts übrig, als die ungeheure Fülle von Eindrücken und Weltmächten, die um den Besitz seiner Seele rangen, als Spiel- und Fangbälle mit spöttischer Laune und glänzender Geschicklichkeit hin- und herzuwerfen, und so alle Elemente der Menschheit immer wieder in sich zusammen zu mischen, immer wieder die äußersten Pole der Menschennatur gegen einander umzubiegen. Er hat sich an diese Aufgabe kühn herangewagt und ist der Lösung näher gekommen, als jeder andere Romantiker. Neben dem völlig anders gearteten Heinrich von Kleist bezeichnet darum Heinrich Heine den zweiten Höhepunkt der Schule. Hier liegt seine Größe und seine Grenze.

[...]

Heinrich Heine, dieser zweite Gipfelpunkt der Romantik, ist das genaue Gegenspiel von Heinrich von Kleist. Der Dichter des ›Robert Guiscard‹ strebte gewaltsam die objektive Vereinigung und Verschmelzung von Elementen an, die sich nun einmal nicht verschmelzen ließen und gelangte dadurch halb unbewußt auf die Wege, manchmal Irrwege der Romantik. Heine, der verhältnismäßig viel weniger heterogene Kulturelemente zu verdauen hatte, fühlte sich dagegen niemals versucht, eine Ausgleichung und objektive Einheit in seiner Gedankenwelt herzustellen. Ihm genügte die subjektive Einheit und Wahrheit seiner Empfindung, die sich proteusartig den verschiedensten Elementen anzupassen wußte, während sein Witz über dieser Gefühlswelt siegreich hinschwebte. Aber so groß und gewaltig war diese innere Einheit seiner Natur, daß er jede Spaltung seines vollmenschlichen Persönlichkeitsideales nicht nur glücklich vermied, sondern daß es ihm sogar gelang, ganz moderne und scheinbar ganz rationalistische Elemente in den Umkreis seiner Romantik hineinzuziehen. Es gelang ihm, die französische Revolution in den Dienst der mondbeglänzten Zaubernacht zu stellen, den bisher so abstrakten und doktrinären Liberalismus zu poetisieren und die scheinbar so poetische, mittelalterliche Romantik in das Philisterium zurückzuschleudern: Dadurch wurde er der Vorläufer jener revolutionären Begeisterung, die im Völkerfrühling von 1848 zum Ausbruch kam. Er selbst freilich blieb zu sehr Romantiker, zu sehr aristokratische Künstlerpersönlichkeit, um sich als Parteisoldat in

Reih und Glied zu stellen, und je näher die Revolution heranrückte, desto mehr verfeindete er sich mit den Führern der radikalen Linken. Eben so wenig war er fähig, die geschichtliche, objektive Auffassung eines Hegel zu begreifen und von der mittelalterlichen Romantik zu sondern. Diese verhängnisvolle Verwechselung verleitete ihn zu Angriffen gegen Einrichtungen und Bestrebungen, denen die Zukunft gehörte. Die Sieger haben ihn diese Angriffe schwer entgelten lassen, und objektive, nur objektive, für Gebundenheit an historische Institutionen schwärmende Geister, wie Heinrich von Treitschke, standen dem subjektivsten aller Dichter mit dem Haß der vollendeten Verständnislosigkeit gegenüber. Auch an seinem Ruhmeskranz als lyrischer Dichter wagte man zu zupfen. Auch hier mit Unrecht und dennoch auch hier mit berechtigter Opposition, vom Standpunkt einer rein sachlichen und innigen Hingabe an die unverlinderte und unverkritzelte Landschaftsnatur. Aber man mißt den Dichter mit falschen Maßstäben, wenn man solche Forderungen an ihn stellt. Er war kein objektiver, sondern ein subjektiver Poet. Und er hatte dazu ein Recht, weil er eine der reichsten, genialsten, übermütigsten, in der Stunde der Prüfung heroischsten Persönlichkeiten gewesen ist, die je gelebt haben. Er hat es nie versucht, die Bedürfnisse des objektiven Lebens mit seinen persönlichen Bedürfnissen in Einklang zu bringen. Darum wird man ihn in sachlichen, politischen und historischen Fragen kaum als ein Orakel gelten lassen. Aber wo das Sachliche und Massenhafte uns zu ersticken, der Markt des Lebens mit seinem Gelärm uns zu übertäuben droht, da wird uns Heine als mächtiger Helfer in der Not erscheinen und uns lehren, diese gewichtigen Dinge, von denen wir doch nicht los können, auch einmal mit dem souveränen Stolz der Persönlichkeit zu betrachten. Auch hat er stärkeren Geistern, die persönliches und öffentliches Leben ernstlich in Einklang zu bringen suchen, mindestens wertvolle Bausteine hinterlassen. Wenn er auch keineswegs unbedingt als deutscher Aristophanes zu bezeichnen ist, so wird doch ein komisches dramatisches Genie, wenn es in Deutschland erstehen sollte, mit Nutzen an ihn anknüpfen dürfen. Und auch die psychologische Lyrik, die in unsern Tagen ihre Schwingen regt, verdankt ihm viel. Von hier aus ist noch eine Zukunftswirkung Heines möglich.

14 Wilhelm Bölsche

Heine im Abendrot seines Jahrhunderts
[1901]

.... endlich stopft die Mäuler, –
Aber ist das eine Antwort?
Heine

Vor mir an der Wand hängt ein alter vergilbter Stich. Nach einem Popperschen Gemälde von 1843. Heine im Schlafrock, mit offenem Hemdkragen, äußerst schlicht; aber im Auge ein eigentümlicher Glanz, ein echter Dichterblick, den kein anderes Heine-Portrait so besitzt. Am Rahmen stecken ein paar Buchsbaumzweige, – von der Grabstätte auf dem Friedhof Montmartre zu Paris.

Ich denke der Stunde, da ich sie gepflückt.

In der Zwielichtwende eines Winternachmittags. Die Gräber da oben alle im tiefen Schnee. Und unten die unablässig rollende, grollende Weltstadt, von der ein rotfahles Licht in den Nebeldunst rann, wie Blut und Pulverdampf einer Schlacht im Thal.

Das Jahrhundert selber schien da unten zu brausen, mit seinem rastlosen Wellenschlage eines Meeres von unhemmbarem Leben. Hier das Grab aber lag wie auf dürrer Stranddüne, armes Gebein eines Schiffbrüchigen, das der Sturm ans Ufer gespült.

Mich faßte der melancholische Gedanke, welchen geringen Kraftaufwand die Natur nur gebraucht, um einen Menschen, ob groß, ob klein, persönlich aus der Flut seines Jahrhunderts herauszuwerfen. Ein paar Rückenmarkskrämpfe, eine kleine Gabe Morphium zuviel. Und die Welle greift das Gebein und schleudert es auf den Dünensand. Aber ein anderer Gedanke kreuzte den ersten mit siegender Gewalt. Wie unendlich schwer umgekehrt, ja unmöglich es ist, eine Geisteskraft, eine echte Geistesindividualität, die in ihrem Jahrhundert einmal festen Fuß gefaßt, wieder unterzukriegen, wieder herauszubringen aus dem großen Ideenleben einer Zeit.

In diesem Sinne war das Grab hier oben leer. Der Mann war niemals gestorben. Aus dem roten, rußigen Qualm da unten schien es aufzuwogen von riesenhaften Gestalten, bald im Schatten, bald im Licht, ein Titanenkampf. Und dieser Mann war mitten darunter, unentwegt. Der Genius der Menschheit hielt seinen unzerstörbaren Schild über ihn, und er stand aufrecht wie einer jener naiven gottverbündeten homerischen Helden, die lächelnd wie ein Kind auf ihrem Streitwagen sausen, und die Speere biegen sich krumm an der blauen Luft, weil eine Göttin unsichtbar ihren Schleier vor sie wirft.

Wir sind Heine trotz der hundert Jahre noch so nah, so greifbar nah. Eben erst ist, uralt, seine Schwester gestorben, die nur ganz unbedeutend jünger war als er selbst. Die Jahreszahl mahnt uns, daß gerade auch das Jahrhundert als solches herum ist. Wer will heute mit gutem Gewissen schon den engeren Nekrolog des neunzehnten Jahrhunderts schreiben. Will persönlich messen, wer groß, wer klein in ihm war. Auch Heine steht noch viel zu sehr neben uns. Es ist eine Täuschung, eine Täuschung der Liebe so gut wie des Hasses, wenn wir meinen, ganz objektiv sein Werk heute schon werten zu können.

Aber ich glaube, eines können wir auf alle Fälle schon klar beurteilen: die ungeheure Widerstandskraft in Heine; die fabelhafte Energie, mit der er überhaupt stehen geblieben ist; die Fähigkeit, eine Generation um die andere immer wieder zu zwingen, daß sie sich vor ihm in Freund und Feind teilt, und dann angesichts dieser immer erneuten Teilung mit all ihrem Sturm der Liebe und des Hasses unerschütterlich stehen zu bleiben.

Hier liegt ein Kriterium der Größe, das zunächst Freund und Feind selber und die Frage, wer von ihnen Recht hat, gar nichts angeht.

Wenn wir von einem sonst verschollenen Manne der Weltgeschichte nur die eine Thatsache wüßten, daß noch ein halbes Jahrhundert nach seinem Tode und hundert Jahre nach seiner Geburt eine ganze Menge Menschen bei der bloßen Erwähnung seines Namens in ein tobendes Wutgeheul ausgebrochen seien und nach Waffen oder der Polizei geschrieen hätten, um sich dieses Scheusals zu erwehren, – ob uns wohl etwas anderes übrig bliebe, als diesen Mann mindestens für eine bedeutende und merkwürdige Gestalt seiner Zeit zu halten?

Eine besonnene Geschichtsschreibung arbeitet dabei heute wohl überhaupt nicht mehr so lebhaft mit »absoluten Scheusälern«, sie erinnert sich vielleicht eher des großen Wortes *»Nemo contra Deum, nisi Deus ipse«*. Aber das selbst beiseite.

Ich meine, man brauchte von Heine thatsächlich heute gar nicht zu wissen, daß er auch Freunde gehabt hat und hat. Lassen wir bloß die Schriften seiner Gegner erhalten sein, so ließe sich vortrefflich daraus nachweisen, was für ein riesiger Kerl er auf alle Fälle gewesen sein muß. Wie viel Bücher, wie viel Aufsätze, wie viel Biographieen haben sie über ihn schreiben müssen. Wie hat er sie in Atem gehalten und hält sie bis jetzt immerfort. Und dabei giebt es eine ganze Reihe solcher Bücher, die ich nie in die Hand nehmen kann, ohne mir zu sagen: was ist dieser Heine doch für ein Riesenkerl wirklich gewesen, daß er den und den in solche Urteile hinein treiben konnte.

Nehmen wir unseren Hofhistoriographen Treitschke mit seiner wahren Darstellungskunst und seinem übertreibenden Donner des tauben Genies. Oder den alten lieben Staatsrat Viktor Hehn hinter seinem dampfenden Punschgläschen. Oder, ein starker Absturz ja schon, Herrn Sandvoß-Xanthippus, der eine furchtbar gut gemeinte, aber furchtbar komische Broschüre ›Was dünket Euch um Heine?‹ geschrieben hat. Oder den heute schon etwas antiquierten, ebenfalls kreuzbraven Karl Gödeke, oder meinetwegen selbst Rosegger.

Sagen wir in Pausch und Bogen, daß alle diese Leute Sinn und Achtung für Dichtung besaßen. Von Treitschke und Viktor Hehn mindestens ist zu beweisen, daß ihr ästhetisches Feingefühl sogar ein über das Mittelmaß beträchtlich hinaus entwickeltes gewesen ist. Man schreibt keinen Stil wie diese beiden, ohne selbst ein latenter Dichter zu sein, und von beiden haben wir ästhetische Urteile über andere als Heine, die ersten Ranges sind. Welche Kraft muß nun Heine ausgeübt haben, daß diese Männer ihm gegenüber so völlig aus ihrer eigenen ästhetischen Haut herausfahren konnten, um das über ihn drucken zu lassen, was gedruckt vorliegt. Von einem Gedicht wie »Du bist wie eine Blume« mit dem Vers, »Betend, daß Gott Dich erhalte« lesen wir da, daß es eine Blasphemie ist, weil Heine nicht beten konnte. Wir lesen (bei Treitschke), daß der vernichtend bitter richtende Vers »Nur wenn wir im Kot uns fanden, So verstanden wir uns gleich« ein »behagliches Geständnis« von Heines eigener »Selbstverhöhnung« ist. Wir werden belehrt, daß die scheinbaren Nachtigallenlaute Heinescher Lyrik nur ordinäre Nachbildungen in der Art sind »wie mancher seiner Stammesbrüder mit der Zunge kunstreich zu schnalzen versteht, daß man wirklich eine Nachtigall zu vernehmen glaubt.« (Hehn.)

Solche Urteile sind psychologisch ungemein lehrreich.

Wenn wir mit solchen Mitteln allgemein in der Ästhetik arbeiten wollten, so wäre Goethe eine Karnevalsposse, und jede Kritik könnte sich getrost selber den Hals umdrehen. Solche Urteile sonst fein gebildeter, sachlich ernster, ästhetisch zurechnungsfähiger Männer sind wie im Rausch gefällt. Man wird mir einwerfen, Heines Sünden moralischer, politischer, stammesgemäßer u. s. w. Art seien eben so himmelschreiend, daß dies die unvermeidliche Folge war.

Aber ich untersuche ja jetzt nicht auf Sündhaftigkeit und andere Werturteile. Ich meine bloß: wie enorm muß die Kraft, die Suggestionskraft, gewesen sein, die, von irgend einer Ecke Heinescher Individualität ausgehend, derartig das gesunde ästhetische Fühlen sonst durch und durch künstlerisch empfindender, zum Teil genialer Naturen verwirren oder geradezu ausschalten konnte!

Das Ausschalten jeder ästhetisch zulässigen Methode würde dabei charakteristisch sein, wenn es sich auch nur um den dümmsten dichterischen Stümper handelte. Ich denke aber doch in allem Frieden: darum kann es sich beim besten Willen hier nicht handeln. Überlegen wir uns bloß einen Moment, wer alles an heterogenen Elementen in diesem Jahrhundert unter dem Banne Heinescher Lyrik gestanden hat, ohne sich losmachen zu können.

Vom alten Chamisso, der Heines Bild einst anstandslos zum Schrecken der braven Schwäblein in einen Almanach brachte, und dem alten Alexander von Humboldt, der von Heines »herrlichem« ›Buch der Lieder‹ mit seinem Atem »tiefen Naturgefühls« sprach, bis auf Hermann Hüffer, den liebevollen Biographen nicht bloß Heines, sondern auch der Droste-Hülshoff, dieser vielleicht zartesten, edelsten, reinsten Gestalt neuerer deutscher Dichtung. Mir schwebt persönlich ein Moment vor, wie Gerhart Hauptmann bei mir war und zufällig einen Band Heine vom Regal nahm, einen Vers aufschlug, und wie es aus innerster Seele da bei ihm kam: »Was war das für ein Dichter, der auch nur diese Zeile geschrieben hat!« Das Umgekehrte habe ich vor langen Jahren allerdings einmal mit Wildenbruch erlebt, der mir seinen tiefsten Abscheu vor Heine aussprach. Das rechnet eben wieder in jenes Treitschke-Hehn-Conto. Denn auch das ist gewiß der Ausspruch eines ehrlichen und echten Poetengemüts. Aber hier kommt eben wieder jene andere Suggestionskraft ins Feld, die das Ästhetische lahm legt.

Summa: es hilft alles nichts. Ob so, ob so, kommt ein eminent starker Kerl heraus, ein wahrer Zauberer, ob wir's nun messen an den Fällen, wo er das Auge naiv Sehender blitzen läßt, oder an den anderen, wo er eine wahre ästhetische Farbenblindheit momentan erzeugt.

Fügen wir noch eins hinzu, etwas recht Bezeichnendes. Der Mann ist so stark, daß er heute noch sein Denkmal in Deutschland dauernd verhindert.

Wir sind auf dem Punkt, wo das ein Sieg ist, ein Sieg des Intellektuellen.

Herrn Piepmeyer aus Schilda kann das unmöglich passieren. Sein Denkmal ist gezeichnet und sicher, sobald nur der Name Piepmeyers, des Allverehrten, erklingt. Heine versteht es noch heute, vor Herrn Piepmeyer etwas voraus zu haben. Keiner seiner kleinsten Erfolge, und wieder eine ganze Armee geschlagen.

Es hätte mit wunderlichen Dingen zugehen müssen, wenn Heine nicht einen ganzen Kometenschweif von Irrtum, Zweifeln und Wut hätte hinter sich herziehen sollen. Ein Mann, der solche Anforderungen stellte, wie er!

Ich habe Heinesche Verse zuerst in meinem Elternhause aus dem Munde meiner Mutter, einer Seele von kindlicher Reinheit, gehört, Verse wie das liebliche »Klinge, kleines Frühlingslied«. Mein Vater liebte Börne und konnte Heine nicht ausstehen. Heines Werke existierten nicht im Hause. Jene kleinen Liedchen aber wurden mitgeteilt, ohne daß man sich erinnerte, daß sie von Heine waren – wie ein deutsches Volkslied.

Heute erscheint mir das charakteristisch. Ich sehe das ›Buch der Lieder‹ auf einer stillen Wanderschaft – in kleinen Zierbändchen mit Goldschnitt, die eine zarte Hand der anderen weiter giebt – leise sich einbürgernd in den ganz weichen, sensibeln, romantischen Gemütern. Die ›Wallfahrt nach Kevlaar‹ rührt tief religiöse Naturen im Innersten, bis in einen Seelengrund, wohin sonst neuere Poesie nur in den seltensten Fällen vordringt. Die Liebespoesie einzelner Gedichte triumphiert dort, wo fast das Wort »Liebe« schon zu roh ist, um die Empfindungen auszudrücken.

Und nun dazu ein ungeheurer Kontrast.

Ich besuche eine Berliner Arbeiterversammlung. Sie hält eine Heine-Feier ab. Alles steht mitten im wildesten Gären und Ringen unserer Zeit. Die Organisation, die diesen Verein hier geschaffen hat, ruht durchaus auf politischer Grundlage. Wenn man sich mit Ästhetik beschäftigt, so geschieht das erst auf dem Umwege über politisches Streben. Es ist ein Streben inmitten der grellen Not der Zeit. Alles hat etwas Strenges, Hartes, unerbittlich Beleuchtetes. Schon der äußere Anblick, dieses Lokal, zitternd vom Wagenrollen der Großstadt, die Gasflammen undeutlich im Nebel von Tabaksqualm, Bierdunst und herbe, geprüfte Gesichter. Ein Redner steht auf und schildert Heine. Heine ist »unser Dichter«. Ein Rufer im Streit der Freiheit. Einzelne Verse gleißen durch die Rede wie Wetterleuchten. Man ahnt die schwarze Gewitterwolke, die jetzt noch hinter dem Horizont steht. In der Diskussion über den Vortrag fällt ein Wort, ein Citat ... und der überwachende Polizeibeamte setzt den Helm auf und löst die Versammlung auf.

Welcher Abstand der beiden Bilder! Und doch lebt der Dichter wirklich fort in beiden. Der Mann, der die ›Heimkehr‹, die ›Wallfahrt nach Kevlaar‹ gedichtet hat, hat auch jene trotzigen Freiheitsverse gesungen, die heute noch Waffen im erbittertsten Kampfe sind, schneidende Waffen. Es ist der ganze Reichtum seines Werkes, der aus diesem Kontrast spricht. Aber unwiderstehlich wird auch daraus klar, daß aus dem Zusammenstoß solcher Gegensätze eine Drachensaaat von Mißverständnissen aufgehen muß.

In der Seele eines Menschen läuft vieles mit feinem Räderwerk aneinander hin, ohne daß es Stöße giebt. Je bedeutender ein Geist, desto tiefer der Spielraum des ganz Geheimnisvollen in seinen Grund hinab. Da mag das »Unmögliche« möglich sein. In den Wirkungen nach außen aber wird jedes dort nur im Geheimnisvollen Verknüpfte unerbittlich zu einem logisch klaffenden Widerspruch.

Die Schablonen des äußeren Lebens bilden Wälle, die ewig starr die Flut brechen.

Eines Tages mußten so und so viel zarte Herzen, die jenen weichen, träumerisch-mystischen Lyriker ehrten, um das wilden Freiheitssängers willen an ihm irre werden. Er war, schien es, nur im Mondschein und unter Nachtigallenschluchzen mit ihnen gewandelt, um nachher im grellen Tag aber auch alles unter ihnen zu zerschlagen, selbst den Quadergrund hergebracht selbstverständlicher sozialer und (damit zusammenhängend) ethischer Ideale und Institutionen. Man schmäht aber niemand herber als den, dem man einmal vertraut und den man in diesem Vertrauen geliebt hat. Auch noch in jenen giftigsten oben erwähnten Urteilen vermißt man nie zwischen den Zeilen der größeren, tieferen Kritiker wenigstens jenen letzten, bittersten Vorwurf: wir haben einmal – oder wir hätten doch beinah einmal bei dieser, jener Stelle selbst für ihn geschwärmt; wir wußten bloß damals noch nicht, was für ein Lump uns bezaubert hatte. Ein Lump natürlich in jenem anderen Sinne. Ein Freiheitslump.

Auch das Umgekehrte konnte natürlich nicht ausbleiben.

Es ist heute verwischter. Die heute für Heine eintreten um seiner aktuellen Ideen im Freiheitskampfe der Stunde willen, kümmern sich durchweg mit Recht den Teufel um das ›Buch der Lieder‹, im Guten oder Bösen. Aber es war nicht immer so, und auch das erklärt vieles. In Börnes Tagen, noch zu Heines Lebzeiten, hat man ihm als

Schlimmstes vorgeworfen, daß er eben kein echter Freiheitler sei, sondern daß der zarte romantische Poet ihm allezeit wie ein Kobold im Nacken sitze. Wir haben auch die schon gehabt, und wer weiß, ob sie nicht eines Tages wieder kommen könnten (was der Genius fortschreitender Menschheit verhüte), die es machen wie jener tragisch bornierte Held Turgenjews – der sich selbst für ein verlorenes Schaf im Fortschrittskampfe erklärt, weil er heimlich Verse schmiedet. Ein Dichterlump.

Man muß aber, um den Dingen unbefangen auf den Grund zu schauen, doch auch noch in jenes Geheimnis der Individualität Heines selber ein Stück weit vorsichtig hineinleuchten. Erst dann, glaube ich, kommt das Ganze wirklich zu Tage und es kommt zugleich an die Schwelle absoluter Versöhnung für jeden, der wieder jugendlich reif dafür ist – ohne jene Schlacken des Glaubens und nachfolgenden apostatischen Verfluchens. Für das »neue Geschlecht« »mit freien Gedanken, mit freier Lust«, von dem Heine selber im ›Wintermärchen‹ singt.

Es ist ein altes und in seiner Abgedroschenheit wirklich heute ein recht dummes Wort: in Heine stecken zwei Naturen. Leute haben's erfunden, die in jenem Kontrast stecken geblieben waren. Sie meinten ein Großes gefunden zu haben, wenn sie den Kontrast der Wirkung in das Gehirn des Autors schoben. In diesem Gehirn sollten sich Zeit seines Denkens ein Lump und ein Heiliger befehdet haben. Je nach der Parteistellung verschob sich der Heilige zum Lumpen und umgekehrt. Aber man hatte doch eine Erklärung.

Die Wahrheit ist, daß in Heine zwei große Linien seines Jahrhunderts sich kreuzten. Sein Jahrhundert war es, das in ihm kämpfte.

Kleinen Geistern giebt ihr Jahrhundert in ihrem winzigen Stromabschnitt irgend eine feste Direktive, in der sie laufen, mit der sie siegen, oder im verklärendsten Falle als Märtyrer sterben. Die großen, weite Stromnetze umfassenden Geister sind es, die die Kreuzungsstellen mit bekommen. In Heines Leben und Dichten erscheinen zwei große Jahrhundert-Motive fast bengalisch hell gekreuzt.

Im achtzehnten Jahrhundert wird zuerst ein Gedanke allmächtig. Die Idee, daß alles treibt, alles in Fluß geraten kann. Daß es keine ewigen Institutionen giebt. Nirgendwo. Religiös nicht, moralisch nicht, sozial nicht, ästhetisch nicht. Alles fließt, zerfließt zu seiner Zeit, ordnet sich neu. Das Wesen der Dinge ist nicht ein gegebenes Gesetz, sondern eine Entwickelung. Im Januskopfe der Weltgeschichte ist nicht das abgewandte Antlitz, das hinter den Wolken der Vergangenheit die unzerstörbare Offenbarung sucht, der Steuermann, sondern das vorwärtsschauende, vor dem ewig neue Küsten blauen.

Die Geburtsstunde dieser Idee liegt strenggenommen noch ein Stück weiter zurück. Bei Kolumbus, der eine neue Erdhälfte aufreißt, die Kultur nach dort hin zum brausenden Abströmen bringt. Bei Kopernikus, der die ganze Erde in den Weltraum wirft als sausenden Ball. Bei der Reformation, die den Ideen-Weltteil Rom zum Wanken bringt. Bei den kämpfenden Bauern, die selbst dieser Luther noch nicht versteht. Auf dem roten Scheiterhaufen des Giordano Bruno, wo die alte starre Philosophenweisheit, ohne es zu wissen, sich selber als Phönix verbrennt und als vorwärts rollende Weltalls-Philosophie einer jungen Zeit aufersteht; die Harmonie der Dinge steht vor uns; jedes Stäubchen unseres Leibes soll einmal Gott werden, aber erst in Äonen der Entwickelung.

Das alles aber ist nur wie Morgengrauen. Im achtzehnten Jahrhundert erst fliegen die ganz großen Minen, die Jahrtausende angelegt, eine nach der anderen auf. Mit Rousseau geht das Admiralschiff der alten Ethik in die Luft. Mit dem Dichter des ›Prometheus‹ eine ganze Flotte Glaube, Altväterweisheit, Rücksicht, ästhetische Unfreiheit. Endlich kracht die französische Revolution los. Die politischen Säulen brechen auf der ganzen Fläche Europas wie Stroh. Und in einem furchtbaren Pulverdampf wird das neunzehnte Jahrhundert geboren. Alles ist aus Rand und Band, im wilden Zeichen der entfesselten Umwandlung als Kulturprinzip. Da erheben sich jetzt, im neuen Jahrhundert selbst, zwei Möglichkeiten, zwei Fragen.

Es ist Thatsache, daß alles donnernd fließt. Aber ist diese Thatsache eine gute oder eine schlechte?

Es sind zwei ganz verschiedene Antworten denkbar. Die eine ist pessimistisch, die andere optimistisch. Beide erkennen den Sturm der Dinge an. Aber der einen ist er bloß Sturm, Spektabel, Unruhe. Der anderen ist er die siegende Logik, der Fortschritt, die wirkliche Entwickelung zur höheren Harmonie.

Philosophisch könnte man diese beiden Auffassungen im neunzehnten Jahrhundert kennzeichnen durch die Namen Schopenhauer und Darwin. Schopenhauers Weltbewegung gipfelt in der Einsicht des letzthin Sinnlosen dieser ganzen »Welt«, in ihrem Absturz ins Nirwana. Bei Darwin erscheint ein endloser Prozeß, der unter furchtbaren Kämpfen doch absolut aufwärts geht. Unbekannte woher, unbekannt wohin. Aber aufwärts.

Das ist jedoch nur die extremste philosophische Ausprägung. In der Dichtung erscheint alles verwickelter, verschleierter. Im Grunde sind die Gegensätze auch hier klar. Ist die Entwickelung der Dinge, die da heranstürzt wie ein Katarakt, die Linie zur Erfüllung des Ideals? Oder ist sie bloß ein Geräusch, das uns stört? Giebt es eine Erfüllung der Ideale in dieser Welt? Giebt es keine? Soll der Dichter mitschwimmen? Soll er sich im Winkel verkriechen? Soll er aus dieser Flut die Kraft endlich schöpfen, an allem zu zweifeln, den Weltschmerz zu singen? Oder soll er die Saiten seiner Harfe selber mitklingen lassen in dieser wilden Zugluft, ein Helfer der Entwickelung in mittönender Seelenkraft?

In den Schwall dieser Gegensätze ist Heine eingetreten gleichsam von der Wiege an.

Man hat ihn so oft mit Goethe verglichen, schmähend bald und bald in guter Absicht. Goethe kam aus einer sozial, philosophisch, moralisch, ästhetisch noch so gut wie ruhenden Kultur. Es ist das einer der Fonds seines in sich harmonischen Lebens gewesen. Was er Fortschrittliches fand, fand er in einer gewissen Behäbigkeit des Findens. Er selbst war gewiß in seinen frischesten Jahren eines der berufensten geistigen Werkzeuge des ethischen, religiösen, ästhetischen Fortschrittes seines Jahrhunderts. Aber den groben Kanten ging er mit Naturell und Glücksstern möglichst aus dem Wege. Nie, in seinem langen wechselreichen Leben nie, ist er zum Renegaten an der Idee geworden, die gleichsam den Kompaß ins geistige neunzehnte Jahrhundert abgiebt: daß die Ideale »von dieser Welt« seien und in der realen Entwickelung der Menschheit lägen. Schiller ist hier weit hinter ihm zurückgeblieben. Aber es gab mindestens eine späte Zeit auch bei ihm, wo er partiell resignierte. Die Politik schien ihm, nachdem er nacheinander Duzfreund Karl Augusts geworden, die Kampagne in Frankreich mitgemacht und Napoleon gesprochen hatte, ein hoffnungsloser Dünensand.

In Wahrheit lagen hier, allerdings ganz anders als er ahnte, die folgenden Entwickelungsphasen der sozialen und ethischen Idealwanderung trotz alledem auferstehungsbereit begraben. Die beizende Macht des Staubes war aber so groß, daß selbst er sich an dieser Ecke, reserviert wenigstens, abwandte. Und alles Kleinere wandte sich ab ohne Reserve.

Die Pseudo-Idee stieg neben und hinter ihm breit auf: daß der Dichter sich im Kämmerlein zu bergen habe. Dort klagte er, klagte hoffnungslos. Alles war ein Jammerthal. Dichter und Welt waren komplette Gegensätze. Schiller hatte noch in einer künstlichen Weise und mit der Wucht seiner prachtvollen Persönlichkeit das »Ideal« als überweltlichen Regenbogen gemalt. Jetzt sah man nur noch eine überweltliche Regenwolke. Man sang die jammervolle Verlorenheit des Menschen, – nicht die Weltferne, sondern den Bankerott des Ideals.

In diese Stunde hinein ist Heine geboren worden, – nicht aus der ruhenden Kultur der Goetheschen Jugend heraus, sondern im wildesten Tohuwabohu des wirklichen neuen Entwickelungsstromes, der politisch gerade über Stock und Stein sauste.

Es ist recht bezeichnend, wie wir im Wirrsal nicht einmal Heines Geburtsdatum haben. Gegen die Wende des Jahrhunderts ist er geboren worden, aber die Ziffer schwankt. Man fühlt, daß sozial in dieser Zeit alles durcheinander war. Der kochende Revolutionskessel spukt nach Deutschland herüber. Goethe war noch mit so sicheren Papieren geboren. Er hatte als Geistesmacht sein Bestes gethan, alle religiösen, ethischen, ästhetischen Papiere der Menschheit durcheinander zu wirbeln, zu kassieren und neu zu schaffen. Aber auf seine sozialen Legitimationspapiere hielt er. Heine wird auch ohne sie geboren.

Das erste dann, was Heine als Dichter erfährt, ist die volle Reaktion gegen den furchtbaren allgemeinen Sturm.

Die Reaktion der Poeten.

Sie haben die wilde Zeit allenthalben mit anbahnen helfen. Jetzt sind sie entsetzt. Alles ist robust geworden, – die Sensitiven flüchten.

Aber der Genius der Dichtung ist im Innersten doch kein Hasenfuß. Eines Tages besinnt auch er sich zurück. Die pessimistische Welle ebbt, die optimistische Welle steigt. Ein freiheitlicher, entwickelungsfroher Hauch gerät, abermals den Dingen angepaßt, in die Poesie. Das ist die zweite Linie des ästhetischen neunzehnten Jahrhunderts – die, in die Heine nicht hineingeboren ist, die er aber allmählich entdeckt.

Es ist das tiefste, diskreteste Geheimnis seines Schaffens, wie die beiden Linien sich kreuzen.

Als Weltschmerzler mit der Poesie des Weltflüchtigen im Winkel setzt er ein. Die Welt tobt und rast, der Poet hält sich die Ohren zu.

Aber was er jetzt innerlich raunen und rauschen hört, ist deswegen kein Fröhliches, ist selbst kein Ideal mehr. Es ist ein trauriger nervöser Schatten. Die Welt ist schlecht. Selbst die Liebe taugt nichts. Die blaue Blume wächst nicht jenseits der krausen Welt in einen wahren mystischen Himmel, sondern sie vegetiert als arme Kellerpflanze. Weltverachtung ohne Weltüberwindung. Weltschmerz mit kühlem Rationalismus, der weiß, daß er, wenn er sich den Hals umdreht, doch in dieser profanen langweilen Erde stecken bleibt. Das alles aber eines Tages sieghaft durchbrochen.

Eines Tages der Umschwung, daß der Dichter genau das Umgekehrte versucht. Statt Abkehr der Versuch, mit der tosenden Welle der Entwickelung optimistisch zu schwimmen. Die Stillen des Dichterwinkels, die sich an der pessimistischen Romantik gefreut, klagen: daß jetzt der Poet erst zum Pessimisten werde. In Wahrheit hat er seine Stellung total geändert. Er schwimmt mit dem hellen Strom des ethischen, sozialen, religiösen Fortschritts.

Wenn er jetzt grollt und blitzt, so saust der Strahl nicht mehr gegen die »Welt«, sondern gegen das Alte, Zerbrechende, Absterbende innerhalb der großen Entwickelungswelt. Vorher traf er vom Ufer den Strom. Jetzt kämpft er im Strom gegen Klippen. Gegen schwarze, schwarzrotgoldene, schwarzweiße. Gelegentlich auch rote, wo er sie als Hemmniß glaubt. Auf das Recht oder Unrecht im Detail kommt ja gar nichts an. Überlassen wir das den nächsten hundert Jahren. Die Hauptsache ist, daß er den Anschluß findet, den Anschluß an das Ideal überhaupt und das Ideal in dieser Welt, die veränderte Kampflinie des Pessimismus, vom Pessimismus gegenüber der Welt zum Pessimismus gegenüber dem Veraltenden, Sterbenden, Gezeichneten innerhalb einer aufsteigenden Entwickelungswelt.

Nun aber: das alles in demselben Menschen.

Mit dem Her und Wider des Individuums, in dem an sich nichts stirbt. Was wir im Verstande ausjäten, kommt im Traume wieder. Der Poet lebt an der Traumgrenze. Es bleibt ein Durcheinander der sich kreuzenden Tiefendinge und Höhendinge.

Will man ganz scharf sondern, so giebt es in Heines Leben sogar noch eine dritte Periode. In seiner Jugend ist er romantischer Pessimist, mit einem frühalten, unreif alten Zuge, den seine Zeit hat als Wellenthal einer wilden Epoche, die jeden Überblick verloren hat. Auf der Höhe seiner Kraft ist er sozialer, ethischer Optimist, stolz getragen von einem Wellenkamm, den er sich mit erobert, den Blick auf ungeheuren sozialen und ethischen Fernen. In der Krankheit, die seinem kurzen Leben zugleich das wirkliche Alter ist, fühlt er dann ein philosophisches Manko, das in beiden Phasen seines Lebens war.

Es ist schwer, das zu charakterisieren, weil etwas darin liegt, was über sein Jahrhundert thatsächlich hinaus deutet. Nicht in der Lösung, aber im Bedürfnis.

In Heines erster Periode bot ihm die Entwickelung der Welt nichts, und deshalb kam er sich auch selber armselig vor und sang wehmütige Weisen über den verlorenen Sohn, den die Welt mit ihrem Glanz, ihrer Liebe, ihrer Idealerfüllung jämmerlich im Stich gelassen. In seiner zweiten, echteren und klar blickenden Periode fand er die Welt in einer Knospenzeit, die Entwickelung stieg und stieg, hinter jedem stillen Träumer ging der unsichtbare Geist mit der Axt, die »die That von deinen Gedanken«.

War das nicht genug: dieser Blick ins kommende Glück, in die »Sonne, die klagende Flamme«, die einst alles rächen würde, alles segnen würde, wenn die Stunde kam ...?

Eines Tages lag Heine stöhnend auf dem Siechbett. Von seinen Lippen rang sich die dritte Frage: die Welt geht ins Licht, – aber was bin ich? Ich liege zerschmettert, wenn die Entwickelung triumphiert. Der Strom rauscht dahin, nach Bimini, in das Wunderland der Zukunft. Warum daran zweifeln? Aber wer giebt mir zurück, was ich gelitten habe? Gelitten »bis man uns mit einer Handvoll Erde endlich stopft die Mäuler. Aber ist das eine Antwort?«

Diese Frage ist keine soziale mehr. Keine im Rahmen der äußeren Entwickelung. Es ist eine rein philosophische. Was wird im Emporgang der großen Menschheitsentwickelung aus den Milliarden Individuen, die unablässig herbstlich abregnen wie welkes Laub, während der Baum wächst?

Ich sagte, dieses Problem deute ins zwanzigste Jahrhundert. Es ist zugleich uralt und Zukunft. Die Menschheit wird darauf zurückkommen. Es hat aber das Charakterbild Heines naturgemäß noch verwirrt, daß auch dieses Motiv sich ganz zuletzt einmischte. Fromme Seelen priesen seine Bekehrung; robuste Mitkämpfer, denen diese feinsten Überlaute des Jahrhunderts noch fremd waren, als sie der Dichter schon vernahm, schmähten ihn von neuer Ecke als Renegaten.

Ein Blick in die Lazarusgeschichte sollte zur Klärung dienen. Der Sterbende löst noch einmal pessimistisch, das ist richtig. Darin nähert er sich seiner Jugend. Es hätte noch eines neuen, noch tieferen gedanklichen Sichversenkens in den großen Entwickelungsstrom bedurft, um nochmals die Auferstehung des Ideals auch für diese Individuumfrage zu finden. Aber man wird nicht vergessen, daß er noch fast um die Mitte des neunzehnten Jahrhunderts starb, in einem bangen Tiefstand philosophischen Denkens. Wie der Obolus auf der Lippe des Toten, der ein neues Gestade öffnet, erscheinen die Lazaruslieder des Sterbenden, – und der Obolus für das zwanzigste Jahrhundert und seine religiös vertiefte Philosophie, die kein Abfall zum Abgelebten, sondern selber auch ein Werk des Fortschrittes und seines Optimismus sein soll.

Ich sagte: ein Mensch ist groß, wenn sein Jahrhundert ihn solcher Kreuzungsstellen großer Kontraste überhaupt würdigt. Sturm, Haß, Mißachtung müssen ihm in solchem Falle zuteil werden als einfacher Tribut seiner Größe. Sie beweisen sie nur.

Es giebt aber noch eine aktive Größe Heines, die ihn auch darüber individuell erhöht. Durch alle Kontraste seines Lebens ist er hindurchgegangen als Dichter.

Ich sage absichtlich nicht: als großer Dichter, denn dieses Zusatzes bedarf es hier nicht. Wer solche Kontraste als Dichter überdauert und bezwingt, der ist schon groß.

Ich finde die Kraft dieses Bezwingens am mächtigsten in seiner mittleren Periode. Als Weltschmerzler der frühen Zeit hat er einzelne wundervolle Klänge gefunden. Aber ich möchte doch sagen, daß andere das auch haben. Ich will ihn damit gewiß nicht herabsetzen. Aber ich stelle andere neben ihn. Auch als Lazarusphilosoph seiner Alterstage hat er Gesellschafter. Die besten, aber doch einige auch. Aber ich frage, wer neben ihm steht in diesem dröhnenden Jahrhundert in der optimistisch-anklagenden Zeit seines Lebens?

Richard Wagner hat ihn einmal einen politischen Bänkelsänger genannt. Wer in diesem Jahrhundert hat sich als Dichter in den Strudel der freiheitlichen, der politisch-sozialen Dinge gestürzt, ohne diesem Vorwurf zu verfallen, der so leicht ist, wenn man einen Dichter auf jeden Fall vernichten will; wird er politisch, so heißt er Bänkelsänger, und bleibt er weltferner Dichter, so heißt er gesinnungslos!

Das Wunderbare aber an Heine ist, wie stark inmitten dieser Gefahr er eben als Dichter geblieben ist. Immer und in jeder Zeile hat er die echteste Dichterform gewahrt, mochte auch der Inhalt noch so sehr für den Moment sein. Der Lohn ist ihm geblieben. Die Dichtung hat die Momente herausgerissen. Heute noch wirken kleine Augenblicksbildchen von damals, wie die Kapitel des ›Wintermärchens‹, mit einer siegenden Gewalt. Sie wirken noch agitatorisch, hört man. In Wahrheit ist es der Triumph der Dichtung, die aus Vergänglichem ewig Typisches geschaffen hat. Keiner im ganzen

Jahrhundert steht hier neben Heine. Die Kulturgeschichte der Zukunft wird ihn an dieser Stelle finden als einen einzig Gewaltigen – und wenn auch alles an Ideen selber vermorscht und verschollen wäre, was er verfochten hat, bis zu dieser »Zukunft«.

Es ist aber einstweilen nirgendwo abzusehen, daß diese Ideen so bald vermorschen sollten.

Sie vermorschen vielleicht, wenn eine gewisse Höhe der Erfüllung erreicht ist. Versteinern, wie jenes Phäakenschiff, das den Dulder Odysseus ans rettende Gestade geführt hatte, und dessen Zweck für das große Gewebe der Dichtung damit erfüllt war.

Wir segeln noch. Und wir brauchen Heine noch mitten unter uns.

Das Grab auf Montmartre muß uns zu Liebe noch leer bleiben, wir lassen ihn noch nicht. Kämpft gegen ihr, verflucht ihn. Das Verbrennen in *effigie* thut nicht mehr weh. Ein Lebender ist ein armer Kerl im Streit, das hat Heine genug erfahren. Er lebt, liebt, pumpt und bekommt Schuldscheine. Jeder neue Gedanke seiner inneren Entwickelung wird ihm als Renegatentum um die Ohren gehauen. Und am Ende liegt er mit der Rückenmarksdarre da und träumt von der Handvoll Erde, mit der man ihm den Mund stopft ... aber ist das eine Antwort?

Ja, es ist eine Antwort. Die Toten, die Auferstandenen, die bekommt ihr nicht unter. »Verschwindet doch! Wir haben ja aufgeklärt!« Der Geist reitet auf einem Buchstaben durch Schlüsselloch. »Wir sind so klug, und dennoch spukt's in Tegel!«

15 Adolf Bartels

Heinrich Heine. Auch ein Denkmal [Auszug] [1906]

[...] Nein, Heine war kein liberaler Romantiker, kein romantischer Jakobiner, er war nicht einmal ein mit der Politik spielendes geniales Individuum, er war ein eitler Komödiant, der sich gelegentlich an seinen großen Worten berauschte, aber im Grunde doch der kluge Jude blieb. Das zeigte sich sofort, als er in Paris ernsthaft Politik treiben sollte, dort hätte er doch, wenn ihn wirklich sein Herz oder seine Natur zur Arbeit an der Zukunft der Menschheit veranlaßte, irgend einmal eine schöne politische Tat tun müssen, mochte er auch das Kämpfen in Reih und Glied, wie es Börne von ihm verlangte, scheuen. Aber er hat nur geschrieben und in seinen publizistischen Schriften kaum etwas anderes getan als schön deklamiert, renommiert, Klatsch verbreitet, Skandal gemacht, seine Gegner beschmutzt und sich zum Schlusse ruhig an die französische Regierung verkauft. Über seine deutsches Geistesleben behandelnden Werke bemerkt selbst Lublinski: »Wer die wirkliche Wesensart der Romantik und der deutschen Philosophie kennen lernen will, wird freilich gut tun, sich nach andern Gewährsmännern als nach Heine umzusehen.« Mehr und mehr treten im Laufe seiner Entwicklung auch noch andere charakteristische jüdische Eigenschaften an Heine hervor: die Frivolität, die Rachsucht, endlich die nackte Gemeinheit, der ich jedoch nicht den jüdischen Stempel gebe. Auch hier hat man wieder entschuldigen wollen: »Heine liebte es bekanntlich, die Persiflage gegen sich selber zu kehren, und eine seltsame Eitelkeit trieb ihn an, sich unter allen Umständen die Positur eines Don Juan zu geben«, schreibt Lublinski, und allgemeiner hat man gesagt, daß Heine sich immer schlechter gemacht habe, als er gewesen sei. Ja freilich, er brüstete sich mit seinen Menschlichkeiten, aber man tue doch nur nicht so, als ob er bloß ein liebenwürdiger Schäker gewesen sei, er *war* gemein durch und durch. Wie stark seine Eitelkeit immer blieb, ersieht man aus der folgenden Mitteilung Meißners: »Die kleinste ungünstigste Rezension, aus einer unbedeutenden Feder geflossen, war schon im stande, dem lorbeergekrönten Manne eine schlaflose Nacht zu bereiten. Sein Ruhm war groß, doch sein Ehrgeiz noch größer und wie die Eitelkeit der zartesten Dame empfindlich. Man hätte auf ihn anwenden können, was d'Alembert über Voltaire gesagt: Dieser Mensch hat Ruhm für eine Million, aber er möchte noch für einen Sou haben.« – Sein Zusammenbrechen soll dann nicht die Folge seiner Ausschweifungen, sondern der Überspannung seiner geistigen Kraft gewesen sein, er soll zu viel gearbeitet haben, um so mehr, »da er in keinem Fall etwas Mittelmäßiges geben wollte«. Aber er hat ja Mittelmäßiges genug gegeben: ›Norderney‹, die ›Englischen Fragmente‹, die ›Französischen Zustände‹, und ›Lutetia‹, die doch samt und sonders journalistische Tagesware sind, auch ›Shakespeares Frauen‹, die ›Elementargeister‹ sind mäßig genug, die ganzen Salonbände meist nur Sammelsurium. Da er ein volles Menschenalter produziert hat, länger als Schiller und Hebbel, die er auch im Alter übertroffen hat, und seine poetischen Werke nur einen einzigen Klassikerband von vieren, wenn man die ›Reisebilder‹

für voll nimmt, höchstens deren anderthalb ausmachen, so kann von übertriebener Produktion gar nicht die Rede sein, erst recht nicht, wenn man gar noch auf das Gewicht der Werke sieht, wenn man beachtet, daß sie meist leichte Lyrik sind, während die zum Vergleich herangezogenen Dichter jeder allein acht große Dramen, Welten, hinterlassen haben. Hohe Begeisterung erregt noch überall, wo man Heine verehrt, sein »Individualitätstrotz«, sein »Persönlichkeitsstolz« im tiefsten Abgrund des Elends, von Strodtmann und Kuh bis Bölsche und Lublinski haben ihn alle seine Freunde gepriesen, und noch ich selbst habe in meiner Literaturgeschichte geschrieben: »Der von fürchterlichen Leiden gequälte Heine wächst nun wirklich zu einer Art Größe empor, an der Matratzengruft des jüdischen Dichters hat zwar nicht das deutsche Volk im besonderen, aber die ganze Menschheit einige Ursache zu verweilen.« Jetzt, nachdem ich Heines Leben und Schriften wiederum geprüft, würde ich kaum noch so schreiben, ich sehe zu deutlich auch hier noch die Eitelkeitspose, und die Wut, die Heine jetzt gegen seine Feinde, gegen fast alles auf der Welt verrät, erinnert schon mehr an die des tollen Hundes. Dazu dann, um mit Lublinski zu reden, die »Spuren, die von Heines seltsamer Sinneverehrung zu Baal und Astarte hinüberleiten«, die auch in den späteren Gedichtbänden häufiger sind und von dem genannten jüdischen Literaturhistoriker unmittelbar mit der jüdischen Rasse in Verbindung gebracht werden – nein, ich sehe doch nicht die Notwendigkeit, daß die Menschheit, die für mich natürlich ein arisches Gesicht hat, an die Matratzengruft Heinrich Heines herantritt, trotz der großen Zähigkeit, die er im Kampfe mit tückischer Krankheit erwiesen, trotz der vereinzelten Poesieblumen, die er auch da noch zu pflücken vermochte. Unser deutsches Volk als solches geht er jedenfalls gar nichts an. Und wenn nun das Schlußurteil lautet, es sei sein Verdienst gewesen, daß er die französische Revolution in den Dienst der mondbeglänzten Zaubernacht zu stellen, den bisher so abstrakten und doktrinären Liberalismus zu poetisieren und die scheinbar so poetische mittelalterliche Romantik in das Philisterium zurückzuschleudern vermochte, so lachen wir über diese jüdische Sophistik so gut wie über Bölsches wohlgemeinte »Es fließt«-Konstruktion. Wohl sehen auch wir in Heine zuletzt ein Werkzeug des Weltgeistes, wir können den Mann recht wohl objektiv schauen, wenn wir darüber auch den nationalen Schädling nicht vergessen, ein reines »Scheusal« ist uns Heine nicht – es gibt ja überhaupt kaum reine Scheusäler –, wir wissen, er hat als die Kehrseite seiner Schwächen allerlei gute Seiten, den Familiensinn seiner Rasse, eine bestimmte Gutmütigkeit, sobald seine Eitelkeit nicht in Frage kommt, auch den jüdischen, sich freilich selbst rühmenden Wohltätigkeitssinn, endlich noch bis zu einem bestimmten Grade die Naivität des Poeten, die, stärker als der jüdische Rationalismus, ihn die Konsequenzen seiner Handlungsweise nicht immer übersehen läßt und ihn im Bunde mit der Beweglichkeit und Grazie seines Geistes bisweilen, freilich selten, auch für uns Deutsche liebenswürdig macht. Ja, wir geben es zu: Natürlich hat die Entwicklung etwas mit ihm vorgehabt, er ist mindestens ein Teil von jener Kraft, die stets das Böse will und doch das Gute schafft – dennoch, wenn wir ihn als Menschen scharf »stellen«, und das müssen wir doch, da man ihn uns als einen Großen und einen der Unserigen aufzwingen will, dann erkennen wir doch immer wieder den Lumpen, die Kanaille in ihm, und es hilft wenig, wenn seine Freunde sagen, daß er kein objektiver, sondern ein subjektiver Poet gewesen sei und das Recht dazu hatte, »weil er einer der reichsten, genialsten, übermütigsten, in der Stunde der Prüfung heroischesten Persönlichkeiten gewesen ist, die je gelebt haben«. Es gibt auf ethischem Gebiete weder Künstler- noch Königsrechte, hat Hebbel festgestellt, und wenigstens Heines Publizistik fällt doch unbedingt nicht ins poetische, sondern ins soziale Gebiet, wo die Ethik herrscht; Heine hat seine Kämpfe von Paris aus, wo er sicher saß, ohne Einsetzung seiner Person, gewissermaßen hinterrücks geführt, und überhaupt, Pasquillanten gehören an den Pranger. Dann aber ist Heine in Wirklichkeit auch keine der reichsten, genialsten, übermütigsten Persönlichkeiten, die je gelebt haben, er erscheint nur denen so, die kein festes Maß für Persönlichkeiten haben und den Schein für das Sein nehmen – in Wirklichkeit sind unsere sachlichen Geister, Goethe, Hebbel u. a. nicht nur viel reicher, sondern auch weit freier als Heine. Pietro Aretino, mit dem man Heine in manchem Betracht recht wohl vergleichen kann, nannte sich den Göttlichen, und so haben sich zuchtlose Geister immer etwas auf ihre Zuchtlosigkeit eingebildet, und es gibt unverständige Beurteiler, die immer gleich den Gott sehen, wenn einer alles Menschliche verspottet. Aber warum gleich so hoch hinauf, warum nicht lieber hinab, hinab zu jenem beinaufhebenden Vierfüßler, mit dem Heine uns Deutsche so gern verglich, und vor dem weder Kirche noch Museum sicher sind? Heine hat auch persönlich nie den Eindruck eines Genies hervorgebracht, nicht einen wahrhaft genialen Zug finde ich in seinem gan-

zen Leben – es sei denn, daß man den Londoner Raub für einen solchen erklären wollte –, nicht ein einziges großes und schönes Verhältnis. In seiner Jugend war er der spöttelnde Judenjüngling, vielleicht ein wenig feiner und absonderlicher als der Durchschnitt, aber im Kern von ihm nicht unterschieden, dann ward er der satte Bourgeois, der über Weltbefreiung schmust, aber vor allem an die Befriedigung seiner nicht allzu edlen Bedürfnisse denkt, und zum Schluß haben wir den heruntergekommenen Lebemann mit dem absoluten Skeptizismus und dem – Pardon! – bösen Maul! Da ist das Rätsel Heinrich Heines gelöst.
[...]

Heine ist Jude, als Talent wie als Persönlichkeit; der Einfluß des Deutschtums auf den Kern seines Wesens ist gleich null, wenn es ihm auch sonst sehr viel, seine gesamte Bildung und die Elemente seiner Poesie, gegeben hat. Nun soll man aber nicht glauben, daß ich das Judentum unterschiedslos mit Heine zusammenwerfe und mit ihm zugleich verdamme; nein, ich weiß recht wohl, wie ich es auch schon früher gesagt habe, und wie es für den vernünftigen Menschen ja auch auf der Hand liegt, daß das jüdische Volk so gut gute und böse, anständige und unanständige Menschen hervorbringt wie jedes andere, dies natürlich aber innerhalb seines Rassetums, das ein wenig anders geartet ist als das unsere, zunächst wegen seiner, sagen wir, orientalischen Herkunft und dann wegen der eigentümlichen Stellung als, sagen wir, Gästevolk unter fremden Völkern. Diese Stellung hat bei uns seit dem Ende des achtzehnten Jahrhunderts, seit Moses Mendelssohn eine Änderung erlitten, die Juden sind seitdem nicht mehr absolut Fremde unter uns, sondern nehmen an unserer Kultur und seit 1848 auch an unserem Staatsleben teil. Da sie nun aber ihrem Grundwesen, ihrer Rasse nach verschieden von uns sind, so können sie sich unsere Kultur weder voll aneignen, noch bleibt sie unter ihren Händen das, was sie ist, und weiter, da sie nach alter Gewohnheit alle untereinander zusammenhängen und sich gegenseitig unterstützen, so bilden sie sozusagen einen Staat im Staate, der äußerst mächtig ist und den deutschen Staatsangehörigen anderen Blutes oft schädlich, ja gefährlich wird. Das sind die Ursachen der Entstehung der sogenannten Judenfrage, die man vergeblich wegzuleugnen versucht. Mit dem altgläubigen Juden konnten wir auskommen, der wollte von uns weiter nichts als unser Geld, unser geistiges, soziales und staatliches Leben blieb von ihm unbeeinflußt; den *modus vivendi* mit den neumodischen Juden haben wir noch nicht gefunden, und so ist der Antisemitismus entstanden. Von diesen neumodischen Juden gibt es nun zwei Arten, die ich schon früher als Humanitäts- und Decadencejuden bezeichnet habe. Es ist selbstverständlich, daß die Loslösung der Juden aus dem Ghetto sie dem kosmospolitischen Humanismus zuführen mußte, und ich stehe nicht an zuzugeben, daß es sehr viele Juden von Moses Mendelssohn an mit der Humanität sehr ernst genommen haben. Später freilich ist dann auch eine große Humanitätsheuchelei aufgekommen, und die heuchlerischen Humanitätsjuden sind vielleicht jetzt die unangenehmste Juden-Spezies, die es gibt. Andere Juden, deren Natur sich nicht sonderlich für die Humanität eignete, die aber auch nicht heucheln mochten, wurden durch die Loslösung vom Glauben der Väter und von der alten Volkstradition das, was ich Decadence-Juden nenne; die westeuropäische Kultur verdarb sie. Da gibt es dann wieder zwei Arten; die eine wird in der Decadence nur feinnervig und schwächlich – namentlich die Wiener Kultur hat solche Juden hervorgebracht –, bei der andern überwuchert die Eitelkeit und Frivolität. Heinrich Heine ist der »glänzendste« Typus der letzteren Art, aber die Feinnervigkeit hat er als Dichter auch und dazu eine kolossale Zähigkeit, gleichfalls ein Erbteil seiner Rasse. Man wird nun verstehen, daß und warum ich Heine nicht ohne weiteres als *den* Juden hinstelle und alle Juden nach ihm beurteilt haben will. Aber man wird auch begreifen, daß es einem arischen Volke nicht gleichgültig sein kann, wenn solche Decadence-Juden auf seine Literatur und Poesie und weiterhin sein geistiges und sittliches Leben Einfluß gewinnen. Im Geschäftsleben ist dem jüdischen Einfluß, so schädlich er ist, bis zu einem bestimmten Grade zu begegnen, da steht jeder auf dem *qui vive* und muß es, wenn er nicht zu Grunde gehen will; Poesie und Literatur aber sieht man ja leider in Deutschland nur als »Unterhaltungsgegenstände« an und ist ihnen gegenüber vollkommen gleichgültig. Und doch sind Geist und Seele eines Volkes am Ende wohl wichtiger als der Leib!

[...]

Aber, wie gesagt, es wäre unbillig, zu verlangen, daß das Judentum Heine aufgebe; nur das können wir beanspruchen, daß man uns Deutsche, die wir Heine gründlich satt haben, künftig mehr mit ihm in Ruhe läßt. Muß er durchaus ein Denkmal haben, so kann ihm ja einfach das Judentum eines setzen – die Mittel sind ja reichlich vorhanden.

HEINRICH HEINE,
IHREM GROSSEN DICHTER UND VORKÄMPFER,
DIE DEUTSCHEN JUDEN

hätte die Inschrift dieses Denkmals zu lauten, und man kann garantieren, daß es dann in alle Zukunft ungeschoren bleibt, selbst wenn man den Juden noch die »Judengenossen« hinzufügte. Sollte es jedoch heißen:

HEINRICH HEINE
DAS DEUTSCHE VOLK,

so kann niemand dafür stehen, daß das Denkmal nicht eines Tages (ich spreche hier natürlich nur bildlich) in die Luft fliegt – und vielleicht noch verschiedenes mit. Das würde auch dadurch nicht verhindert werden, daß sich deutsche Dichter wie Detlev von Liliencron, Gustav Falke, Gerhart Hauptmann, Otto Ernst und Dichterinnen wie Helene Voigt-Diederichs und Anna Ritter – ich spreche immer noch bildlich – auf das Denkmal setzten; so schätzenswerte Talente sie ohne Zweifel sind, ihr geistiges Schwergewicht reicht doch nicht ganz, den Heine zu halten. Wenn nun aber wirklich das deutsche Volk, der zur Zeit maßgebende Teil desselben, Heine ein Denkmal setzen, das heißt, den Kotau vor dem Judentum, den dieses verlangt, machen wollte? Nun, dann würden wir Nationalen einen starken Anstoß erhalten, in unserem guten Kampfe um Gesundung und Reinigung des Deutschtums erst recht fortzufahren, die Kraft und den Willen, das ist bereits bewiesen, haben wir ja und vor allem auch das Vertrauen, daß Gott seine lieben Deutschen *zuletzt* nicht verlassen wird.

16 Karl Kraus

Heine und die Folgen [Auszug] [1910]

Zwei Richtungen geistiger Unkultur: die Wehrlosigkeit vor dem Stoff und die Wehrlosigkeit vor der Form. Die eine erlebt in der Kunst nur das Stoffliche. Sie ist deutscher Herkunft. Die andere erlebt schon im Stoff das Künstlerische. Sie ist romanischer Herkunft. Der einen ist die Kunst ein Instrument; der andern ist das

Leben ein Ornament. In welcher Hölle will der Künstler gebraten sein? Er möchte doch wohl unter den Deutschen wohnen. Denn obgleich sie die Kunst in das Patentprokrustesbett ihre Betriebs gespannt haben, so haben sie doch auch das Leben ernüchtert, und das ist ein Segen: Phantasie gewinnt, und in die öden Fensterhöhlen stelle jeder sein eigenes Licht. Nur keine Girlanden! Nicht dieser gute Geschmack, der dort drüben und dort unten das Auge erfreut und die Vorstellung belästigt. Nicht diese Melodie des Lebens, die meine Musik stört, welche sich in dem Gebrause des deutschen Werktags erst zu sich selbst erhebt. Nicht dieses allgemeine höhere Niveau, auf dem es so leicht ist zu beobachten, daß der Camelot in Paris mehr Grazie hat als der preußische Verleger. Glaubt mir, ihr Farbenfrohen, in Kulturen, in denen jeder Trottel Individualität besitzt, vertrotteln die Individualitäten. Und nicht diese mediokre Spitzbüberei der eigenen Dummheit vorgezogen! Und nicht das malerische Gewimmel auf einer alten Rinde Gorgonzola der verläßlichen Monotonie des weißen Sahnenkäses! Schwer verdaulich ist das Leben da und dort. Aber die romanische Diät verschönert den Ekel: da beißt man an und geht drauf. Die deutsche Lebensordnung verekelt uns die Schönheit, und stellt uns auf die Probe: wie schaffen wir uns die Schönheit wieder? Die romanische Kultur macht jedermann zum Dichter. Da ist die Kunst keine Kunst. Und der Himmel eine Hölle!

Heinrich Heine aber hat den Deutschen die Botschaft dieses Himmels gebracht, nach dem es ihr Gemüt mit einer Sehnsucht zieht, die sich irgendwo reimen muß und die in unterirdischen Gängen direkt vom Kontor zur blauen Grotte führt. Und auf einem Seitenweg, den deutsche Männer meiden: von der Gansleber zur blauen Blume. Es mußte geschehen, daß die einen mit ihrer Sehnsucht, die andern mit ihren Sehnsüchten Heinrich Heine für den Erfüller hielten. Von einer Kultur gestimmt, die im Lebensstoff schon alle Kunst erlebt, spielt er einer Kultur auf, die von der Kunst nur den stofflichen Reiz empfängt. Seine Dichtung wirkt aus dem romanischen Lebensgefühl in die deutsche Kunstanschauung. Und in dieser Bindung bietet sie das utile dulci, ornamentiert sie den deutschen Zweck mit dem französischen Geist. So, in diesem übersichtlichen Nebeneinander von Form und Inhalt, worin es keinen Zwist gibt und keine Einheit, wird sie die große Erbschaft, von der der Journalismus bis zum heutigen Tage lebt, zwischen Kunst und Leben ein gefährlicher Vermittler, Parasit an beiden, Sänger, wo er nur Bote zu sein hat, meldend, wo zu singen wäre, den Zweck im Auge, wo eine Farbe brennt, zweckblind aus Freude am Malerischen, Fluch der literarischen Utilität, Geist der Utiliteratur. Das Instrument zum Ornament geworden, und so entartet, daß mit dem kunstgewerblichen Fortschritt in der täglichen Presse kaum noch jene Dekorationswut wetteifern kann, die sich an den Gebrauchsgegenständen bestätigt, denn wir haben wenigstens noch nicht gehört, daß die Einbruchsinstrumente in der Wiener Werkstätte erzeugt werden. Und selbst im Stil der modernsten Impressionsjournalistik verleugnet sich das Heinesche Modell nicht. Ohne Heine kein Feuilleton. Das ist die Franzosenkrankheit, die er uns eingeschleppt hat. Wie leicht wird man krank in Paris! Wie lockert sich die Moral des deutschen Sprachgefühls! Die französische gibt sich jedem Filou hin. Vor der deutschen Sprache muß einer schon ein ganzer Kerl sein, um sie herumzukriegen, und dann macht sie ihm erst die Hölle heiß. Bei der französischen aber geht es glatt, mit jenem vollkommenen Mangel an Hemmung, der die Vollkommenheit einer Frau und der Mangel einer Sprache ist. Und die Himmelsleiter, die zu ihr führt, ist eine Klimax, die du im deutschen Wörterbuch findet: Geschmeichel, Geschmeide, Geschmeidig, Geschmeiß. Jeder hat bei ihr das Glück des Feuilletons. Sie ist ein Faulenzer der Gedanken. Der ebenste Kopf ist nicht einfallssicher, wenn er es mit ihr zu tun hat. Von den Sprachen bekommt man alles, denn alles ist in ihnen, was Gedanke werden kann. Die Sprache regt an und auf, wie das Weib, gibt die Lust und mit ihr den Gedanken. Aber die deutsche Sprache ist eine Gefährtin, die nur für den dichtet und denkt, der ihr Kinder machen kann. Mit keiner deutschen Hausfrau möchte man so verheiratet sein. Doch die Pariserin braucht nichts zu sagen als im entscheidenden Augenblick très joli, und man glaubt ihr alles. Sie hat den Geist im Gesicht. Und hätte ihr Partner dazu die Schönheit im Gehirn, das romanische Leben wäre nicht bloß très joli, sondern fruchtbar, nicht von Niedlichkeiten und Nippes umstellt, sondern von Taten und Monumenten.

Wenn man einem deutschen Autor nachsagt, er müsse bei den Franzosen in die Schule gegangen sein, so ist es erst dann das höchste Lob, wenn es nicht wahr ist. Denn es will besagen: er verdankt der deutschen Sprache, was die französische jedem gibt. Hier ist man noch sprachschöpferisch, wenn man dort schon mit den Kindern spielt, die hereingeschneit kamen, man weiß nicht wie. Aber seit Heinrich Heine den Trick importiert hat, ist es eine pure Fleißaufgabe, wenn deutsche Feuilletonisten nach Paris gehen, um sich Talent zu holen. Wenn einer heute wirklich nach Rhodus fährt, weil man dort besser hopsen kann, so ist er wahrlich ein übertrieben gewissenhafter Schwindler. Das war zu Heines Zeit notwendig. Man war in Rhodus gewesen, und da glaubten sie einem den Hopser. Heute glauben sie einem Lahmen, der in Wien bleibt, den Cancan, und mancher spielt jetzt die Bratsche, dem einst kein Finger war heil. Der produktive Anteil der Entfernung vom Leser ist ja noch immer nicht zu unterschätzen, und nach wie vor ist es das fremde Milieu, was sie für Kunst halten. In den Dschungeln hat man viel Talent, und das Talent beginnt im Osten etwa bei Bukarest. Der Autor, der fremde Kostüme ausklopft, kommt dem stofflichen Interesse von der denkbar bequemsten Seite bei. Der geistige Leser hat deshalb das denkbar stärkste Mißtrauen gegen jene Erzähler, die sich in exotischen Milieus herumtreiben. Der günstigste Fall ist noch, daß sie nicht dort waren; aber die meisten sind leider doch so geartet, daß sie wirklich eine Reise tun müssen, um etwas zu erzählen. Freilich, zwei Jahre in Paris gewesen zu sein, ist nicht nur der Vorteil solcher Habakuks, sondern ihre Bedingung. Den Flugsand der französischen Sprache, der jedem Tropf in die Hand weht, streuen sie dem deutschen Leser in die Augen. Und ihnen gelte die Umkehrung eines Wortes Nestroys, dieses wahren satirischen Denkers: ja, von Paris bis St. Pölten gehts noch, aber von da bis Wien zieht sich der Weg! (Wenn nicht auf dieser Strecke wieder die Heimatschwindler ihr Glück machen.) Mit Paris nun hatte man nicht bloß den Stoff, sondern auch die Form gewonnen. Aber die Form, diese Form, die nur eine Enveloppe des Inhalts, nicht er selbst, die nur das Kleid zum Leib ist und nicht das Fleisch zum Geist, diese Form mußte nur einmal entdeckt werden, um für allemal da zu sein. Das hat Heinrich Heine besorgt, und dank ihm müssen sich die Herren nicht mehr selbst nach Paris bemühen. Man kann heute Feuilletons schreiben, ohne zu den Champs Elysées mit der eigenen Nase gerochen zu haben. Der große sprachschwindlerische Trick, der sich in Deutschland viel besser lohnt, als die größte sprachschöpferische Leistung, wirkt fort durch die Zeitungsgeschlechter und schafft aller Welt, welcher Lektüre ein Zeitvertreib ist, den angenehmsten Vorwand, der Literatur auszuweichen. Das Talent flattert schwerpunktlos in der Welt und gibt dem Haß des Philisters gegen das Genie süße Nahrung. Ein Feuilleton schreiben heißt auf einer Glatze Locken drehen; aber diese Locken gefallen dem Publikum besser als eine Löwenmähne der Gedanken. Esprit und Grazie, die gewiß dazu gehört haben, auf den Trick zu kommen und ihn zu handhaben, gibt er selbsttätig weiter. Mit leichter Hand hat Heine das Tor dieser furchtbaren Entwicklung aufgestoßen, und der Zauberer, der der Unbegabung zum Talent verhalf, steht gewiß nicht allzu hoch über der Entwicklung.

Der Trick wirkt fort. Der Verschweinung des praktischen Lebens durch das Ornament, wie sie der gute Amerikaner Adolf Loos nachweist, entspricht die Durchsetzung des Journalismus mit Geistelementen, die aber zu einer noch katastrophaleren Verwirrung führen mußte. Anstatt die Presse geistig trocken zu legen und die Säfte, die aus der Literatur »gepresst«, ihr erpresst wurden, wieder der Literatur zuzuführen, betreibt die demokratische Welt immer aufs neue die Renovierung des geistigen Zierrats. Das literarische Ornament wird nicht zerstampft, sondern in den Wiener Werkstätten des Geistes modernisiert. Feuilleton, Stimmungsbericht, Schmucknotiz – dem Pöbel bringt die Devise »Schmücke dein Heim« auch die poetischen Schnörkel ins Haus. Und nichts ist dem Journalismus wichtiger, als die Glasur der Korruption immer wieder auf den Glanz herzurichten. In dem Maße, als er den Wucher an dem geistigen und materiellen Wohlstand steigert, wächst auch sein Bedürfnis, die Hülle der schlechten Absicht gefällig zu machen. Dazu hilft der Geist selbst, der sich opfert, und der Geist, der dem Geist erstohlen ward. Der Fischzug einer Sonntagsauflage kann nicht mehr ohne den Köder der höchsten literarischen Werte sich vollziehen, der »Volkswirt« läßt sich auf keinen Raub mehr ein, ohne daß die überlebenden Vertreter der Kultur die Aufpasser machen. Aber weit schändlicher als diese Aufführung der Literatur im Triumph dieses Raubzugs, weit gefährlicher als dies Attachement geistiger Autorität an die Schurkerei, ist deren Durchsetzung, deren Verbrämung mit dem Geist, den sie der Literatur abgezapft hat und den sie durch alle lokalen Teile und alle andern Aborte der öffentlichen Meinung schleift. Die Presse als eine soziale Einrichtung, weils denn einmal unvermeidlich ist, daß die Phantasiearmut mit Tatsachen geschoppt wird, hätte in der demokratischen Ordnung ihren Platz. Was aber hat die Meldung, daß es in Hongkong geregnet hat, mit dem Geist zu schaffen? Und warum erfordert eine arrangierte Börsenkatastrophe oder eine kleine Erpressung oder gar nur die unbezahlte Verschweigung einer Tatsache den ganzen großen Apparat, an dem mitzuwirken Akademiker sich nicht scheuen und selbst Ästheten den

Schweiß ihrer Füße sich kosten lassen? Daß Bahnhöfe oder Anstandsorte, Werke des Nutzens und der Notwendigkeit, mit Kinkerlitzchen dekoriert werden, ist erträglich. Aber warum werden Räuberhöhlen von Van de Velde eingerichtet? Nur deshalb, weil sonst ihr Zweck auf den ersten Blick kenntlich wäre und die Passanten sich nicht willig täglich zweimal die Taschen umkehren ließen. Die Neugierde ist immer größer als die Vorsicht, und darum schmückt sich die Lumperei mit Troddeln und Tressen.

Ihren besten Vorteil dankt sie jenem Heinrich Heine, der der deutschen Sprache so sehr das Mieder gelockert hat, daß heute alle Kommis an ihren Brüsten fingern können. Das Gräßliche an dem Schauspiel ist die Identität dieser Talente, die einander wie ein faules Ei dem andern gleichen. Die impressionistischen Laufburschen melden heute keinen Beinbruch mehr ohne Stimmung und keine Feuersbrunst ohne die allen gemeinsame persönliche Note. Wenn der eine den deutschen Kaiser beschreibt, beschreibt er ihn genau so, wie der andere den Wiener Bürgermeister, und von den Ringkämpfern weiß der andere nichts anderes zu sagen als der eine von einem Flußbad. Immer paßt alles zu allem, und die Unfähigkeit, alte Worte zu finden, ist eine Subtilität, wenn schon die neuen zu allem passen. Dieser Typus ist entweder ein Beobachter, der in schwelgerischen Adjektiven reichlich einbringt, was ihm die Natur an Hauptwörtern versagt hat, oder ein Ästhet, der durch Liebe zur Farbe und durch Sinn für die Nuance hervorsticht und an den Dingen der Erscheinungswelt noch soviel wahrnimmt, als Schwarz unter den Fingernagel geht. Dabei haben sie einen Entdeckerton, der eine Welt voraussetzt, die eben erst erschaffen wurde, als Gott das Sonntagsfeuilleton erschuf und sahe, daß es gut war. Diese jungen Leute gehen zum erstenmal in ein Bad, wenn sie als Berichterstatter hineingeschickt werden. Das mag ein Erlebnis sein. Aber sie verallgemeinern es. Freilich kommt die Methode, einen Livingston in der dunkelsten Leopoldstadt zu zeigen, der Wiener Phantasiearmut zu Hilfe. Denn die kann sich einen Beinbruch nicht vorstellen, wenn man ihr nicht das Bein beschreibt. In Berlin steht es trotz üblem Ehrgeiz noch nicht so schlimm. Wenn dort ein Straßenbahnunfall geschehen ist, so beschreiben die Berliner Reporter den Unfall. Sie greifen das Besondere dieses Straßenbahnunfalls heraus und ersparen dem Leser das allen Straßenbahnunfällen Gemeinsame. Wenn in Wien ein Straßenbahnunglück geschieht, so schreiben die Herren über das Wesen der Straßenbahn, über das Wesen des Straßenbahnunglücks und über das Wesen des Unglücks überhaupt, mit der Perspektive: Was ist der Mensch? .. Über die Zahl der Toten, die uns etwa noch interessieren würde, gehen die Meinungen auseinander, wenn sich nicht eine Korrespondenz ins Mittel legt. Aber die Stimmung, die Stimmung treffen sie alle; und der Reporter, der als Kehrichtsammler der Tatsachenwelt sich nützlich machen könnte, kommt immer mit einem Fetzen Poesie gelaufen, den er irgendwo im Gedränge an sich genommen hat. Der eine sieht grün, der andere sieht gelb, Farben sehen sie alle.

[...]

Heinrich Heine, der Dichter, lebt nur als eine konservierte Jugendliebe. Keine ist revisionsbedürftiger als diese. Die Jugend nimmt alles auf und nachher ist es grausam, ihr vieles wieder abzunehmen. Wie leicht empfängt die Seele der Jugend, wie leicht verknüpft sie das Leichte und Lose: wie wertlos muß eine Sache sein, damit ihr Eindruck nicht wertvoll werde durch Zeit und Umstand, da er erworben ward! Man ist nicht kritisch, sondern pietätvoll, wenn man Heine liebt. Man ist nicht kritisch, sondern pietätlos, wenn man dem mit Heine Erwachsenen seinen Heine ausreden will. Ein Angriff auf Heine ist ein Eingriff in jedermanns Privatleben. Er verletzt die Pietät vor der Jugend, den Respekt vor dem Knabenalter, die Ehrfurcht vor der Kindheit. Die erstgebornen Eindrücke nach ihrer Würdigkeit messen wollen, ist mehr als vermessen. Und Heine hatte das Talent, von den jungen Seelen empfangen und darum mit den jungen Erlebnissen assoziiert zu werden. Wie die Melodie eines Leierkastens, die ich mir nicht verwehren ließe, über die Neunte Sinfonie zu stellen, wenns ein subjektives Bedürfnis verlangt. Und darum brauchen es sich die erwachsenen Leute nicht bieten zu lassen, daß man ihnen bestreiten will, der Lyriker Heine sei größer als der Lyriker Goethe. Ja, von dem Glück der Assoziation lebt Heinrich Heine. Bin ich so unerbittlich objektiv, einem zu sagen: sieh nach, der Pfirsichbaum im Garten deiner Kindheit ist heute schon viel kleiner, als er damals war? Man hatte die Masern, man hatte Heine, und man wird heiß in der Erinnerung an jedes Fieber der Jugend. Hier schweige die Kritik. Kein Autor hat die Revision so notwendig wie Heine, keiner verträgt sie so schlecht, keiner wird so sehr von allen holden Einbildungen gegen sie geschützt, wie Heine. Aber ich habe nur den Mut, sie zu empfehlen, weil ich sie selbst kaum notwendig hatte, weil ich Heine nicht erlebt habe in der Zeit, da ich ihn hätte überschätzen müssen. So kommt der Tag, wo es mich nichts angeht, daß ein Herr, der längst Bankier geworden ist, einst unter den Klängen von »Du hast Diamanten und Perlen« zu seiner Liebe schlich. Und wo man rücksichtslos wird, wenn der Reiz, mit dem diese tränenvolle Stofflichkeit es jungen Herzen angetan hat, auf alte Hirne fortwirkt und der Sirup sentimentaler Stimmungen an literarischen Urteilen klebt. Schließlich hätte man der verlangenden Jugend auch mit Herrn Hugo Salus dienen können. Ich weiß mich nicht frei von der Schuld, der Erscheinung das Verdienst der Situation zu geben, in der ich sie empfand, oder sie mit der begleitenden Stimmung zu verwechseln. So bleibt mir ein Abglanz auf Heines Berliner Briefen, weil mir die Melodie »Wir winden dir den Jungfernkranz«, über die sich Heine dort lustig macht, sympathisch ist. Aber nur in den Nerven. Im Urteil bin ich mündig und willig, die Verdienste zu unterscheiden. Die Erinnerung eines Gartendufts, als die erste Geliebte vorüberging, darf einer nur dann für eine gemeinsame Angelegenheit der Kultur halten, wenn er ein Dichter ist. Den Anlaß überschätze man getrost, wenn man imstande ist, ein Gedicht daraus zu machen. Als ich einst in einer Praterbude ein trikotiertes Frauenzimmer in der Luft schweben sah, was, wie ich heute weiß, durch eine Spiegelung erzeugt wurde, und ein Leierkasten spielte dazu die ›Letzte Rose‹, da ging mir das Auge der Schönheit auf und das Ohr der Musik, und ich hätte den zerfleischt, der mir gesagt hätte, das Frauenzimmer wälze sich auf einem Brett herum und die Musik sei von Flotow. Aber in der Kritik muß man, wenn man nicht zu Kindern spricht, den Heine beim wahren Namen nennen dürfen.

Sein Reiz, sagen seine erwachsenen Verteidiger, sei ein musikalischer. Darauf sage ich: Wer Literatur empfindet, muß Musik nicht empfinden oder ihm kann in der Musik die Melodie, der Rhythmus als Stimmungsreiz genügen. Wenn ich literarisch arbeite, brauche ich keine Stimmung, sondern die Stimmung entsteht mir aus der Arbeit. Zum Anfeuchten dient mir ein Klang aus einem Miniaturspinett, das eigentlich ein Zigarrenbehälter ist und ein paar seit hundert Jahren eingeschlossene altwiener Töne von sich gibt, wenn man daraufdrückt. Ich bin nicht musikalisch; Wagner würde mich in dieser Situation stören. Und suchte ich denselben kitschigen Reiz der Melodie in der Literatur, ich könnte in solcher Nacht keine Literatur schaffen. Heines Musik mag dafür den Musikern genügen, die von ihrer eigenen Kunst bedeutendere Aufschlüsse verlangen, als sie das bißchen Wohlklang gewährt. Was ist denn Lyrik im Heineschen Stil, was ist jener deutsche Kunstgeschmack, in dessen

Sinnigkeiten und Witzigkeiten die wilde Jagd Liliencronscher Sprache einbrach wie einst des Neutöners Gottfried August Bürger? Heines Lyrik: das ist Stimmung oder Meinung mit dem Hört, hört! klingelnder Schellen. Diese Lyrik ist Melodie, so sehr, daß sie es notwendig hat, in Musik gesetzt zu werden. Und dieser Musik dankt sie mehr als der eignen ihr Glück beim Philister. Der ›Simplicissimus‹ spottete einmal über die deutschen Sippen, die sich vor Heine bekreuzigen, um hinterdrein in seliger Gemütsbesoffenheit »doch« die ›Loreley‹ zu singen. Zwei Bilder: aber der Kontrast ist nicht so auffallend, als man bei flüchtiger Betrachtung glaubt. Denn die Philistersippe, die schimpft, erhebt sich erst im zweiten Bilde zum wahren Philisterbekenntnis, da sie singt. Ist es Einsicht in den lyrischen Wert eines Gedichtes, was den Gassenhauer, den einer dazu komponiert hat, populär werden läßt? Wie viele deutsche Philister wüßten denn, was Heine bedeuten soll, wenn nicht Herr Silcher »Ich weiß nicht, was soll es bedeuten« in Musik gesetzt hätte? Aber wäre es ein Beweis für den Lyriker, daß diese Kundschaft seine unschwere Poesie auch dann begehrt hätte, wenn sie ihr nicht auf Flügeln des Gesanges wäre zugestellt worden? Ach, dieser engstirnige Heinehaß, der den Juden meint, läßt den Dichter gelten und blökt bei einer sentimentalen Melodei wohl auch ohne die Nachhilfe des Musikanten. Kunst bringt das Leben in Unordnung. Die Dichter der Menschheit stellen immer wieder das Chaos her; die Dichter der Gesellschaft singen und klagen, segnen und fluchen innerhalb der Weltordnung. Alle, denen ein Gedicht ihre im Reim beschlossene Übereinstimmung mit dem Dichter bedeutet, flüchten zu Heine. Wer den Lyriker auf der Suche nach weltläufigen Allegorien und beim Anknüpfen von Beziehungen zur Außenwelt zu betreten wünscht, wird Heine für den größeren Lyriker halten als Goethe. Wer aber das Gedicht als Offenbarung des im Anschauen der Natur versunkenen Dichters und nicht der im Anschauen des Dichters versunkenen Natur begreift, wird sich bescheiden, ihn als lust- und leidgeübten Techniker, als prompten Bekleider vorhandener Stimmungen zu schätzen. Wie über allen Gipfeln Ruh' ist, teilt sich Goethe, teilt er uns in so groß empfundener Nähe mit, daß die Stille sich als eine Ahnung hören läßt. Wenn aber ein Fichtenbaum im Norden auf kahler Höh' steht und von einer Palme im Morgenland träumt, so ist das eine besondere Artigkeit der Natur, die der Sehnsucht Heines allegorisch entgegenkommt. Wer je eine so kunstvolle Attrappe im Schaufenster eines Konditors oder eines

Feuilletonisten gesehen hat, mag in Stimmung geraten, wenn er selbst ein Dichter ist. Aber ist ihr Erzeuger darum einer? Selbst die bloße Plastik einer Naturanschauung, von der sich zur Psyche kaum sichtbare Fäden spinnen, scheint mir, weil sie das Einfühlen voraussetzt, lyrischer zu sein, als das Einkleiden fertiger Stimmungen. In diesem Sinne ist Goethes ›Meeresstille‹ Lyrik, sind es Liliencrons Zeilen: »Ein Wasser schwatzt sich selig durchs Gelände, ein reifer Roggenstrich schließt ab nach Süd, da stützt Natur die Stirne in die Hände und ruht sich aus, von ihrer Arbeit müd'«. Der nachdenkenden Heidelandschaft im Sommermittag entsprießen tiefere Stimmungen als jene sind, denen nachdenkliche Palmen und Fichtenbäume entsprossen; denn dort hält Natur die Stirne in die Hände, aber hier Heinrich Heine die Hand an die Wange gedrückt ... Man schämt sich, daß zwischen Herz und Schmerz je ein so glatter Verkehr bestand, den man Lyrik nannte; man schämt sich fast der Polemik. Aber man mache den Versuch, im aufgeschlagenen ›Buch der Lieder‹ die rechte und die linke Seite durcheinander zu lesen und Verse auszutauschen. Man wird nicht enttäuscht sein, wenn man von Heine nicht enttäuscht ist. Und die es schon sind, werden es erst recht nicht sein.

[...]

... Was will die einsame Träne? Was will ein Humor, der unter Tränen lächelt, weil weder Kraft zum Weinen da ist noch zum Lachen? Aber der »Glanz der Sprache« ist da und der hat sich vererbt. Und unheimlich ist, wie wenige es merken, daß er von der Gansleber kommt, und wie viele sich davon ihr Hausbrot vollgeschmiert haben. Die Nasen sind verstopft, die Augen sind blind, aber die Ohren hören jeden Gassenhauer. So hat sich dank Heine die Erfindung des Feuilletons zur höchsten Vollkommenheit entwickelt. Mit Originalen läßt sich nichts anfangen, aber Modelle können ausgebaut werden. Wenn die Heine-Nachahmer fürchten mußten, daß man sie entlarven könnte, so brauchten sie nur Heine-Fälscher zu werden und durften getrost unter seinem Namen en gros produzieren. Sie nehmen in der Heine-Literatur einen breiten Raum ein. Aber die Forscher, denen ihre Feststellung gelingt, sind nicht sachverständig genug, um zu wissen, daß mit dem Dieb auch der Eigentümer entlarvt ist. Er selbst war durch einen Dietrich ins Haus gekommen und ließ die Tür offen. Er war seinen Nachfolgern mit schlechtem Beispiel vorangegangen. Er lehrte sie den Trick. Und je weiter das Geheimnis verbreitet wurde, umso köstlicher war es.

Darum verlangt die Pietät des Journalismus, daß heute in jeder Redaktion mindestens eine Wanze aus Heines Matratzengruft gehalten wird. Das kriecht am Sonntag platt durch die Spalten und stinkt uns die Kunst von der Nase weg! Aber es amüsiert uns, so um das wahre Leben betrogen zu werden. In Zeiten, die Zeit hatten, hatte man an der Kunst etwas aufzulösen. In einer Zeit, die Zeitungen hat, sind Stoff und Form zu rascherem Verständnis getrennt. Weil wir keine Zeit haben, müssen uns die Autoren umständlich sagen, was sich knapp gestalten ließe. So ist Heine wirklich der Vorläufer moderner Nervensysteme, als der er von Künstlern gepriesen wird, die nicht sehen, daß ihn die Philister besser vertragen haben, als er die Philister. Denn der Heinehaß der Philister gibt nach, wenn für sie der Lyriker in Betracht kommt, und für den Künstler kommt Heines Philisterhaß in Betracht, um die Persönlichkeit zu retten. So durch ein Mißverständnis immer aktuell, rechtfertigt er die schöne Bildung des Wortes »Kosmopolit«, in der sich der Kosmos mit der Politik versöhnt hat. Detlev von Liliencron hatte nur eine Landanschauung. Aber mir scheint, er war in Schleswig-Holstein kosmischer als Heine im Weltall. Schließlich werden doch die, welche nie aus ihrem Bezirk herauskamen, weiter kommen als die, die nie in ihren Bezirk hineinkamen.

Was Nietzsche zu Heine gezogen hat – er hatte den Kleinheitswahn, als er im ›Ecce homo‹ schrieb, sein Name werde mit dem Heines durch die Jahrtausende gehen –, kann nur jener Haß gegen Deutschland sein, der jeden Bundesgenossen annimmt. Wenn man aber den Lazzaroni für ein Kulturideal neben dem deutschen Schutzmann hält, so gibt es gewiß nichts deutscheres als solchen Idealismus, der die weglagernde Romantik schon fürs Ziel nimmt. Das intellektuelle Problem Heine, der Regenerator deutscher Luft, ist neben dem künstlerischen Problem Heine gewiß nicht zu übersehen: es läuft ja daneben. Doch hier ward einmal Sauerstoff in die deutschen Stuben gelassen und hat nach einer augenblicklichen Erholung die Luft verpestet. Daß, wer nichts zu sagen hat, es besser verständlich sage, diese Erkenntnis war die Erleichterung, die Deutschland seinem Heine dankt nach jenen schweren Zeiten, wo etwas zu sagen hatte, wer unverständlich war. Und diesen unleugbaren sozialen Fortschritt hat man der Kunst gutgeschrieben, da man in Deutschland immerzu der Meinung ist, daß die Sprache das gemeinsame Ausdrucksmittel sei für Schreiber und Sprecher. Heines aufklärende Leistung in Ehren – ein so großer Satiriker, daß man ihm die Denkmalswürdigkeit absprechen müßte, war er nicht. Ja, er war ein so kleiner Satiriker, daß die Dummheit seiner Zeit auf die Nachwelt gekommen ist. Gewiß, sie setzt sich jenes Denkmal, das sie ihm verweigert. Aber sie setzt sich wahrlich auch jenes, das sie für ihn begehrt. Und wenn sie ihr Denkmal nicht durchsetzt, so deponiert sie wenigstens ihre Visitkarte am Heine-Grab und bestätigt sich ihre Pietät in der Zeitung. Solange die Ballotage der Unsterblichkeit dauert, dauert die Unsterblichkeit, und wenn ein Volk von Vereinsbrüdern ein Problem hat, wird es so bald nicht fertig. Im Ausschuß der Kultur aber sitzen die Karpeles und Bartels, und wie immer die Entscheidung falle, sie beweist nichts für den Geist. Die niedrige Zeitläufigkeit dieser Debatte, die immerwährende Aktualität antiquierter Standpunkte ist so recht das Maß einer literarischen Erscheinung, an der nichts ewig ist als der Typus, der von nirgendwo durch die Zeit läuft. Dieser Typus, der die Mitwelt staunen macht, weil er auf ihrem Niveau mehr Talent hat als sie, hat in der Kunst der Sprache, die jeder, der spricht, zu verstehen glaubt, schmerzlichen Schaden gestiftet. Wir erkennen die Persönlichkeiten nicht mehr, und die Persönlichkeiten beneiden die Techniker. Wenn Nietzsche Heines Technik bewundert, so straft ihn jeder Satz, den er selbst schrieb, Lügen. Nur einer nicht: »Die Meisterschaft ist dann erreicht, wenn man sich in der Ausführung weder vergreift noch zögert«. Das Gegenteil dieser untiefen Einsicht ist die Sache des Künstlers. Seine Leistung sind Skrupel; er greift zu, aber er zaudert, nachdem er zugegriffen hat. Heine war nur ein Draufgänger der Sprache; nie hat er die Augen vor ihr niedergeschlagen. Er schreibt das Bekenntnis hin: »Der Grundsatz, daß man den Charakter eines Schriftstellers aus seiner Schreibweise erkenne, ist nicht unbedingt richtig; er ist bloß anwendbar bei jener Masse von Autoren, denen beim Schreiben nur die augenblickliche Inspiration die Feder führt, und die mehr dem Worte gehorchen als befehlen. Bei Artisten ist jener Grundsatz unzulässig, denn diese sind Meister des Wortes, handhaben es zu jedem beliebigen Zwecke, prägen es nach Willkür, schreiben objektiv, und ihr Charakter verrät sich nicht in ihrem Stil«. So war er: ein Talent, weil kein Charakter; bloß daß er die Artisten mit den Journalisten verwechselt hat. Und die Masse von Autoren, die dem Wort gehorchen, gibt es leider nur spärlich. Das sind die Künstler. Talent haben die andern: denn es ist ein Charakterdefekt. Hier spricht Heine seine unbedingte Wahrheit aus; er braucht sie gegen Börne. Aber da er objektiv schreibt und als Meister des Worts dieses zu jedem beliebigen Zwecke handhabt, so paßt ihm das Gegenteil gegen Platen. In ihm sei, »ungleich dem wahren Dichter, die Sprache nie Meister geworden«; er sei »dagegen Meister geworden in der Sprache, oder vielmehr auf der Sprache, wie ein Virtuose auf einem Instrumente«. Heine ist objektiv. Gegen Börne: »Die Taten der Schriftsteller bestehen in Worten«. Gegen Platen: er nenne seine Leistung eine »große Tat in Worten« – »so gänzlich unbekannt mit dem Wesen der Poesie, wisse er nicht einmal, daß das Wort nur bei dem Rhetor eine Tat, bei dem wahren Dichter aber ein Ereignis ist«.

Was war es bei Heine? Nicht Tat und nicht Ereignis, sondern Absicht oder Zufall. Heine war ein Moses, der mit dem Stab auf den Felsen der deutschen Sprache schlug. Aber Geschwindigkeit ist keine Hexerei, das Wasser floß nicht aus dem Felsen, sondern er hatte es mit der anderen Hand herangebracht; und es war Eau de Cologne. Heine hat aus dem Wunder der sprachlichen Schöpfung einen Zauber gemacht. Er hat das höchste geschaffen, was mit der Sprache zu schaffen ist; höher steht, was aus der Sprache geschaffen wird. Er konnte hundert Seiten schreiben, aber nicht die Sprache der hundert ungeschriebenen Seiten gestalten. Wenn nach Iphigeniens Bitte um ein holdes Wort des Abschieds der König »Lebt wohl!« sagt, so ist es, als ob zum erstenmal in der Welt Abschied genommen würde und solche »Lebt wohl!« wiegt das ›Buch der Lieder‹ auf und hundert Seiten von Heines Prosa. Das Geheimnis der Geburt des alten Wortes war ihm fremd. Die Sprache war ihm zu Willen. Doch nie brachte sie ihn zu schweigender Ekstase. Nie zwang ihn ihre Gnade auf die Knie. Nie ging er ihr auf Pfaden nach, die des profanen Lesers Auge nicht errät, und dorthin, wo die Liebe erst beginnt. O markverzehrende Wonne der Spracherlebnisse! Die Gefahr des Wortes ist die Lust des Gedankens. Was bog dort um die Ecke? Noch nicht ersehen und schon geliebt! Ich stürze mich in dieses Abenteuer.

17 Alfred Kerr

Rede am Heine-Denkmal
[1926]

I.
Nach zwanzig schicksalsvollen Jahren schlägt nun die Stunde, wo ein alter Wunsch vieler Deutschen Wirklichkeit wird: die Weihe des deutschen Gedächtnismals für Heinrich Heine – Dichter und lachender Pionier; geboren am Rhein zu Düsseldorf, heimisch zu Hamburg, gestorben zu Paris vor siebzig Jahren; lebend in Schrift und Sang; geliebt und befehdet; und nicht mehr wegzudenken aus Deutschland, nicht auszuschalten aus der Welt.

II.
Die Losung dieser Stunde heißt: Genug der Zwietracht.

Das bedeutet nicht etwa Müdigkeit zum Kampf. Das bedeutet: einer Gegenwart, die von Kämpfen und Krämpfen zerfurcht ist, will dieses Denkmal nicht Grund schaffen zu neuer Spaltung und Verbitterung.

Sondern es will einem Genie, das ein deutscher Besitz ist, zu seinem Recht helfen.

III.
Als Heinrich Heine fünfzig Jahre tot war, begegneten einander zwei Wünsche. Ich erließ damals, 1906, den Aufruf, ihm ein Denkmal zu setzen – und in Hamburg hegte die Literarische Gesellschaft zur gleichen Zeit den gleichen guten Wunsch. Wir vereinten uns.

Ich habe noch die Listen von damals. Es waren durchaus nicht vorwiegend literarische Kreise, nicht vorwiegend kapitalistische Kreise, die damals beitrugen für das Erzbild, vor dem wir heute stehen – sondern es waren viele kleine Leute darunter, aus allen Teilen Deutschlands, ja aus allen fünf Erdteilen. Ich weiß es noch: da war irgendein Kellner aus Sachsen, der zwei Mark schickte, neben einem Diplomaten aus Saloniki, neben einem Unbekannten aus dem amerikanischen Nest Fort Wayne. Deutsche Arbeiter, fremde Arbeiter sammelten für den Mann, der gesungen hat: »Es wächst auf Erden Brot genug für alle Menschenkinder.« Ja, Arbeiter und Verkäuferinnen aus dem Warenhaus und Studenten und kleine Mädel. Und dann kamen die übrigen.

IV.

Mein Aufruf wurde damals unterstützt. Etliche seien heute genannt, die dafür eintraten: Max Klinger, Richard Dehmel, Max Liebermann, Engelbert Humperdinck, Gerhart Hauptmann. Es waren kaum die schlechtesten der Landsgenossen.

Es ist noch einer anzuführen, der schon vorher, als Zwist um ein Denkmal für Heine sich erhob, für das Denkmal gestimmt hatte. Das war – Rottenburg hat es damals schriftlich bestätigt – das war Otto Bismarck. Bismarck hat bei diesem Anlaß Heine den größten deutschen Lyriker nach Goethe genannt.

Nietzsche wiederum nennt ihn »ein europäisches Ereignis«.

V.

Diesen Männern gesellt sich nun durch die Tat (und dafür ist man ihr zu dauerndem Dank verpflichtet) die hohe Behörde dieser schönsten Stadt Norddeutschlands. Hamburgs großherzige Haltung wird unvergessen bleiben. Sie stärkt in manchem Deutschen das tröstende Gefühl: Daß es immerhin ein Vorwärts gibt. Die klugen und gütigen Lenker des hamburgischen Staates vermeiden den historischen Mißgriff, den England einst beging: in der Westminster Abtey fehlt Byron.

VI.

Es wäre banal und billig, manches zusammenzustellen, worin Heinrich Heine, der über alles gespaßt hat, auch über Hamburg spaßte... Es wäre so billig wie unedel, ein paar Punkte seines Gesamtwerkes herauszugreifen, ein paar Schritte seines Erdenwandels zu betonen – und sie für anfechtbar zu erklären. Ja, er war ein menschlicher Mensch, der, was man ihm auch vorwerfe, nie, nie, nie etwas verraten hat. Sondern der die stärksten Werte der Menschheit vorwärts gehöhnt, vorwärts gesungen, vorwärts gepeitscht hat.

Er schreibt im Brief an einen Freund: »Am Ende ist vielleicht auch mehr Schlechtes in mir als Gutes; obzwar beides in kolossalen Massen. Ich liebe dennoch das Gute.« Es ist das ergreifende Wort eines im letzten Sinn ehrlichen Menschen – der kein Pharisäer war. Auch wir wollen keine Pharisäer sein.

VII.

Man hat ihm oft Unrecht getan.

Das Furchtbarste, was über die Deutschen gesagt worden ist, hat

Hölderlin gesagt – der trotzdem widerstandslos verehrt wird. Nach ihm hat Nietzsche über die Deutschen Entsetzliches vorgebracht – ohne daß es je dem nationalen Glück über das Auftreten dieses Mitbürgers Abbruch tat ...

Heine jedoch hat Deutschland nur geneckt – und sehr geliebt. Bloß nicht kritiklos geliebt. Das läßt man ihn entgelten. Es gibt jedoch nicht viel innigere Worte seit dem Bestehen der deutschen Sprache, – nicht hinreißendere Worte, die jemand an Deutschland gerichtet hat, als dieser wunderbar lose (und liebreiche) Mund sie sprach.

VIII.

Er ist der Unsere. Doch nicht nur der Unsere. Nietzsche hat Recht: Heine war ein »europäisches Ereignis«, nicht »ein lokales«.

Während die früheren Dichter meistens durch Flur und Au' gingen, war Heine der erste Sänger der großen Städte. Der erste dichterische Anwalt der Massen; ein singender Genoß der Menge. Darum paßt sein Denkmal in eine große heutige Stadt wie Hamburg. Er sang jene Melodie: »Es wächst auf Erden Brot genug für alle Menschenkinder«. Er sang manches vorher. Er schrieb die ersten Lieder des dritten Jahrtausends.

IX.

In lässiger Form hat er weltwichtige Dinge gesagt. Er hat – ich gebe nur dieses Beispiel – die Menschen eingeteilt in Nazarener und Hellenen. Das ist: Gewissensmenschen und Schönheitsmenschen. Oder Geistesmenschen und Tatmenschen. Heine sucht also schon jenes dritte Reich, wovon Ibsen spricht ... und Nietzsche träumt. Der Uebermensch ist ja die Verschmelzung des Nazarenertums mit dem Hellenentum. Nietzsches Visionen bleiben undenkbar ohne Heinrich Heine.

Wir stehen, was diesen Mann betrifft, erst im Anfang einer staunenden Erkenntnis. Er war nicht nur ein weicher Lyrikus. Er ist ein Ahnherr so ziemlich aller heut modernen Gedanken. Er schrieb wirklich nicht nur die ›Loreley‹, oder »Das Meer erglänzte weit hinaus« ..., sondern: »Schlage die Trommel und fürchte Dich nicht«. Auch seine kosmische Verwegenheit ist eines Denkmals wert.

X.

Man beginnt es einzusehen. Am Rhein regt's sich. Man will durch ein sichtbares Zeichen für ihn zeugen – auch dort. An der Spitze dort sind Männer, wie der in Katholizismen versenkte Poet Adolf v. Hatzfeld; oder Herbert Eulenberg, der nicht eben undeutsch ist.

Wie gegenwärtig lebt uns allen Heine. Wer, wie ich, geraden Wegs aus den Pyrenäen kommt, erinnert sich dort an den heimgegangenen Atta Troll. Ich schlief in Köln – und dachte (mit Schumanns Musik): »Im Rhein, im schönen Strome, da spiegelt sich in den Well'n . . .« Er gehört uns allen.

XI.

Ich schrieb einmal: »Seelig, wem das Denkmal bestritten wird, denn er lebt.« Dieser Tote hat immer noch zornige Widersacher.

Doch die wertvollen der Widersacher verschmähen es bestimmt, sein ehernes Abbild zu schänden. Sie verschmähen es bestimmt, zugleich ein prachtvolles Kunstwerk zu mißhandeln. Die Schöpfung unseres großen Meisters Lederer, dieses Deutschösterreichers, welcher den »Anschluß« längst gefunden hat; der auch Bismarcks unvergleichliche Denksäule dieser herrlichen Stadt schuf.

Lederers Gebilde gibt, in Antlitz und Haltung, etwas Doppeltes, was jener seltsame und seltene Mensch in sich trug: das Lied – und den Gedanken. Lederer gibt hier den singenden Menschen – und den sinnenden Menschen.

XII.

Wer deutscher ist als Bismarck; wer erkenntnisvoller ist als Nietzsche: der werfe den ersten Stein wider sein Werk.

Wir aber sagen: Eine Erfüllung stieg heut hernieder. Ein Wunsch ist gekrönt.

Doch unser Schiboleth heißt, nochmals: »Genug der Zwietracht.« Tilgt aus den Herzen den Haß. Und laßt Feindschaft sinken – wie nun die Hülle sinkt.

Heinrich Heine, sei gegrüßt.

18 Heinrich Mann

Für das Heine-Denkmal in Düsseldorf
[1929]

Heinrich Heine starb vor mehr als siebzig Jahren, aber es gibt kaum eine Persönlichkeit, die in so langer Zeit so gegenwärtig geblieben ist, und wenig Werke, die so viel Leben behalten haben, wie das seine. Er ist das vorweggenommene Beispiel des modernen Menschen. Er hatte schon damals die uns gewohnte Geisteshaltung, er war sachlich bei aller seiner Phantasie, scharf zugleich und zärtlich, ein Zweifler, doch tapfer. Aus seinen grossen Schmerzen machte er nicht nur kleine Lieder. Er machte daraus auch Erkenntnisse, die noch nicht üblich waren, und Rufe einer Menschenstimme, die wie aus unserer Mitte kommen.

Die Jünglinge, viele Geschlechter der Jungen, sind mit seinen Gedichten aufgewachsen. Sie haben ihn schwärmerisch geliebt, wenn dies ihre Natur war; und selbst die zaghaften oder trockenen Herzen hat er etwas ahnen lassen von der Macht des Gefühls. Die Geister aber lehrte er die Kraft, es zu beherrschen. Seine Ironie, seine Leidenschaft haben beide an der innersten Erziehung der jugendlichen Lebensschüler mitgebildet durch alle diese Jahrzehnte.

Wenn der erwachsene Mann zu den ehemals zerlesenen Bänden zurückgriff, begegnete er in Heine einem Mann, wie der Jüngling einen Jüngling angetroffen hatte. Denn jedes Lebensalter ist seinesgleichen und erkennt sich in ihm. Er hat den sicheren Blick des dichterischen Geistes, der die Gesellschaft seiner Zeit erfasst, sie anschaulich macht durch Steigerung der Wirklichkeit und auf sie einwirkt vermittels des endgültigen Wortes. Ein Blick und ein Wort wie die seinen besten fort auch unter wechselnden Zuständen. Jeder, der seine Tagesberichte liest, muss fühlen: es sind Berichte aus allen Tagen, jene nicht ausgenommen, die auf sein leibliches Ende gefolgt sind. Unsere heute mitlebende Welt hätte keine Geheimnisse für ihn. Wäre er da, er würde dieselben Kämpfe führen wie wir. Ungerechtigkeit und Entwürdigung des Menschen müssten ihn bewegen wie je. Sein Ziel wäre immer noch Vermenschlichung der Welt, Vergeistigung des Lebens. Er hat um uns und unsere Not gewusst. Er war unter den Ersten, die soziale Gedichte schrieben. Er hat dabei das Land, das ihm die Sprache schenkte, männlich und ohne Redensart geliebt. Ihm bezeugte er Dauer, ja, ewigen Bestand.

Als er in langer Krankheit gealtert war, fand er die bewundernswerteste Haltung vor dem Tode und die zugleich festesten und hingebendsten Worte angesichts der Ewigkeit. Seine Trauer ist kraftvoll, und kein Abschied vom Dasein wurde jemals weder ergreifender noch stolzer genommen, als in seinen unvergänglichen letzten Gedichten. Er bietet seitdem eines der höchsten Beispiele den Sterbenden, wie er es den Lebenden bietet.

Das wäre genug für einen Verewigten, der doch weiterlebt. Beispielhaft dastehn als Sänger der Jugend, kämpfender Mann und schön noch beim Sterben! Seinen Platz haben im Gedächtnis eines Volkes und einer Welt! Mag er kein äusseres Denkmal brauchen: wir schulden sein Denkmal uns selbst. Andere, die nicht allen Gestalten seines Wesens, höchstens einer von ihnen nahekommen, haben das Denkmal, das ihm zu lange versagt wurde. Ein Zeitgenosse, Musset, in einigem ihm ähnlich, obwohl um sein Frankreich unvergleichlich weniger verdient als Heine um uns, wurde bedankt mit einem der sichtbarsten Monumente von Paris. Hat Deutschland das Recht, weniger dankbar zu sein? Darf es die Vaterstadt Heines?

Der Dichter Heine hat alles, um im behauenen Stein vor die kommenden Geschlechter hinzutreten. Oder was sollte ihm daran fehlen? Er bekannte wohl die Unruhe seines Blutes und was seine Sinne begehrten, offener und der Wirklichkeit getreuer, als die damalige Zeit; um so mehr erkennt sich sogar darin die unsere. Auch zu den überlieferten Mächten, die er angriff und die ihn bis in die Verbannung verfolgten, stehen wir Deutsche unserer Tage nicht anders als er. War er aber Jude, so bezeugt er gerade darum die werbende Kraft der deutschen Sprache, die ihn schöpferisch machte. Als vorweggenommener Ausdruck und Typ des deutschen Europäers ehrt er Deutschland so sehr wie sich selbst. Die Ehre gehört Deutschland, wenn Fremde ihn fast unter ihre eigenen Dichter aufnehmen.

Heinrich Heine hat für sich die Zukunft, da schon so viel Vergangenheit für ihn spricht. Er hat den beständigen Ruhm und die nie aussetzende Wirkung. Dies entscheidet. Der hohe Rang seiner dichterischen Kunst ist in aller abgelaufenen Zeit nie gesunken, und unverändert erhält sich die Neigung des Volkes zu seinen Liedern. Sein Denkmal, wir wissen es und wollen danach handeln, ist unsere noch ungetilgte Schuld an Volk, Dichtung und Zukunft.

19 M. B.

Was denkt die Deutsche Akademie von Heinrich Heine? Eine ernste Anfrage und eine offene Kritik [1935]

»Wir lesen wieder Lyrik!« – so kann man gerade in letzter Zeit wiederholt in den Feuilletons der Zeitungen lesen, und fraglos stimmt diese Feststellung. Es ist müßig, heute nach den Gründen zu forschen, die bewirkten, daß während langer Jahre niemand eintreten mochte in den stillen, von zauberhaft schimmerndem Licht erfüllten Garten der deutschen Lyrik, daß die zarten, vom Goldglanz jubelnder Freude überstrahlten Lieder der Liebe und die schmerzlichen Strophen, in denen verhalten das bittere Weh bitteren Leides schluchzt, nur noch von Literaten gelesen wurden, die sie zu Anthologien zusammenstellten, und von Literaturwissenschaftlern, die daran Stil- und Ausdrucksgesetze demonstrierten.

Es genügt die Feststellung, daß es der Lyrik tatsächlich bestimmt zu sein schien, eines entsetzlichen Todes zu sterben, ruhmlos zu versinken im Staub und Moder gelehrter Bibliotheken. Aber wieder einmal war das sieghafte, quellende Leben stärker als die Mächte der Zersetzung. Wir haben wieder gelernt, daß man neben dem harten Ringen um die soziale Neuordnung nach den Forderungen des Sozialismus und um die Freiheit des deutschen Volkes nach innen und außen niemals vergessen darf jene unersetzlichen, höchsten Güter, die einem Volk in seiner *arteigenen* großen Kunst gegeben sind.

Denen, die das noch immer nicht einsehen konnten, hat es der Führer in seiner großen Nürnberger Kulturrede mit unmißverständlicher Eindeutigkeit und Klarheit gesagt.

Wir fühlen heute wieder, wie uns aus der deutschen Kunst Kraft zuströmt für unser tägliches Leben und seinen Kampf. Wir spüren gerade in der Lyrik seelische Werte, die von unersetzlichem Wert sind.

Eine Welt des Lebens und des Erlebten ist gebannt in die Verse des Lyrikers, die sich dem öffnet, der eintritt in diesen Zaubergarten deutscher Dichtkunst.

Mancher freilich, der eintreten möchte, bedarf des beratenden Wegweisers, der ihn schützt vor dem Gestrüpp der kritischen Gesamtausgaben und vor dem Ballast zahlloser Bände. Wer im tätigen Leben steht, kann nicht dicke Wälzer durchwühlen, kann nicht nach ein paar Versen von glühender Kostbarkeit wie ein Schatzgräber suchen.

Die ›Deutsche Akademie München‹ hat daher einen ausgezeichneten und überaus lobenswerten Plan verwirklicht, indem sie ihre Sammlung ›Deutsche Gedichte‹ herausgab. 36 Hefte sind für diese Reihe bisher vorgesehen, deren jedes etwa 30 bis 40 Seiten umfaßt und, auf ihnen sorgsam ausgewählt, die schönsten Dichtungen eines deutschen Dichters bringt.

Da spricht die biedere, tiefe Innigkeit des Mathias *Claudius*, die dunkle Fülle des geheimnistiefen *Novalis* und die leidenschaftliche, gläubige Sehnsucht *Hölderlins*, die kämpferische Kraft *Schillers* und die geballte, saftige Farbigkeit *Goethes*, die duftige Schönheit *Mörikes* und die glühende Gestalt *Hebbels*. Da sind *Eichendorff* und *Uhland*, *Brentano* und *Rückert* vertreten, *Keller*, *Fontane*, *Dehmel* und *Liliencron*. Ein fraglos verdienstliches Werk – so denkt man.

Aber die Gedanken des Lesers bekommen sehr plötzlich, mit einem scharfen, gewaltsamen Ruck, eine andere Richtung, wenn er sich das für die Sammlung weiter vorgesehene Programm genau durchsieht:

Da ist nämlich als Heft 24 vorgesehen: *Heine!*

Es erscheint kaum glaublich im nationalsozialistischen Deutschland, aber es steht wirklich und wahrhaftig da: Heine!! Man hat das Gefühl, mit gutgekühltem Wasser unerwartet übergossen zu werden, und dann tauchen allerlei Fragen auf:

Ob die verantwortlichen Männer der Deutschen Akademie sich wohl einmal sorgfältig und mit schwerem, leidenschaftlichem Ernst Klarheit darüber abgelegt haben, was das »Deutsche« im Namen ihrer Institution für ihre Aufgabe bedeutet?

Wir zweifeln nicht daran, daß der verdienstvolle Präsident der Akademie, der durch seine geopolitischen Arbeiten, die alle aus leidenschaftlicher Liebe zu Deutschland und seinem Lebensrecht geschrieben wurden, sich diese Rechenschaft wieder und wieder abgelegt hat. Aber wir fragen uns doch, warum er über diesen seltsamen Husarenritt seiner Mitarbeiter nicht unterrichtet wurde? Und wir fragen uns weiter, ob die Notgemeinschaft und die Akademikerhilfe hier nicht hätten einen Hinweis geben müssen, denn sie sind ja fraglos über das ganze Programm unterrichtet worden, als die Akademie ihre Hilfe erbat.

Oder sollte sich hier eine wissenschaftliche Haltung bemerkbar machen, die aus reaktionären Gesichtspunkten heraus glaubt, auf

Heinrich Heine in einer Sammlung deutscher Gedichte nicht verzichten zu können? Das wäre allerdings schlimm.

Dann müßte man den Herren empfehlen, daß sie einmal *Adolf Bartels* Ausführungen über das Problem nachlesen.

Grundsätzlich sei für diesen Fall noch folgendes gesagt:

Wenn wir Heinrich Heine ablehnen, dann geschieht das nicht, weil wir jede Zeile, die er schrieb, für schlecht halten. Nein, gewiß nicht! Heine hat Verse geschrieben, die echt und tiefempfunden *wirken;* er hat Kritiken geschrieben, deren Stil man bezaubernd finden kann.

Es kommt hier auf die Einzelheiten des Streites über den Wert der Heineschen Werke gar nicht an. *Entscheidend ist ausschließlich, daß dieser Mann Jude war und daher nicht in den Raum unserer deutschen Literatur gehört.*

Ein in Deutschland lebender Jude hat einmal eine Geschichte der in der deutschen Sprache geschriebenen jüdischen Dichtung geschrieben: in sie gehört auch Heine. Er benutzte die deutsche Sprache, aber alles, was er schrieb, ist letztlich erfüllt von jüdischem Geist, vom besonderen Stilgesetz der jüdischen Seele.

Das alles bedeutet in diesem Zusammenhang vielleicht nicht einmal ein Werturteil, aber es zeigt auf alle Fälle eine *abgrundtiefe Artverschiedenheit* an.

Heine gehört nicht in den Rahmen unserer Dichtkunst. In einer Sammlung ›Deutscher Gedichte‹ ist kein Raum für ihn.

Wir fragen die Deutsche Akademie München, ob sie keine Veranlassung sieht, das Programm für ihre Sammlung abzuändern? Und wir fragen die Notgemeinschaft und die Akademikerhilfe, ob sie ihre Mittel bereitstellen, damit in deutschen Sammlungen jüdische Dichter herausgegeben werden?

20 Abteilung Wissenschaft und Propaganda und Abteilung Kunst, Literatur und kulturelle Massenarbeit beim ZK der SED

Der deutsche Dichter Heinrich Heine

Zu seinem 100. Todestag

[1956]

Am 17. Februar vor hundert Jahren starb Heinrich Heine. Die deutsche Arbeiterklasse, das deutsche Volk und die ganze fortschrittliche Menschheit ehren in Heinrich Heine einen der größten deutschen Lyriker und Meister des Wortes, den revolutionär-demokratischen Denker und Publizisten, den unermüdlichen Streiter für eine bessere Zukunft.

Heine gehört zu den Dichtern deutscher Sprache, die in der Welt am meisten gelesen und am höchsten geschätzt werden. Seine Werke wurden in viele Sprachen übersetzt. Der Weltfriedensrat hat Heines 100. Todestag zum internationalen Gedenktag erklärt. Damit wird der Dichter geehrt als einer der Großen der Weltliteratur und zugleich als Repräsentant der edelsten Bestrebungen im deutschen Volk, als Vorkämpfer eines fortschrittlichen, friedliebenden und demokratischen Deutschland.

In der Geschichte der deutschen Literatur stellt Heines Werk den Abschluß und letzten Höhepunkt der Literaturepoche des aufstrebenden Bürgertums dar. In ihr wurde das Streben der vom Bürgertum geführten fortschrittlichen Kräfte Deutschlands nach Beseitigung des Feudalabsolutismus und für die demokratische Einigung der Nation ausgedrückt und unterstützt. Die humanistischen Ideale Lessings, Herders, Goethes und Schillers, die vorwärtsweisenden Gedanken der Philosophen Kant, Fichte und Hegel entwickelte Heine für seine Zeit weiter, in der der Kapitalismus sich bereits stärker entfaltet hatte und die Arbeiterklasse als neue, revolutionäre Kraft in Erscheinung trat. Er durchbrach die Schranken des bürgerlichen Denkens und wurde zu einem Vorläufer des sozialistischen Denkens.

In Heines lyrischem Schaffen sind die Natürlichkeit, Frische und Kraft der deutschen Volkspoesie verschmolzen mit einem neuen kritischen Gehalt. Durch ihr echtes Gefühl, durch ihre Klarheit und einfache Anschaulichkeit wurden viele seiner Gedichte zum unvergänglichen Besitz des deutschen Volkes. In den Jahren der revolutionären Kämpfe vor und nach 1848 schrieb Heine seine großen politischen Dichtungen. Seine überragende Leistung als politischer Lyriker besteht darin, daß er im Gegensatz zu vielen anderen politischen Dichtern seiner Zeit mit tiefem Verständnis für die geschichtliche Entwicklung treffsicher die deutschen Zustände kritisierte. Im Ringen um eine anschauliche wirksame künstlerische Gestaltung der großen Probleme seiner Zeit, die während der Revolution zu Forderungen des Tages wurden, schuf er neue, größere Möglichkeiten der künstlerischen Aussage. Er verwarf alle unbestimmten deklamatorischen Phrasen, die er für ebenso unkünstlerisch wie politisch nutzlos erklärte und zog es vor, an sinnfälligen Beispielen die damalige Rückständigkeit Deutschlands zu entlarven, die Fürsten und Aristokraten, den Dünkel der preußischen Junker, den Egoismus und die Feigheit der Bourgeoisie, die Ängste der Philister dem Zorn und Spott des Volkes preiszugeben. Aus der kühnen, rücksichtslosen Satire spricht die Überzeugung des Dichters von der Unbesiegbarkeit der revolutionären Kräfte und vom baldigen, längst verdienten Untergang der morschen alten Gesellschaft. Durch diese künstlerische Leistung ist Heine ein großer Lehrmeister für alle humanistischen und progressiven Schriftsteller geworden.

Heine wurde zu einem bedeutenden Kritiker seiner Zeit, weil er sich auf die fortschrittlichsten philosophischen und sozialen Theorien der vormarxistischen Periode stützte und sie an den geschichtlichen Vorgängen seiner Tage überprüfte. In seinen Schriften über Frankreich, wohin er nach der französischen Juli-Revolution von 1830 übergesiedelt war, zeigte er, daß die politischen Kämpfe im sozialen Gefüge der Gesellschaft, in den Interessen der verschiedenen Klassen ihre Wurzel haben. In seiner Schrift ›Zur Geschichte der Religion und Philosophie in Deutschland‹ charakterisierte er treffend die Rolle, die religiöse Vorstellungen in der Geschichte spielten, und gab eine Darstellung der klassischen deutschen Philosophie, die von den Begründern des wissenschaftlichen Sozialismus, Karl Marx und Friedrich Engels, als bahnbrechend eingeschätzt worden ist. Heine sah über die Grenzen der damaligen liberalen und kleinbürgerlich-demokratischen Ansichten weit hinaus. Er trat nicht nur für die politischen Rechte, sondern auch für das materielle Wohl des Volkes ein und machte sich die These des französischen utopischen Sozialismus, daß die Ausbeutung des Menschen durch den Menschen das Grundübel der bestehenden Gesellschaft ist, zu eigen. Anders aber als die Utopisten sah er in der Revolution eine gesetzmäßige geschichtliche Erscheinung. Er stellte ihr das Ziel, eine Gesellschaft zu schaffen, in der alle Menschen arbeiten und niemand auf Kosten des anderen lebt.

Die Haltung des Dichters zu seinem Vaterland war von diesem Gesellschaftsideal bestimmt. Er trat entschieden gegen die bürgerlichen Nationalisten auf, die zwar vorgaben, auch für die »Einheit Deutschlands« zu sein, aber gleichzeitig Haß gegen andere Völker predigten und nichts zur Beseitigung der reaktionären sozialen und politischen Ordnung taten. Heines Liebe zum Vaterland bestand darin, daß er für eine Ordnung im geeinten Deutschland eintrat, die das Glück des Volkes sicherte. Aus Vaterlandsliebe kämpfte er sein Leben lang gegen die volksfeindliche Herrschaft der Fürsten, Grundbesitzer und feudalen Bürokraten.

In leidenschaftlichem Gegensatz zum feigen, zum Kompromiß mit der Reaktion bereiten Bürgertum bekannte er: »Pflanzt die schwarzrotgoldene Fahne auf die Höhe des deutschen Gedankens, macht sie zur Standarte des freien Menschentums, und ich will mein bestes Herzblut für sie hingeben!« Dieser demokratische Patriotismus ging davon aus, daß die Völker durch gemeinsamen Kampf gegen ihre Unterdrücker miteinander verbunden sind und ein Volk von den Errungenschaften anderer Völker lernen kann. Im Sinne dieser Anschauung ist Heines Eintreten für die Freundschaft des deutschen und des französischen Volkes eine patriotische Tat, die gerade heute für die Kampfgemeinschaft der französischen und deutschen Arbeiterklasse, aller deutschen und französischen Patrioten gegen Militarismus und Krieg Vorbild ist.

Den Höhepunkt seiner aktiven literarischen Teilnahme am revolutionären Kampf bildet die Zeit seiner Freundschaft und Zusammenarbeit mit Karl Marx – das Jahr 1844. Heine unterstützte die publizistische Tätigkeit von Marx und nannte sich mit Stolz einen Vorkämpfer der Sache, die der Kommunismus vollenden würde. Die 1844 entstandenen Dichtungen ›Deutschland. Ein Wintermärchen‹ und ›Die schlesischen Weber‹, in denen Heine – nach den Worten von Friedrich Engels – »den Sozialismus verkünde«, zeugen davon, wie leidenschaftlich der Dichter den konsequentesten Flügel der revolutionären Bewegung unterstützte. Heinrich Heine erkannte, beeinflußt durch die Begegnung mit Marx, auch immer klarer im Proletariat die historische Kraft, die die Menschheit für immer von jeder Unterdrückung und Ausbeutung befreien kann. Marx und Engels schätzten Heine als den »hervorragendsten unter allen lebenden deutschen Dichtern«. Wenn Heine auch leidenschaftlich für die Revolution und sozialistische Ziele kämpfte, so nahm er dennoch nicht völlig den Klassenstandpunkt des Proletariats ein. Seine Unklarheiten und Schwankungen wurden verstärkt durch die Isolierung, in die der kranke Dichter nach 1848 geriet. Heine wirkte trotz dieser im einzelnen irrigen Ansichten bis zu seinem Tode entschlossen für die Beseitigung der Ausbeutung des Menschen durch den Menschen, für den Sieg des gesellschaftlichen Fortschritts, des Sozialismus.

Die deutsche Arbeiterbewegung hat Heines Werk richtig gewürdigt und es lebendig erhalten, entgegen allen Versuchen der Reaktion, es zu verleumden, zu ersticken und zu verfälschen. Seine aufrüttelnden und entlarvenden Verse beflügelten und ermutigten die deutschen Arbeiter im Kampf gegen die Herrschaft der Junker und Monopolherren. Aus den gleichen Gründen genießt er ein hohes Ansehen bei den Völkern der Sowjetunion und der Volksdemokratie, bei den demokratischen Kräften aller Völker.

Wegen seines schonungslosen Kampfes gegen die herrschenden Ausbeuterklassen wurde Heine stets von den Anhängern der chauvinistischen Großmachtpolitik beschimpft und verfälscht. Die deutschen Faschisten verbrannten seine Werke und versuchten vergeblich, Heine ganz aus dem Gedächtnis des Volkes auszulöschen. In dieser Zeit fand Heine eine Heimat bei den deutschen Antifaschisten im illegalen Kampf, in den Zuchthäusern und Konzentrationslagern sowie in den Reihen der Emigranten. Für sie bedeutete die Pflege und Verbreitung seines Werkes eine Stärkung im Kampf gegen die faschistische Barbarei, eine Stärkung im Kampf für ein neues, besseres Deutschland.

Die 100. Wiederkehr des Todestages Heines ist für unsere Partei und für alle fortschrittlichen Kräfte ein Anlaß, sich des großen Erbes zu besinnen, das uns der Dichter hinterlassen hat. Vor uns liegt die Aufgabe, allen Schichten unseres Volkes den gedanklichen und poetischen Reichtum seiner Werke nahezubringen. Seine schönen, ewig jungen Lieder sollen bei uns in Stadt und Land erklingen. Die überlegene Kraft der Heineschen Satire müssen auch wir benutzen als Waffe im Kampf gegen die 150 Multimillionäre, die Junker und die von ihnen ausgehaltenen Militaristen, die in Westdeutschland herrschen. Seine scharfen und glänzenden Pamphlete gegen Enge, Muffigkeit und Rückständigkeit im damaligen Deutschland sind auch heute aktuell und werden uns wirksame Waffe sein bei der Überwindung des Spießertums. Uns hilft die Kenntnis der im Kampf gegen reaktionäre Anschauungen entstandenen Prosaschriften Heines bei der Herausbildung und Verbreitung eines wissenschaftlichen Weltbildes. Vor allem unter der Jugend gilt es, die lebendige und kämpferische Beziehung zu Heine zu wecken, die in der deutschen Arbeiterbewegung seit langem Tradition ist. Die Literaturwissenschaftler, Historiker und Philosophen haben die Aufgabe, Heines Stellung als Nationalautor, seinen Beitrag zur Entwicklung der fortschrittlichen Weltanschauung, die Bedeutung seiner Beziehung zu den Begründern des wissenschaftlichen Sozialismus und andere wichtige Fragen gründlich zu bearbeiten und zu klären.

Heine trat für eine Gesellschaftsordnung ein, die – frei von Ausbeutung und Unterdrückung – das Glück aller schaffenden Menschen gewährleisten sollte. In dieser Zielsetzung, wie in dem Kampf gegen die gemeinsamen Feinde, fühlte er sich der sozialistischen Arbeiterbewegung, den Kommunisten eng verbunden.

Die Schaffung der Grundlagen des Sozialismus in der Deutschen Demokratischen Republik, der gerechte Kampf unseres Volkes gegen die kriegslüsternen Monopolherren und Revanchisten setzen heute die edlen Bestrebungen fort, denen Heinrich Heine sein Leben weihte als deutscher Dichter und als »ein braver Soldat im Befreiungskriege der Menschheit«.

21 Bulletin des Presse- und Informationsamtes der Bundesregierung

Heinrich Heine – der Klassiker des Ärgernisses
Zum hundertsten Todestag des Dichters
[1956]

Die Problematik des deutschen Geistes wird durch zwei Eigentümlichkeiten seltsam erhellt: Wie Graf Keyserling einmal feststellte, hat fast jeder große Deutsche auch an seinem Deutschtum gelitten, unendlich viele haben ihrem Vaterland gegenüber eine Haßliebe empfunden und von Goethe über Nietzsche bis zu Thomas Mann ihrer schmerzvoll peitschenden Kritik Ausdruck gegeben. Das deutsche Volk jedoch – und nicht nur die Masse der Philister – hat kaum je mit Einsicht und Bemühung um Selbsterkenntnis, sondern fast immer mit Verärgerung und Ablehnung des Tadlers reagiert. Den

Zorn, der aus der leidenschaftlichen Betroffenheit vom eigenen deutschen Wesen kam, nannte es »Beschmutzung des eigenen Nestes«, und allzu oft war es bereit, die »vaterlandslosen Gesellen« aus seinem selbstgerecht behaglichen Lebenskreis auszuschließen. Das deutsche Volk liebt nicht das heilsame Ärgernis, und der große, fast monumentale Fall dieses seines Versagens ist der Fall Heinrich Heine.

Es ist nicht ohne Belustigung zu sehen, wie man sich in diesen Wochen, in denen der Todestag des Dichters sich zum hundertsten Male jährt, mit ziemlicher Anstrengung bemüht, eine Einstellung zu finden, die dem feierlichen Anlaß einigermaßen gerecht wird. Dieser Mann hat so vieles geschrieben, was man, von welchem Standpunkt auch immer, unmöglich billigen kann, daß es in der Tat Schwierigkeiten bereitet, vor den Augen der uns gerade jetzt ironisch aufmerksam betrachtenden Welt das allzu Abscheuliche taktvoll zu übersehen und das Großartige und Schöne um so lauter zu loben. Diese Methode, das Richtige vom Falschen echt pharisäerisch zu trennen und danach eine wohlwollende Zensur zu erteilen, ist denn auch vollkommen falsch. Heinrich Heine ist ein Phänomen, das als Ganzes genommen werden muß und dessen Vielfalt der Moralist nur gerecht werden kann, wenn er nach den Motiven auch dessen sucht, was wirklich häufig recht anstößig dasteht. Die geistige und literarische Skala dieser in der deutschen Geschichte einmaligen Persönlichkeit reicht von einer Lyrik, die ihn in der Weltliteratur unmittelbar neben Goethe gebracht hat, bis zu einem Revolverjournalismus, der den Skandal bewußt als Drohung und Waffe benutzte. Sie reicht von einer liebenden Verehrung des deutschen Vaterlands, von einer unerhörten Liebesfähigkeit überhaupt, bis zu einem schmähenden Haß, der nicht nur tiefe, blutende Wunden schlagen wollte, sondern auf die Vernichtung des Gegners ausging. Es ist auch nicht so, daß all diese Gegensätze sich schließlich doch in einer tieferen Einheit des menschlichen Kerns wieder vereinigen. Auch dort bleiben Spannungen und Spaltungen. Heine liebte sehr sich selbst und den Schmerz, den ihm das Leben im überreichen Maß brachte. Er tat es als Romantiker, als Zeitgenosse Byrons und somit als Mensch einer Epoche, in der das Individuum soeben die Fesseln der alten Welt der Gebundenheit von sich geworfen hatte und die Einsamkeit und die Pfeile, vor denen es nicht mehr geschützt war, genoß. Er tat es aber auch als Jude, dem gerade erst die Tore des Ghettos geöffnet worden waren, und schließlich als ein überaus sensibler und

und empfindlicher Mensch und Künstler, als ein Narziß, dem der interessanteste Teil der Welt stets die Spiegelung des Lebens in der eigenen Brust blieb. Nur grobe Ungerechtigkeit aber hat übersehen können, daß diese Triebfedern, all sein Tummeln und Wälzen und die große geistige Kraft Heines fast immer in einem idealistischen Dienst standen. Er sah die große Linie der Wirkung des deutschen Geistes in der Weltgeschichte von Luther über Lessing, Kant und Fichte in die Zukunft laufen, und er wollte dafür fechten, daß diese Zukunft nach den Siegen der Befreiungskriege nicht von der geistigen und politischen Reaktion erstickt wurde. »Such' ich jetzt den goldenen Frieden, den das deutsche Blut ersiegt, seh' ich nur die Kette schmieden, die den deutschen Nacken biegt.« Das war die Stimmung der Zeit, das war die Enttäuschung, der nicht nur Heine sich stets von neuem entraffen mußte.

Zum Verständnis dieser Lebenslinie muß man sich vor allem der besonderen Situation erinnern, in die Heine in Düsseldorf hineingeboren wurde und in der er seine entscheidenden Jugendjahre verbrachte. In einem seiner wunderbarsten Werke, dem ›Buch Le Grand‹, kann man nachlesen und nachempfinden, wie Napoleon als der Vollender der großen Revolution deren größten und in der Zukunft unvergänglichen Wert in das Rheinland brachte: die Gleichheit aller Menschen vor dem Gesetz und die Auflösung des feudalen Systems der Vorrechte und Privilegien. Diese Veränderung, dieser unauslöschliche Eindruck seiner Jugend hat Heine zutiefst geprägt, und kein geringerer als Bismarck, der ein großer Freund von Heines Dichtung war, hat auf diesen Schlüssel zu seinem Verständnis hingewiesen. Auch er hätte, so meinte Bismarck, sich mit Leidenschaft gegen jede Wiederkehr des Alten und gegen jede Bedrohung der Befreiung gewendet, wenn er, wie Heine, als Rheinländer und Jude soeben der Fesseln ledig geworden sei.

Doch man verteilt wohl die Gewichte falsch, wenn man nicht vor allem auf den großen Dichter sieht, der heute noch neben Goethe und Schiller der bekannteste deutsche Name in der Weltliteratur ist. Seine besondere Leistung ist offensichtlich und mit wenigen Worten zu bezeichnen: in einer bis dahin unerhörten und eben nur mit Goethe vergleichbaren Farbigkeit und Kraft der Sprache wußte er die Einfachheit des Volksliedes mit der subtileren Empfindung des Kunstgedichtes zu vereinigen. Heine ist damit, ein einigermaßen ironischer Umstand, zur Hauptquelle der bürgerlichen lyrischen Flut des 19. Jahrhunderts geworden. Da er jedoch auch seine Poesie in einen dissonanten Gegensatz zur prosaischen Wirklichkeit zu stellen liebte, nahm er mit solcher »romantischen Ironie« den später ständig wachsenden Zwiespalt des modernen Menschen vorweg, der nach der Harmonie und Einheit der Welt strebt, aber von den Übeln der realen Einzelheiten und der Vereinzelung überwältigt wird. – In unserer Zeit hat man sich dann mehr der anders gearteten Romantik von Novalis und Hölderlin zugewandt, die von volksliedhafter Einfachheit weit entfernt ist, dafür aber mit Gedanke, Empfindung und deutenden Chiffren in Tiefen dringt, die den gegenwärtigen Menschen besonders fesseln. Eine kleine Auslese von Heines Gedichten wird jedoch stets zum Großartigsten gehören, was je in deutscher Sprache geschaffen wurde. Sie wird immer den Platz in der Weltliteratur rechtfertigen, den ihm die Welt selbst längst zuerkannt hat.

Von der brennendsten Aktualität ist sicherlich der Journalist Heine, der so groß war, weil er ein Dichter war und der ein Vorbild sein muß, weil es für ihn jene verhängnisvolle Kluft zwischen Geist und Leben nie gegeben hat, die auch in der Gegenwart wieder eine der großen Gefährdungen Deutschlands bedeutet. Nur mit tiefem Neid kann man vom Heute her auf diesen Publizisten zurückblikken, der aus dem Strom der Zeit mit genialem Griff ein Symptom, ein Symbol, eine Person und oft auch einen ganz persönlichen Feind herausfischte, um sich bei der dann folgenden, oft tödlichen Prozedur einer Sprache von betörender Schönheit und ebenso großartiger Einfachheit zu bedienen. Der Witz, die Schärfe, die Kürze des Epigramms waren ihm alltägliche Waffen, und nur zu oft läßt der funkelnde Geist fast vergessen, daß die Heinesche Leidenschaft keineswegs ohne Irrtümer in der Wahl des Objekts und sehr oft auch der Mittel ist. Aber kann man etwa die Atmosphäre des damaligen Hamburg kürzer, treffender und – boshafter spürbar machen als in diesen Sätzen: »Mögen die christlichen Theologen dort noch so sehr streiten über die Bedeutung des Abendmahls: über die Bedeutung des Mittagsmahls sind sie ganz einig.« Das Regime Louis Philipps, unter dem er in Frankreich lebte, jene Epoche des Frühkapitalismus im Zeichen der Bankiers und der Börse, hat er in einem kurzen Bild festgehalten, das in seiner visionären Kraft Schauer erregt und vielleicht in der gesamten Geschichte des Journalismus unübertroffen ist: »Es ist alles still wie in einer verschneiten Winternacht. Nur ein leiser, monotoner Tropfenfall. Das sind die Zinsen, die fortlaufend hinabträufeln in die Kapitalien, welche beständig anschwellen; man hört ordentlich, wie sie wachsen, die Reichtümer der Reichen. Dazwischen das leise Schluchzen der Armut. Manchmal auch klirrt etwas wie ein Messer, das gewetzt wird.«

Wofür aber kämpfte Heine nun mit dieser Sprachgewalt und solcher Genialität des Blickes? – Er kämpfte für die Freiheit, und er hat sich selbst einen Sklaven der Freiheit genannt. Seine großen Gegenspieler waren der Fürst Metternich, der Fürst von Mitternacht, wie er ihn nannte, und Friedrich von Gentz, der publizistische Anwalt der Heiligen Allianz. Während Metternich seine gesamte weitgespannte Politik in den Dienst der Aufgabe stellte, das alte Europa zu erhalten und gegen die Revolution zu schützen, von der er überzeugt war, daß sie schließlich das Chaos bringen werde, gehörte Heine als einer der Prominentesten zu dem Heer von Kämpfern, das der Freiheit, der Befreiung des einzelnen zum Durchbruch verhelfen und die Zeit vor dem Rückfall in den Feudalismus schützen wollte. Es ist jedoch ein Irrtum, Heine für einen Radikalen oder gar einen frühen Vorkämpfer des Kommunismus zu halten. Das große Mißverständnis seiner Persönlichkeit, die Zweideutigkeit, die ihn so vielfältig umgibt, beruht geradezu darauf, daß er gegen zwei Fronten kämpfte. Er zog sich die Feindschaft der Radikalen ebenso zu wie die der Konservativen und der Orthodoxen, und alle säumten nicht, jeden schwer verständlichen Umstand seines Lebens gegen ihn auszuschlachten.

Im ›Atta Troll‹ dichtete er höhnisch gegen die Kommunisten: »Strenge Gleichheit! Jeder Esel sei befugt zum höchsten Staatsamt, und der Löwe soll dagegen mit dem Sack zur Mühle traben.« In einem Triumph des Proletariats erblickt er ein »Unglück für die Menschheit«, weil es in seinem »blödsinnigen Gleichheitstaumel alles, was schön und erhaben auf dieser Erde ist, zerstören will.« Sogar dies ist bei ihm zu lesen: »Der echte Demokrat schreibt wie das Volk herzlich und schlecht.« Heine hat zwar den konkreten, an Angriffsflächen nicht eben armen König von Preußen und noch andere Monarchen heftig bekämpft. Doch er war deshalb keineswegs ein Republikaner. Gerade dem Kommunismus wirft er sogar sein Republikanertum vor als den »Umsturz aller Autoritäten, der geistigen sowohl als der materiellen«.

Von der größten Wirkung auf das tragische, bis heute währende Mißverständnis Heines durch sein Vaterland war aber zweifellos seine Haltung zu Deutschland und den deutschen Zuständen seiner Zeit. Nachdem er vor der Reaktion und deren Zensoren nach Frankreich ausgewichen war, hat er in zahllosen Arbeiten, die er in Paris schrieb, aber auch schon vorher in Deutschland, die Verhältnisse dort der schärfsten Kritik unterworfen. Es finden sich auch in seinem Werk, wie in dem Nietzsches und manches anderen großen Deutschen, Äußerungen, die dem oberflächlichen Beobachter und mangelhaften Seelenkenner wie Ausbrüche reinsten Hasses erscheinen. Und doch sind sie nur der Ausdruck einer großen und tiefen, aber immer wieder von der Wirklichkeit und ihren Irrtümern enttäuschten Liebe. Nicht nur sein berühmtes Gedicht »Denk ich an Deutschland in der Nacht, so bin ich um den Schlaf gebracht ...« ist dafür ein Zeugnis, auch sein Buch ›Zur Geschichte der Philosophie und Religion in Deutschland‹ enthüllt unverkennbar, daß er sich nie von seinem Vaterland wirklich gelöst hat, wie er denn auch stets nur deutsch schrieb. Selbst nach Jahrzehnten seines Aufenthalts in Frankreich ließ er sich nicht naturalisieren, beherrschte er die französische Sprache nicht vollkommen, und alle seine Werke, die in der französischen Literatur einen hervorragenden Platz einnehmen und Thiers sagen ließen, er sei der größte Franzose seit Voltaire, sind übersetzt worden. Allerdings liebte er die Franzosen, wenn er sie auch ein oberflächliches und schwatzhaftes Volk genannt hat, und er sah einen Sinn seines Lebens darin, Deutschland und Frankreich so nahe wie möglich zu bringen, weshalb er dann auch mit Recht zu einer Art Schutzpatron der deutsch-französischen Verständigung geworden ist.

Unverkennbar aber setzte Heine die weit größeren Erwartungen auf die Entwicklung Deutschlands. Mochte er die deutschen Schwächen und Dummheiten (»Das Land der Eichen und des Stumpfsinns«) oder das, was er dafür hielt, auch blutig geißeln, brennen und mit allen Säuren ätzen, er war fast ein Nationalist, wenn er von einer deutschen Universalmonarchie träumte und jene berühmten Worte schrieb von der kommenden deutschen Revolution, gegen die die französische nur ein bescheidener Anfang gewesen sei und in der das Werk Kants und des deutschen Idealismus vollendet werde, – jene Worte, die so oft mißverstanden worden sind und in den Jahren des Nationalsozialismus gegen Deutschland zitiert wurden: »Und wenn ihr es einst krachen hört, wie es noch niemals in der Weltgeschichte gekracht hat, so wißt, der deutsche Donner hat endlich sein Ziel erreicht.«

Es ist vielleicht die tragischste Ironie im geistigen Schicksal dieses tragischen Ironikers, daß diese Wirklichkeit gewordene Prophezeiung seinen in der Tiefe doch bewahrten Glauben an eine deutsche Idee Lügen strafte und in eine weltgeschichtliche Katastrophe das münden ließ, was er bis aufs Blut bekämpft hatte: die Angst vor der Freiheit und die leichtfertige Verachtung der Vernunft. Dieser Kampf ist in Deutschland noch nicht ausgekämpft, und solange ist Heine noch ein Vorbild in seinem Mut zum Ärgernis und in seiner Mahnung, es fruchtbar werden zu lassen.

22 Theodor W. Adorno

Die Wunde Heine
[1956]

Wer im Ernst zum Gedächtnis Heines am hundertsten Tag seines Todes beitragen will und keine bloße Festrede halten, muß von einer Wunde sprechen; von dem, was an ihm schmerzt und seinem Verhältnis zur deutschen Tradition, und was zumal in Deutschland nach dem zweiten Krieg verdrängt ward. Sein Name ist ein Ärgernis, und nur wer dem ohne Schönfärberei sich stellt, kann hoffen, weiterzuhelfen.

Nicht erst von den Nationalsozialisten ist Heine diffamiert worden. Ja diese haben ihn beinahe zu Ehren gebracht, als sie unter die ›Loreley‹ jenes berühmt gewordene »Dichter unbekannt« setzten, das die insgeheim schillernden Verse, die an Figurinen der Pariserischen Rheinnixen einer verschollenen Offenbachoper mahnen, als Volkslied unerwartet sanktionierte. Das ›Buch der Lieder‹ hatte unbeschreibliche Wirkung getan, weit über den literarischen Umkreis hinaus. In seiner Folge wird schließlich die Lyrik hinabgezogen in die Sprache von Zeitung und Kommerz. Darum geriet Heine um 1900 bei den geistig Verantwortlichen in Verruf. Man mag das Verdikt der Georgeschule dem Nationalismus zuschreiben, das von Karl Kraus läßt sich nicht auslöschen. Seitdem ist die Aura Heines peinlich, schuldhaft, als blutete sie. Seine eigene Schuld ward zum Alibi jener Feinde, deren Haß gegen den jüdischen Mittelsmann am Ende das unsägliche Grauen bereitete.

Das Ärgernis umgeht, wer sich auf den Prosaschriftsteller beschränkt, dessen Rang, inmitten des durchweg trostlosen Niveaus der Epoche zwischen Goethe und Nietzsche, in die Augen springt.

Diese Prosa erschöpft sich nicht in der Fähigkeit bewußter sprachlicher Pointierung, einer in Deutschland überaus seltenen, von keiner Servilität gehemmten polemischen Kraft. Platen etwa bekam sie zu spüren, als er Heine antisemitisch anrempelte und eine Abfuhr erhielt, die man heutzutage wohl existentiell nennen würde, hielte man nicht den Begriff des Existentiellen so sorgfältig von der realen Existenz der Menschen rein. Aber Heines Prosa reicht weit über solche Bravourstücke hinaus durch ihren Gehalt. Wenn, seitdem Leibniz Spinoza die kalte Schulter zeigte, alle deutsche Aufklärung insofern jedenfalls mißlang, als sie den gesellschaftlichen Stachel verlor und zum untertänig Affirmativen sich beschied, dann hat Heine allein unter den berühmten Namen der deutschen Dichtung, und in aller Affinität zur Romantik, einen unverwässerten Begriff von Aufklärung bewahrt. Das Unbehagen, das er trotz aller Konzilianz verbreitet, geht von jenem scharfen Klima aus. Mit höflicher Ironie weigert er sich, das soeben Demolierte durch die Hintertür – oder die Kellertür der Tiefe – sogleich wieder einzuschmuggeln. Man mag bezweifeln, ob er so stark den frühen Marx beeinflußte, wie manche jungen Soziologen es möchten. Politisch war Heine ein unsicherer Geselle: auch des Sozialismus. Aber er hat diesem gegenüber den rasch genug zugunsten von Sprüchen wie »Wer nicht arbeitet, soll nicht essen« verschütteten Gedanken ungeschmälerten Glücks im Bild einer rechten Gesellschaft festgehalten. In seiner Aversion gegen revolutionäre Reinheit und Strenge meldete sich Mißtrauen gegen das Muffige und Asketische an, dessen Spur bereits manchen frühen sozialistischen Dokumenten nicht fehlt und weit später verhängnisvollen Entwicklungstendenzen zugute kam. Heine der Individualist, der es so sehr war, daß er sogar aus Hegel nur Individualismus heraushörte, hat doch dem individualistischen Begriff der Innerlichkeit nicht sich gebeugt. Seine Idee sinnlicher Erfüllung begreift die Erfüllung im Auswendigen mit ein, eine Gesellschaft ohne Zwang und Versagung.

Die Wunde jedoch ist Heines Lyrik. Einmal hat ihre Unmittelbarkeit hingerissen. Sie hat das Goethesche Diktum vom Gelegenheitsgedicht so ausgelegt, daß jede Gelegenheit ihr Gedicht fand und jeder die Gelegenheit zum Dichten für günstig hielt. Aber diese Unmittelbarkeit war zugleich überaus vermittelt. Heines Gedichte waren prompte Mittler zwischen der Kunst und der sinnverlassenen Alltäglichkeit. Die Erlebnisse, die sie verarbeiteten, wurden ihnen unter der Hand, wie dem Feuilletonisten, zu Rohstoffen, über die sich schreiben läßt; die Nüancen und Valeurs, die sie entdeckten, machten sie zugleich fungibel, gaben sie in die Gewalt einer fertigen, präparierten Sprache. Das Leben, von dem sie ohne viel Umstände zeugten, war ihnen verkäuflich; ihre Spontaneität eins mit der Verdinglichung. Ware und Tausch bemächtigten sich in Heine des Lauts, der zuvor sein Wesen hatte an der Negation des Treibens. So groß war die Gewalt der entfalteten kapitalistischen Gesellschaft damals schon geworden, daß die Lyrik sie nicht mehr ignorieren konnte, wenn sie nicht ins provinziell Heimelige versinken wollte. Damit ragt Heine in die Moderne des neunzehnten Jahrhunderts hinein gleich Baudelaire. Aber Baudelaire, der Jüngere, zwingt der Moderne selbst, der weiter vorgerückten Erfahrung des unaufhaltsam Zerstörenden und Auflösenden, heroisch Traum und Bild ab, ja transfiguriert den Verlust aller Bilder selbst ins Bild. Die Kräfte solchen Widerstandes wuchsen mit denen des Kapitalismus. In dem Heine, den noch Schubert komponierte, waren sie nicht ebenso angespannt. Williger hat er sich dem Strom überlassen, hat gleichsam eine dichterische Technik der Reproduktion, die dem industriellen Zeitalter entsprach, auf die überkommenen romantischen Archetypen angewandt, nicht aber Archetypen der Moderne getroffen.

Darüber genau schämen sich die Nachgeborenen. Denn seit es bürgerliche Kunst gibt derart, daß die Künstler ohne Protektoren ihr Leben erwerben müssen, haben sie neben der Autonomie ihres Formgesetzes insgeheim das Marktgesetz anerkannt und für Abnehmer produziert. Nur verschwand solche Abhängigkeit hinter der Anonymität des Marktes. Sie erlaubte es dem Künstler, sich und anderen als rein und autonom zu erscheinen, und dieser Schein selbst wurde honoriert. Dem Romantiker Heine, der vom Glück der Autonomie zehrte, hat der Aufklärer Heine die Maske heruntergerissen, den bislang latenten Warencharakter hervorgekehrt. Das hat man ihm nicht verziehen. Die sich selbst überspielende und damit wiederum sich selbst kritisierende Willfährigkeit seiner Gedichte demonstriert, daß die Befreiung des Geistes keine Befreiung der Menschen war und darum auch keine des Geistes.

Die Wut dessen aber, der das Geheimnis der eigenen Erniedrigung an der eingestandenen des andern wahrnimmt, heftet sich mit sadistischer Sicherheit an seine schwächste Stelle, das Scheitern der jüdischen Emanzipation. Denn seine von der kommunikativen Sprache erborgte Geläufigkeit und Selbstverständlichkeit ist das Gegenteil heimatlicher Geborgenheit in der Sprache. Nur der verfügt über die

Sprache wie über ein Instrument, dem sie in Wahrheit fremd ist. Wäre es ganz die seine, er trüge die Dialektik zwischen dem eigenen Wort und dem bereits vorgegebenen aus, und das glatte sprachliche Gefüge zerginge ihm. Dem Subjekt aber, das die Sprache wie ein vergriffenes Ding gebraucht, ist sie selber fremd. Heines Mutter, die er liebte, war des Deutschen nicht ganz mächtig. Seine Widerstandslosigkeit gegenüber dem kurrenten Wort ist der nachahmende Übereifer des Ausgeschlossenen. Die assimilatorische Sprache ist die von mißlungener Identifikation. Die allbekannte Geschichte, daß der Jüngling Heine dem altbekannten Goethe auf dessen Frage nach seiner gegenwärtigen Arbeit »ein Faust« geantwortet habe und darauf ungnädig verabschiedet wurde, erklärte Heine selbst mit seiner Schüchternheit. Sein Vorwitz entsprang der Regung dessen, der für sein Leben gern aufgenommen sein möchte und damit doppelt die Bodenständigen reizt, die, indem sie ihm die Hilflosigkeit seiner Anpassung vorhalten, die eigene Schuld übertäuben, daß sie ihn ausgeschlossen haben. Das ist heute noch das Trauma von Heines Namen, und geheilt kann es nur werden, wenn es erkannt wird, anstatt trüb, vorbewußt fortzuwesen.

Die Möglichkeit dazu aber liegt rettend in der Heineschen Lyrik selber beschlossen. Denn die Macht des ohnmächtig Spottenden übersteigt seine Ohnmacht. Ist aller Ausdruck die Spur von Leiden, so hat er es vermocht, das eigene Ungenügen, die Sprachlosigkeit seiner Sprache, umzuschaffen zum Ausdruck des Bruchs. So groß war die Virtuosität dessen, der die Sprache gleichwie auf einer Klaviatur nachspielte, daß er noch die Unzulänglichkeit seines Worts zum Medium dessen erhöhte, dem gegeben ward zu sagen, was er leidet. Mißlingen schlägt um ins Gelungene. Nicht in der Musik derer, die seine Lieder vertonten – erst in der vierzig Jahre nach seinem Tod entstandenen von Gustav Mahler, in der die Brüchigkeit des Banalen und Abgeleiteten zum Ausdruck des Realsten, zur wild entfesselten Klage taugt, hat dies Heinesche Wesen sich ganz enthüllt. Erst die Mahlerschen Gesänge von den Soldaten, die aus Heimweh die Fahne flohen, die Ausbrüche des Trauermarschs der V. Symphonie, die Volkslieder mit dem grellen Wechsel von dur und moll, die zuckende Gestik des Mahlerschen Orchesters haben die Musik der Heineschen Verse entbunden. Das Altbekannte nimmt im Munde des Fremden etwas Maßloses, Übertriebenes an, und das eben ist die Wahrheit. Ihre Chiffren sind die ästhetischen Risse; sie versagt sich der Unmittelbarkeit runder erfüllter Sprache.

In dem Zyklus, den der Emigrant ›Die Heimkehr‹ nannte, stehen die Verse:

Mein Herz, mein Herz ist traurig,
Doch lustig leuchtet der Mai;
Ich stehe, gelehnt an der Linde,
Hoch auf der alten Bastei.

Da drunten fließt der blaue
Stadtgraben in stiller Ruh;
Ein Knabe fährt im Kahne,
Und angelt und pfeift dazu.

Jenseits erheben sich freundlich,
In winziger, bunter Gestalt,
Lusthäuser, und Gärten, und Menschen,
Und Ochsen, und Wiesen, und Wald.

Die Mägde bleichen Wäsche,
Und springen im Gras herum:
Das Mühlrad stäubt Diamanten,
Ich höre sein fernes Gesumm.

Am alten grauen Turme
Ein Schilderhäuschen steht;
Ein rotgeröckter Bursche
Dort auf und nieder geht.

Er spielt mit seiner Flinte,
Die funkelt im Sonnenrot,
Er präsentiert und schultert –
Ich wollt, er schösse mich tot.

Hundert Jahre hat es gebraucht, bis aus dem absichtsvoll falschen Volkslied ein großes Gedicht ward, die Vision des Opfers. Heines stereotypes Thema, hoffnungslose Liebe, ist Gleichnis der Heimatlosigkeit, und die Lyrik, die ihr gilt, eine Anstrengung, Entfremdung selber hineinzuziehen in den nächsten Erfahrungskreis. Heute, nachdem das Schicksal, das Heine fühlte, buchstäblich sich erfüllte, ist aber zugleich die Heimatlosigkeit die aller geworden; alle sind in Wesen und Sprache so beschädigt, wie der Ausgestoßene es war. Sein Wort steht stellvertretend ein für ihr Wort: es gibt keine Heimat mehr als eine Welt, in der keiner mehr ausgestoßen wäre, die der real befreiten Menschheit. Die Wunde Heine wird sich schließen erst in einer Gesellschaft, welche die Versöhnung vollbrachte.

Quellenverzeichnis

Angegeben ist die hier wiedergegebene Druckvorlage (= Erstdruck), © bezeichnet die für die Abdruckrechte maßgebliche Ausgabe, sofern sie nicht mit der Druckvorlage identisch ist.

1 *Ludwig Börne: Briefe aus Paris. Dreißigster Brief.* L.B.: Briefe aus Paris 1832–1833. Bd. 6 (= Gesammelte Schriften Bd. 14). Paris (Brunet) 1834. S. 189–223; *hier:* S. 189–203 [d.i. der ganze Brief v. 25. Febr. 1833].

2 *Karl Gutzkow: Börne gegen Heine.* Phönix. Frühlings-Zeitung für Deutschland. Jg. 1835. Nr. 150. Literatur-Blatt Nr. 25 (27. Juni). S. 1–2.

3 *Wolfgang Menzel: Die junge Literatur.* Literatur-Blatt auf das Jahr 1836 [= Beilage zum Morgenblatt für gebildete Stände]. Stuttgart und Tübingen (Cotta) 1836. Nr. 1–5 (1.–13. Jan.). S. 1–20; *hier:* S. 1–2, 7, 8–9, 10–12, 14–15, 16, 18, 19–20.

4 *Arnold Ruge: Heinrich Heine, charakterisirt nach seinen Schriften.* Hallische Jahrbücher für deutsche Wissenschaft und Kunst. Jg. 1838. Nr. 25–29 (29. Jan. – 2. Febr.). Sp. 193–195, 201–208, 209–216, 217–227; *hier:* Sp. 193–201, 203–208, 213–216, 219–222, 226–227.

5 *Georg Herwegh: Die Literatur im Jahre 1840.* Deutsche Volkshalle. Konstanz. Jg. 1840. Nr. 2 (3. Jan.). S. 6–7.

6 *Friedrich Hebbel: ›Buch der Lieder‹, von Heinrich Heine.* Staats und Gelehrte Zeitung des Hamburgischen unpartheiischen Correspondenten. Jg. 1841. Nr. 245 (16. Okt.). (Im Besitz der Herzog August Bibliothek Wolfenbüttel, Sign.: Zeitungen 30.)

7 *Robert Prutz: Das Jahr achtzehnhundertunddreißig.* R.P.: Vorlesungen über die deutsche Literatur der Gegenwart. Leipzig 1847. S. 237–272 (6. Vorlesung); *hier:* S. 237–253 [d.i. der ganze mit Heine befaßte Teil].

8 *Heinrich von Treitschke: Deutsche Geschichte im Neunzehnten Jahrhundert.* 5 Bände. Leipzig (Hirzel) 1879–1894 (= Staatengeschichte der neuesten Zeit. 24.–28. Bd.); *hier:* Bd. 3 (1885) S. 711–714, Bd. 4 (1889) S. 419–424, Bd. 5 (1894) S. 380–382.

9 *Xanthippus* [d.i.: Franz Sandvoß]*: Was dünket euch um Heine? Ein Bekenntnis.* Leipzig (Grunow) 1888. 104 S.; *hier:* S. 1–4, 99–100, 101, 103–104.

10 *Conrad Alberti* [d.i. Konrad Sittenfeld]*: Eine Schmutzschrift gegen Heinrich Heine.* Litterarisch-kritische Rundschau (Kritischer Teil der Monatsschrift ›Gesellschaft‹). Leipzig (Friedrich). Jg. 1888. Heft 5. S. 313–326.

11 *Franz Mehring: Heine und sein Denkmal.* Die neue Zeit. 12. Jg. 1893/94. 2. Bd. Nr. 32 (2. Mai 1894). S. 161–165. ©: F. M.: Gesammelte Schriften. Bd. 10 (Aufsätze zur deutschen Literatur von Klopstock bis Weerth). Berlin (Dietz) 1961. S. 478–483.

12 *Peter Rosegger: Nun kenne ich Heinrich Heine gut genug. Eine Entgegnung.* Heimgarten. Graz (Leykam). Jg. 18. 1894. Heft 7 (Juli). S. 519–523. – Mit frdl. Genehmigung des L. Staackmann Verlags München.

13 *Samuel Lublinski: Heinrich Heine.* S. L.: Litteratur und Gesellschaft im neunzehnten Jahrhundert. Bd. II (Romantik und Historismus). Berlin (Cronbach) 1899. S. 80–129; *hier:* S. 80, 104–105, 127–129.

14 *Wilhelm Bölsche: Heine im Abendrot seines Jahrhunderts.* W. B.: Hinter der Weltstadt. Friedrichshagener Gedanken zur ästhetischen Kultur. Leipzig (Diederichs) 1901. S. 50–68. – Mit frdl. Genehmigung des Eugen Diederichs Verlags Düsseldorf und Köln.

15 *Adolf Bartels: Heinrich Heine. Auch ein Denkmal.* Dresden und Leipzig (Koch) 1906. XV + 375 S.; *hier:* S. 357–361, 362–364, 374–375.

16 *Karl Kraus: Heine und die Folgen.* München (Langen) 1910. 45 S. [Text ab S. 5]; *hier:* S. 5–15, 19–26, 39–45. ©: K. K.: Untergang der Welt durch schwarze Magie. München (Kösel) 1960 (Werkausgabe Bd. 8). S. 188–213. – Mit frdl. Genehmigung von Ben Fischer.

17 *Alfred Kerr: Rede am Heine-Denkmal.* Berliner Tageblatt. Jg. 55. 1926. Nr. 386 (17. Aug.). – Mit frdl. Genehmigung des Alfred-Kerr-Archivs bei der Akademie der Künste, Berlin.

18 *Heinrich Mann: Für das Heine-Denkmal in Düsseldorf.* Berliner Tageblatt. Jg. 58. 1929. Nr. 611 (28. 12.). ©: H. M.: Das öffentliche Leben. Berlin/Wien/Leipzig (Zsolnay) 1932. S. 27–30. – Mit frdl. Genehmigung des Aufbau Verlags Berlin.

19 *M. B.: Was denkt die deutsche Akademie von Heinrich Heine? Eine ernste Anfrage und eine offene Kritik.* Das Schwarze Korps. Zeitung der Schutzstaffeln der NSDAP. Jg. 1. 31. Okt. 1935.

20 *Abteilung Wissenschaft und Propaganda und Abteilung Kunst, Literatur und kulturelle Massenarbeit beim ZK der SED: Der deutsche Dichter Heinrich Heine. Zu seinem 100. Todestag.* Neues Deutschland. 11. Jg. 1956. Nr. 37 (12. Febr.). S. 1–2.

21 *Bulletin des Presse- und Informationsamtes der Bundesregierung: Heinrich Heine – der Klassiker des Ärgernisses. Zum hundertsten Todestag des Dichters.* Bulletin des Presse- und Informationsamtes der Bundesregierung. Bonn. Jg. 1956. Nr. 33 (17. Febr.). S. 285–287.

22 *Theodor W. Adorno: Die Wunde Heine.* [Vortrag zum 100. Todestag im Westdeutschen Rundfunk, Februar 1956.] Texte und Zeichen. Jg. 2. 1956. Heft 3. S. 291–295. ©: Th. W. A.: Noten zur Literatur I. Frankfurt (Suhrkamp) 1958. S. 146–154.

Bibliographie

Der Raum erlaubt hier nur eine knappe Literaturauswahl. Von daher ist zunächst auf folgende Bibliographien und Verzeichnisse zu verweisen:

Heine-Bibliographie [1817–1953]. Von Gottfried Wilhelm unter Mitarbeit von Eberhard Galley. Teil 1: Primärliteratur 1817–1953, Teil 2: Sekundärliteratur 1822–1953. Weimar 1960.

Heine-Bibliographie 1954–1964. Bearbeitet von Siegfried Seifert. Berlin/Weimar 1968.

Heine-Jahrbuch. Hrsg. vom Heinrich-Heine-Institut Düsseldorf. Schriftleitung: Eberhard Galley. Jg. 1ff., 1962ff. [Enthält jeweils ein Verzeichnis der Heine-Literatur der Vorjahre.]

Becker, Eva D.: Heinrich Heine. Ein Forschungsbericht 1945–1965. In: Deutschunterricht. Jg. 18. 1966. Heft 4. Beilage.

Hamelau, Karin: Kommentierte Auswahlbibliographie zu Heinrich Heine. In: Heinrich Heine. Text und Kritik 18/19. 1968. S. 45–49.

Dichterliebe. Heinrich Heine im Lied. Ein Verzeichnis der Vertonungen von Gedichten Heinrich Heines, zusammengestellt zum 175. Geburtstag des Dichters. Hamburg 1972. (Hamburger Öffentliche Bücherhallen. Musikbücherei).

Grimm, Gunter: Literaturverzeichnis. In: G. G. (ed.): Literatur und Leser. Theorien und Morelle zur Rezeption literarischer Werke. Stuttgart 1975. S. 343–358. [Ausführliche Bibliographie zum Problemkreis Rezeptionstheorie.]

Abusch, Alexander: Mit Heine leben. In: Sinn und Form. Jg. 24. 1972. S. 1125–1135.

Arendt, Hannah: Die verborgene Tradition. (1948). In: H. A.: Die verborgene Tradition. Acht Essays. Frankfurt 1976. (st 303). S. 46–73.

Avonianus [= Robert Hessen]: Heinrich Heine und Heinrich von Treitschke. In: März. Halbmonatsschrift für deutsche Kultur. Jg. 1. 1907. S. 135–141.

Baldauf, Helmut: Deutsche Heine-Rezeption. In: Neue deutsche Literatur. Jg. 13. 1965. S. 146–150.

Bartels, Adolf: Heine-Genossen. Zur Charakteristik der deutschen Presse und der deutschen Parteien. Dresden 1907. ²1908.

– Jüdische Herkunft und Literaturwissenschaft. Leipzig 1925.

Bartelt, Frauke: Entstehung und zeitgenössische Aufnahme des ›Romanzero‹ von Heinrich Heine. Studien im Zusammenhang einer historisch-kritischen Edition. Kiel. Phil. Diss. v. 15. 2. 1974.

Begegnungen mit Heine. Berichte der Zeitgenossen. Ed. Michael Krämer in Fortführung von H. H. Houbens ›Gespräche mit Heine‹. Bd. 1 (1797–1846) u. 2 (1847–1856). Hamburg 1973.

Behrens, Wolfgang W. / Bott, Gerhard / Jäger, Hans Wolf / Schmid, Ulrich / Weber, Johannes / Werbick, Peter: Der literarische Vormärz 1830–1847. München 1973. (List-TB 1462).

Berger, Uwe: Heine und wir. In: U. B.: Die Chance der Lyrik. Aufsätze und Betrachtungen. Berlin/Weimar 1971.

Biermann, Wolf: Deutschland, ein Wintermärchen. Berlin 1973 (Quarthefte 63).

Bleibtreu, Karl: Der messianische Hiob: Heine. In: K. B.: Die Vertreter des Jahrhunderts. Bd. 1. 1904. S. 316–359.

Bölsche, Wilhelm: Heinrich Heine. Versuch einer ästhetisch-kritischen Analyse seiner Werke und seiner Weltanschauung. Leipzig 1888. ²1892.

Borries, Mechthild: Ein Angriff auf Heinrich Heine. Kritische Betrachtungen zu Karl Kraus. Stuttgart/Berlin/Köln/Mainz 1971.

Brinitzer, Carl: Heinrich Heine. Frankfurt 1972.

Brod, Max: Heinrich Heine. Leipzig/Wien 1934. Neudruck Amsterdam 1954.

Bürgerinitiative Heinrich-Heine-Universität Düsseldorf 1968–1972: Und alle lieben Heinrich Heine ... Ed. Otto Schönfeldt. Köln 1972.

Chamberlain, Houston Stewart: Ein Brief über Heinrich Heine. (1917). In: H. S. C.: Rasse und Persönlichkeit. München 1925. S. 87–91.

Cohen, Hermann: Heinrich Heine und das Judentum. (1867). In: H. C.: Jüdische Schriften. Bd. 2. Berlin 1924. S. 2–44.

Der deutsche Vormärz. Texte und Dokumente. Ed. Jost Hermand. Stuttgart 1967. (Reclam-UB 8794–98).

Dietze, Walter: Junges Deutschland und deutsche Klassik. Zur Ästhetik und Literaturtheorie des Vormärz. Berlin 1957. ³1962.

Galley, Eberhard: Heinrich Heine. Stuttgart ³1971. (Sammlung Metzler 30).

– Heinrich Heine im Widerstreit der Meinungen 1825–1865. Düsseldorf 1967.

– Heine in Deutschland. Zwischen allen Stühlen. In: Europäische Gemeinschaft. Jg. 1972. H. 12. S. 26–31.

Geiger, Ludwig: Heine und die preußische Censur. In: L. G.: Das junge Deutschland und die preußische Censur. Berlin 1900. S. 15–47.

Geis, Robert Raphael: Gottes Minorität. Beiträge zur jüdischen Theologie und zur Geschichte der Juden in Deutschland. München 1971.

Gespräche mit Heine. Ed. H. H. Houben. Frankfurt 1926. ²Potsdam 1948.

Geständnisse. Heine im Bewußtsein heutiger Autoren. Ed. Wilhelm Gössmann. Düsseldorf 1972.

Hehn, Victor: Gedanken über Goethe. Berlin 1887.

Heine, Heinrich: Beiträge zur deutschen Ideologie. Mit einer Einleitung von Hans Mayer. Frankfurt/Berlin/Wien 1971. (Ullstein-TB 2822). [S. 383–445: Zeitgenössische Rezensionen und Stellungnahmen].

Das Heine-Jahr 1972. Eine Chronologie der Ereignisse. Zusammenstellung: Norbert Nicolaus. In: Heine-Jahrbuch. Jg. 13. 1974. S. 159–167.

Heinrich Heine. Streitbarer Humanist und volksverbundener Dichter. Internationale wissenschaftliche Konferenz aus Anlaß des 175. Geburtstages von Heinrich Heine v. 6.–9. Dez. 1972 in Weimar. Weimar 1973. [Dort vor allem d. Aufsätze v. H. G. Werner, H. Kaufmann u. E. Schmidt].

Hermand, Jost: Heines frühe Kritiker. In: Der Dichter und seine Zeit. Politik im Spiegel der Literatur. Ein Kolloquium. Heidelberg 1970. S. 113–133.

Heyse, Paul: Heine in Düsseldorf. In: Die Zukunft. Bd. 2. 1893. Nr. 24 (11. März). S. 451–454.

Höck, Wilhelm: Deutsche Dichter im Wandel des Urteils. 6. Heinrich Heine. In: Börsenblatt für den Deutschen Buchhandel. Jg. 20. 1964. Nr. 97 (4. 12. 64). Beilage ›Der junge Buchhandel‹. S. 186–192.

Höllerer, Walter: Die Poesie und das rechte Leben. Zu Anthologien für deutsche Frauen und für den Hausgebrauch. In: Die deutschsprachige Anthologie. Bd. 2. Frankfurt 1969.

Hotz, Karl: Heinrich Heine: Wirkungsgeschichte als Wirkungskritik. Materialien zur Rezeptions- und Wirkungsgeschichte Heines. Stuttgart 1975. (Literaturwissenschaft–Gesellschaftswissenschaft).

Ich hab ein neues Schiff bestiegen. Heine im Spiegel neuer Poesie und Prosa. Eine Anthologie. Ed. Uwe Berger u. Werner Neubert. Berlin/Weimar 1972.

Internationaler Heine-Kongreß Düsseldorf 1972. Referate und Diskussionen. Hamburg 1973. [Darin vor allem die Beiträge von Golo Mann, Friedrich Sengle, Jacques Grandjonc, Hans Kaufmann u. Ernst Simon].

Jörgensen, Alfred: Karl Kraus. Der Heinefresser und die Ursachen. Eine Studie über moderne Journalistik. Flensburg 1912.

Jungdeutschland [Über Treitschke/Nerrlich]. In: Die Grenzboten. Jg. 49. 1890. S. 522–525.

Kämmerling, Bernd: Die wahre Richtung des Angriffs. Über Karl Kraus': Heine und die Folgen. In: Heine-Jahrbuch. Jg. 11. 1972. S. 162–169.

Kainz, Friedrich: Studien über das ›Junge Deutschland‹. In: Euphorion. Jg. 1925. S. 388–417.

Karpeles, Gustav: Geschichte der jüdischen Literatur. Berlin 1882.

– Heinrich Heine und seine Zeitgenossen. Berlin 1888.

Kaufmann, Hans: Heinrich Heine. Berlin/Weimar 1967.

Kirchbach, Wolfgang: Heines Dichterwerkstatt. In: Magazin für die Literatur des In- und Auslandes. Jg. 1888. Nr. 18–20 (28. April, 5. Mai, 12. Mai). S. 275–278, 285–291, 304–310.

Koopmann, Helmut: Heinrich Heine in Deutschland. Aspekte seiner Wirkung im 19. Jahrhundert. In: Nationalismus in Germanistik und Dichtung. Dokumentation des Germanistentages in München v. 17.–22. Okt. 1966. Ed. Benno v. Wiese u. Rudolf Henß. Berlin 1967. S. 312–333.

Koopmann, Helmut: Das Junge Deutschland. Analyse seines Selbstverständnisses. Stuttgart 1970.

Kraus, Karl: Nachwort zu Heine und die Folgen. In: K. K.: Untergang der Welt durch schwarze Magie. München 1960. S. 214–219.

– Zwischen den Lebensrichtungen. Schlußwort. In: Untergang der Welt durch schwarze Magie. München 1960. S. 220–222.

Lehrmann, Cuno Ch.: Heinrich Heine, ein deutscher, französischer oder jüdischer Dichter? In: Bulletin des Leo-Baeck-Instituts. Tel-Aviv. Jg. 11 (43/44). 1968. S. 225–247.

Lutz, Wolfgang: Schluß mit Heinrich Heine. In: Nationalsozialistische Monatshefte. Jg. 7. 1936. S. 792–818.

Marcuse, Ludwig: Die Geschichte des Heine-Denkmals in Deutschland. In: Das goldene Tor. Jg. 1. 1946. S. 129–135.

Mauerhof, Emil: Die Lüge in der Dichtung. 1. Heinrich Heine. In: Die Gesellschaft. Jg. 4. 1888. S. 5–25.

Mayer, Hans: Ahnen und Erinnern Heinrich Heines. In: H. M.: Literatur der Übergangszeit. Berlin 1949. S. 31–50.

– Die Ausnahme Heinrich Heine. In: H. M.: Von Lessing bis Thomas Mann. Wandlungen der bürgerlichen Literatur in Deutschland. Pfullingen 1959. S. 273–296.

Mende, Fritz: Heines ›Französische Zustände‹ im Urteil der Zeit. Eine wirkungsgeschichtliche Studie zur Heine-Rezeption in Deutschland und Frankreich. In: Philologica Pragensia. Jg. 11. 1968. S. 77–85.

– Heine und Ruge. Ein Kapitel Heine-Rezeption in der Zeit des Vormärz. In: Weimarer Beiträge. Jg. 14. 1968. S. 797–827.

Nadler, Josef: Literaturgeschichte der deutschen Stämme und Landschaften. Bd. IV. Regensburg ^{3}1932.

Nerrlich, Paul: Herr v. Treitschke und das junge Deutschland. Berlin ^{2}1890.

Preisendanz, Wolfgang: Heinrich Heine. München 1973. (UTB 206).

Rosenthal, Ludwig: Heinrich Heine als Jude. Frankfurt/Berlin/Wien 1973.

Schmitt, Fritz: Heinrich Heine und seine Kritiker. In: Börsenblatt für den deutschen Buchhandel. Jg. 12. 1956. Nr. 21. S. 318f.

Schmohl, Erika: Der Streit um Heinrich Heine. Darstellung und Kritik der bisherigen Heine-Wertung. Marburg. Phil. Diss. [masch.] v. 16. 5. 1956.

Seifert, Siegfried: Der unbewältigte Heine. In: Neue deutsche Literatur. Jg. 13. 1965. S. 172–179.

Sternberger, Dolf: Heinrich Heine und die Abschaffung der Sünde. Hamburg/Düsseldorf 1972.

Victor, Walther: Heine. Ein Lesebuch für unsere Zeit. Berlin/Weimar ^{24}1972.

– Marx und Heine. Tatsache und Spekulation in der Darstellung ihrer Beziehungen. (1951) Berlin 1970.

Vormärz. 1830–1848. Erläuterungen zur deutschen Literatur. Ed. Fritz Böttger / Heinz Neugebauer. Berlin ^{9}1972.

Wadepuhl, Walter: Heinrich Heine. Sein Leben und seine Werke. Köln/Wien 1974.

Wagner, Richard: Das Judenthum in der Musik. (1852). In: R. W.: Gesammelte Schriften und Dichtungen. Bd. 5. Leipzig 1872. S. 83–108.

Walzel, Oskar: Heine, Goethe und die Antike. In: Die Zeit. Wien. Jg. 1896. Nr. 70f. (1. u. 8. Febr.). S. 71–73, 87f.

Werner, Hans Georg: Zur Wirkung von Heines literarischem Werk. In: Weimarer Beiträge. Jg. 19. 1973. H. 9. S. 35–73.

Wienbarg, Ludolf: Ästhetische Feldzüge. (1834). Ed. Walter Dietze. Berlin/Weimar 1964.

Windfuhr, Manfred: Heinrich Heine. Revolution und Reflexion. Stuttgart 1969.

Wulf, Joseph: Literatur und Dichtung im Dritten Reich. Eine Dokumentation. Gütersloh 1963.

Zur Beurteilung Heines. In: Antisemitische Correspondenz. Leipzig. Jg. 5. 1890. Nr. 76 (26. Jan.). S. 31f.

Zur Literatur der Restaurationsepoche 1815–1848. Ed. Jost Hermand u. Manfred Windfuhr. Stuttgart 1970. (Festschrift f. Friedrich Sengle).

Register

Ausgewertet sind für das Personen- und das Werkregister der Textteil und die Einleitung (einschließlich Anmerkungen), für das Argumentationsregister der Textteil und die Zitate der Einleitung. ›f.‹ (die folgende) bzw. ›ff.‹ (die *beiden* folgenden Seiten) dienen nur zur Abkürzung der Notierung und verweisen nicht notwendig auf Sinnzusammenhänge. [ ] bezeichnen indirekte Erwähnungen.

Personenregister

Register der erwähnten Werke Heinrich Heines

Argumentationsregister

Notiert sind hier zum einen die wichtigsten Begriffe (Sachregister), zum anderen die auf Heine oder sein Werk bezogenen in mehreren Texten wiederkehrenden oder in einzelnen Texten besonders exponierten Argumentationselemente. Aus Raumgründen sind nicht immer alle Wortzusammensetzungen im Lemma aufgeführt.